纺织服装高等教育“十三五”部委级规划教材

服装国际贸易实务

赵 伟 编著

東華大學出版社
·上海·

内容简介

本教材以服装贸易为对象，根据纺织服装贸易实务中主要的业务流程所涉及的相关知识，系统地介绍了服装贸易的主要流程，内容包括我国服装贸易的发展，服装贸易的术语和价格，服装贸易的运输、保险、贸易方式，服装贸易的标的、合同的磋商与签订，服装贸易的货款结算、合同的履行、争议的预防与处理等。并且，根据理论加入大量案例进行分析，以加深学生对于主要内容的理解。本教材适用于纺织服装相关专业学生贸易知识的学习。

图书在版编目(CIP)数据

服装国际贸易实务/赵伟编著. —上海:东华大学出版社,2017.9

ISBN 978-7-5669-1238-1

Ⅰ.①服…　Ⅱ.①赵…　Ⅲ.①服装—国际贸易—高等学校—教材　Ⅳ.①F746.83

中国版本图书馆 CIP 数据核字(2017)第 167781 号

服装国际贸易实务

责任编辑：杜亚玲　唐晓静

封面设计：蒋孝峰

出版发行：东华大学出版社(上海市延安西路 1882 号,200051)

本社网址：http://www.dhupress.net

天猫旗舰店:http://dhdx.tmall.com

营销中心:021-62193056　62373056　62379558

印刷:上海龙腾印务有限公司

开本:787mm × 1092mm　1/16

印张:13.25　字数:330 千字

2017 年 9 月第 1 版　2017 年 9 月第 1 次印刷

ISBN 978-7-5669-1238-1

定价:45.00 元

目　录

第一章　我国服装贸易现状 / 1
第一节　我国纺织服装贸易发展历程 / 1
第二节　我国服装出口贸易主要形式 / 5
第三节　国际主要的贸易规则 / 7

第二章　国际贸易术语及价格 / 9
第一节　国际贸易术语的概念 / 9
第二节　国际贸易术语解释通则 / 11
第三节　EXW 术语 / 13
第四节　适合水路运输的四个述语 / 14
第五节　货交承运人的三个术语 / 26
第六节　其他术语 / 31
第七节　贸易术语的选用 / 33

第三章　国际贸易服装合同标的 / 36
第一节　服装商品的品名 / 36
第二节　数量条款 / 41
第三节　包装条款 / 45

第四章　国际贸易运输 / 54
第一节　海洋运输 / 54
第二节　海运提单 / 61
第三节　其他运输方式 / 69

第五章　国际海洋运输货物保险 / 73
第一节　保险的基本原则 / 73
第二节　海洋运输保险承保的责任范围 / 75
第三节　海运保险的险别 / 79
第四节　海洋运输保险合同 / 84

第六章　国际商品价格条款 / 90
第一节　价格条款的规定方法 / 90

第二节　常用术语的价格换算 / 93
第三节　佣金与折扣 / 94

第七章　国际货款的收付 / 98
第一节　支付工具 / 99
第二节　汇付与托收 / 106
第三节　信用证付款 / 111
第四节　支付条款的约定 / 120

第八章　国际贸易的洽谈 / 137
第一节　国际市场调研 / 137
第二节　贸易洽谈 / 139
第三节　出口贸易合同的履行 / 146
第四节　进口贸易合同的履行 / 149

第九章　服装贸易争议的预防与处理 / 153
第一节　服装商品的检验 / 153
第二节　其他国家的纺织品检验标准 / 157
第三节　争议的解决与索赔 / 161

附录一　学习参考网站 / 166
附录二　《2010 年国际贸易术语解释通则》/ 168
附录三　销售合同 / 201
附录四　商业发票 / 202
附录五　货代提单 / 203
附录六　商品检测证书 / 204
附录七　保险投保单 / 205
附录八　信用证申请书 / 206

参考文献 / 207

第一章　我国服装贸易现状

第一节　我国纺织服装贸易发展历程

改革开放后,伴随着外贸管理体制的改革和更为灵活的贸易形式,我国的服装对外贸易迅速发展,服装工业制成品成为中国主要的出口商品。改革开放以来,我国的纺织服装贸易经历了以下几个阶段。

一、贸易复苏阶段(1976—1985)

1978 年随着改革开放,对外贸易进入了新的实践探索阶段。为吸引资金、技术、设备,拓展国际市场渠道,创造外汇收入,同时增加就业机会,1979 年,国务院批准在沿海地区开展加工贸易。这一年,汉正街开始尝试市场经济。在此之前,服装供给完全是计划式,生产企业不必知道产品最终流向,完全与市场脱节,没有竞争实力。

1982 年 9 月中国共产党第十二次全国代表大会提出“计划经济为主,市场调节为辅”的原则,市场开始有所恢复。80 年代中期,国际产业结构出现了新一轮调整和转移,为了抓住这一有利形势,国家进一步确立了以加工贸易为重点、扩大劳动密集型产品出口的沿海发展战略,加工贸易得到迅速发展,服装企业顺应时代的发展,逐渐与市场密切相连。1984 年,实行了 30 年的布票成为历史,人们对服装的需求不再受到布票限制,成衣业开始阔步发展起来了。在这一段时期,由于国外很多企业品牌还不了解我国的情况,而且很多服装企业规模很小,产品主要是满足国内的需求,销往国外的服装产品很少。1978 年我国的服装出口总额只有 7.08 亿美元。但是这一阶段作为服装企业大发展的准备与磨合时期是必不可少的。通过这一阶段的发展,我国的服装企业在生产技术及生产效率方面有了极大的提高。在当时的历史条件下,服装加工贸易使中国逐渐地承接了国际劳动密集型产业的转移,一定程度上带动了国内工业发展,促进了出口商品结构的优化升级,实现了外贸出口由初级产品、资源型产品为主向以工业制成品为主的转变。由于服装需求的增加,服装作为一个劳动密集型的产业,门槛较低,使得国内很多小的服装企业如雨后春笋般出现。他们受到市场的引导,灵活、效率高。有的经过长期的发展现在已经成为知名品牌,例如,1975 年在江苏常熟成立的一个缝纫组就是现在波司登的前身。

二、迅猛发展阶段(1986—2000)

由于全国市场经济的稳定发展,我国的服装业也得到了进一步发展,1986 年 8 月国务院召开的116次常务会议上明确提出:我国的对外贸易在一定时期内要靠纺织。随后,纺织工业部制订了"以扩大纺织品出口为重点"的战略转移,在北京、天津、大连等沿海12个重点城市设立出口基地。1986年底国家计委等6部门在《关于扩大沿海地区纺织品出口有关政策措施的意见》中提出了一系列鼓励出口的措施和优惠政策。在国务院的积极支持下,我国外贸提出了"以扩大出口为突破口,带动纺织工业全面振兴"的战略决策。1987年我国纺织工业进行战略调整,即从以国内市场为主转为保证国内市场供给的同时,着重抓出口创汇。在政策的支持下,纺织服装加工业抓住了国际纺织服装产业转移的机遇,得到大力支持,为日后我国成为世界纺织品服装出口大国地位的确立创造了条件。

由于我国劳动力成本低,在20世纪90年代以前亚洲"四小龙"的简单加工装配工业,如生产服装、鞋类、玩具、箱包等工艺技术水平不高的传统轻工业产品为主的来料加工业务也大量向我国内地转移。

大量的服装加工订单进入我国内地,特别是珠三角地区在改革开放后大量承接港澳产业转移,在这个地区形成了以加工贸易为鲜明特色的高度外向型经济。沿海地区的服装加工企业的数量、规模及生产能力极大提高。

1986年底,国务院决定将服装和丝绸两个行业归为纺织工业部管理,形成"大纺织"的格局。此举极大地推动了中国服装业的发展。此后,服装产量迅速提高,出口贸易快速增长。1991年服装出口在纺织品服装出口总额中的占比上升到53.8%,超过了纺织品所占比重。1994年突破200亿美元,达到237.21亿美元,同年纺织品服装出口总额居世界第一。这一时期的服装出口额虽然很大,但主要为来料或来样加工,企业技术提高很大,但内部的管理水平及设计能力很低。

外商投资企业迅速发展为中国对外贸易的主力军,加工贸易成为主要贸易方式,贸易顺差激增。1993年11月中国共产党十四大确立社会主义市场经济改革目标后,对外贸易从"互通有无、调剂余缺"转为市场经济条件下,充分利用国际国内两个市场、两种资源,积极参与国际分工,积极参与国际竞争与国际经济合作,发挥比较优势。国家陆续提出了市场多元化、"大经贸"、"引进来"和"走出去"相结合、以质取胜、科技兴贸、积极参与区域经济合作和多边贸易体系等战略思想。由此,中国对外贸易进入快速发展阶段,贸易规模持续扩大。

许多服装企业在这个时期迅速地积累了财富,但是财富的增加并没有促进企业考虑如何进行升级,反而更多的企业认为扩大生产规模才是做大做强的手段。因此,经历了服装出口的黄金时期,国内的服装生产随着服装企业越来越多,开始逐渐饱和。

三、结构调整阶段(2000年至今)

由于内外条件、环境、政策的支持,我国的服装业得到了极大的发展,2001年中国纺织品出口创汇520.8亿美元,占全国出口商品总额的20.7%,其中服装出口约占纺织品出口总额的60%,即312亿美元。市场经济下的转型与发展,资本和技术密集型产品将逐步替代劳动和资源密集型产品,成为最主要的出口商品。环境是不断改变的,一个行业、一个企业要能预测并适应世界大环境的改变才能长远发展,正所谓"人无远虑必有近忧"。在经历了快速发展时期后,我国的服装业也经受了不断来自外部环境的挑战,我们把这段时期称为结构调整阶段,在这一阶段我国的服装业经历了以下四个时期。

1. 配额阶段

改革开放以后，凭借物美价廉的优势，我国纺织品服装对欧出口大增，并成为我国出口创汇的主要商品之一。但是1974年签署的《多种纤维协议》一直制约我国纺织品贸易的发展，该协议规定发达国家可以对发展中国家的纺织品出口实施配额限制。目前对我国的纺织品和服装有配额限制的国家和地区是：美国、加拿大、欧盟、挪威、土耳其。在我国与这些国家的纺织品协议中具体规定了每一协议年度准予进入该国家或地区的纺织品服装的类别和数量。这就是我们通常讲的纺织品被动配额，简称为纺织品配额。1986年，乌拉圭回合谈判将纺织品贸易列入谈判议程，最后达成：逐步废止《多种纤维协定》(MFT)，将纺织品与服装贸易纳入GATT体系的纺织品与服装协议(ATC)规定。

2. 绿色贸易壁垒

绿色贸易壁垒是指在国际贸易领域，一些发达国家凭借其科技优势，以保护环境和人类健康为目的，通过立法，制定繁杂的环保公约、法律、法规和标准、标志等形式对国外商品进行的准入限制。它属于一种新的非关税壁垒形式，已经逐步成为国际贸易政策措施的重要组成部分。

1995年1月1日生效的《纺织品服装协议》，是世界贸易组织管理的一项多边贸易协议。协议规定，纺织品贸易应纳入《关税与贸易总协定》以实现纺织品贸易一体化。该协议要求，发达成员应在10年过渡期内分4个阶段取消全部纺织品的配额。随着欧盟按照《纺织品服装协议》分阶段逐步取消部分类别的配额限制，我国对欧盟出口的纺织品服装开始逐步增加。

中国加入WTO后，纺织业是受惠最大的产业之一，服装行业也受益匪浅。我国的服装产品基于价格优势具有很强的国际市场竞争力，很多国际品牌选择中国作为生产基地，我国成为世界上主要的出口国之一。2005年1月1日，统治世界纺织品贸易40多年的配额体制终于取消。影响我国服装出口多年的配额逐渐取消。但我国服装产品出口的势必会影响其他国家的相关产业。发达国家以人们对健康愈加关注为由，为保护本国产业与市场，制定了一些行业技术标准、法规，其中绿色贸易壁垒是自20世纪90年代以来，发达国家使用最频繁的一种，也是当今国际贸易领域主要的贸易壁垒之一。

然而，当时我国的服装企业生产标准较低，只考虑工艺质量及生产效率，而对其他因素考虑甚少。针对这些缺陷，服装进口国以保护消费者身体健康为由单方面制定许多检验标准，因此一些服装出口遇到了进口国的绿色壁垒。例如，江苏某集团出口德国的一批针织品被处以16万美元的罚款，理由是这些服装没有达到生态纺织品标准。纺织品在加工生产过程尤其是印染加工过程中，不仅会对环境造成污染，还会有一部分有害物质残留其中。某些生产厂家为节约成本，使用含有甲醛的抗菌整理剂对纺织品进行抗菌整理，这不同程度地导致产品中含有对人体健康有害的甲醛。如果这些纺织服装产品出口到国外，被查出过量的甲醛残留物，将予以没收、销毁，其经销商甚至要承担法律责任。

在纺织品服装领域，绿色贸易壁垒主要分为两类技术壁垒：一类是针对纺织品服装从设计生产到报废回收的全过程中对环境的影响所设置的壁垒，主要指要求企业建立实施环境管理体系及对产品实施环境标志和声明；另一类壁垒则是由于产品本身对消费者的安全和健康影响所引发的，即要求纺织品和服装不能对消费者的健康产生影响，如生态纺织品的生产。

绿色壁垒成为一些国家光明正大地用来保护本国产业的规则，因为这种保护方式具有隐蔽性，它不像配额、许可证等非关税壁垒具有一定的透明性，绿色壁垒使出口方难以预见其内容的变化。

面对国际绿色壁垒对服装出口的影响越来越大,我国的服装业纷纷考虑对策,研究进口国的相关的技术标准,并制定相应的企业标准使产品能够达到出口国的要求。据海关统计,2002年我国的纺织服装出口值就突破了600亿美元。

除了绿色壁垒技术壁垒等手段,发达国家还利用反倾销措施制裁出口量大的国家。倾销,是指一个国家或地区的出口经营者以低于国内市场正常或平均价格甚至低于成本价格向另一国市场销售其产品的行为,目的在于击败竞争对手,夺取市场,并因此给进口国相同或类似产品的生产商及产业带来损害。反倾销,是指一国(进口国)针对他国对本国的倾销行为所采取的对抗措施。

3. 金融危机

虽然不断遭受绿色壁垒、反倾销等贸易手段影响,我国的服装出口还是得到了发展。然而,我们企业并没有在这种贸易的打压与歧视下考虑如何提高自己的附加值,真正提高自己的实力,产品出口还是主要集中在来料加工、贴牌生产等。这种贸易形式利润率低,贸易的依存性高,如果国际经济形势有任何变化,对我国的服装出口企业影响都是巨大的。

2007年美国出现次贷危机,次贷危机引起美国经济及全球经济增长的放缓。由于美国和欧洲的进口需求疲软,我国出口增长率已从2007年2月的51.6%下降至12月的21.7%。在金融危机的影响下,我国许多出口服装的中小企业倒闭。据统计2008年上半年,全国有28%的服装企业出现严重亏损,仅广东在2008年就有上千家服装出口企业倒闭。

金融危机的影响远比人们预料的时间要长,各种不利因素叠加。人民币升值压力增加,原材料价格的波动,原料及燃料动力价格的上涨加大企业成本,招工难的问题在部分地区也更加突出。这种情况,强迫许多企业开始考虑其他出路。

4. 产业转移

金融危机使得中国的许多服装出口企业重新考虑发展方向并进行调整,从2009年11月开始,纺织品的出口同比增幅已恢复正增长,12月份同比增幅更是高达25.10%。

在国际大形势下,许多企业开始考虑品牌战略,但是品牌战略不是一朝一夕就能完成。很多国内服装品牌的影响还主要是在国内市场,在发达国家市场影响力非常小,或者说基本没有。中国服装出口主要还是集中在较低端的产品环节,随着我国材料成本的增加及劳动力成本的提高,我们的出口优势大大降低。目前,我国劳动力成本已经远远高于亚洲其他发展中国家。数据显示,孟加拉国劳动力成本是0.22美元/小时,柬埔寨是0.33美元/小时,越南是0.38美元/小时,印度是0.51美元/小时,而我国是1.08美元/小时。现阶段劳动力成本是影响我国低端服装产品出口竞争力的重要因素,而我国对美、日、欧三大主要市场的服装出口份额正逐渐被这些新兴服装出口国所蚕食。

2015年1月至7月,中国纺织品服装累计出口1556.2亿美元,同比下降4.4%。其中,纺织品出口624.2亿美元,下降1.5%;服装出口932亿美元,下降6.2%。2015年下半年纺织服装的出口仍呈下降趋势。

目前全世界服装生产能力已经绝对过剩。在供过于求的情况下,成本竞争成为行业竞争的主要手段。在国内外低成本竞争及沿海发达地区劳动力成本上升的双重压力下,发达地区的加工型服装企业越来越难以生存。为此,我国服装企业想依靠低成本优势来确保我国服装贸易在国际服装市场上的地位已经不可能。我国服装界应该调整企业布局,及时将生产能力向中西部地区转移，形成东西部不同重点的产业集聚，保持并增强我国服装生产的比较优势。现代服装业竞争是以品牌为先导、科技为后盾的综合实力的竞争。国际服装市场是一个全球性的市场，企业要在市场竞争中立于不败之地，就必须不断地利用名牌效应使市场延伸、拓展。因此，实施品牌战略是服装业进一步发展的必然选择。

第二节　我国服装出口贸易主要形式

一、我国服装贸易方式

我国纺织品服装对外贸易的特点是：一般贸易占主导，且发展迅猛；加工贸易为辅，发展较为缓慢；边境小额贸易等其他方式则逐渐凸显，但比重仍然非常小。一般贸易(GeneralTrade)简称G.T，相对于加工贸易而言，指我国境内有进出口经营权的企业单边进口或单边出口的贸易，按一般贸易交易方式进出口的货物即为一般贸易货物。加工贸易分为两种：一种是来料加工，由外方免费提供原材料，进行产品加工；一种是进料加工，从国外进口原材料生产再出口，如非特殊情况，理论上基本不能采购“国内”原料。贴牌生产在一般贸易和加工贸易中都会遇到。由2014年我国纺织品服装出口按照贸易方式分类的数据可知：贸易方式以一般贸易为主，出口额为2149.22亿美元，占比75.36%；加工贸易为辅，包括进料加工和来料加工，出口总额为420.02亿美元，占比14.73%；而其他贸易方式成为纺织品服装出口新的增长点，同比增长22.52%，大大超过一般贸易和加工贸易，贸易方式更趋合理。2015年，我国一般贸易进出口值为13.29万亿元，下降6.5%，占进出口总值的54%，所占比重较上年提升0.3%，其中出口增长2.2%。

一般贸易无论是在纺织品还是服装的出口中，都占据了极大的比重，并且其增长速度与总体保持一致，都在12%左右，地位不断巩固。值得注意的是，来料加工出口方式正大幅下降，降幅在10%以上，这也与发达国家将其生产基地转向劳动力价格更加廉价的东南亚国家有关。不过，这也在时刻提醒我国的纺织业发展，要不断提高产品的科技含量和附加值，才能在未来的竞争中取胜，单纯靠加工贸易赚取微薄的利润是不可持续的发展模式。

从我国纺织品服装出口的产品结构来看，出口结构近年来不断完善优化，纺织初级产品的出口逐渐让位于科技含量高、附加值高的深加工制成品，尤其是家用纺织品以及毛皮革成衣等，这也是提高我国纺织产业国际竞争力的要求。从我国纺织品服装出口的国际市场来看，出口市场相对而言比较集中，主要在欧盟、美国和日本。同时，在继续巩固原来市场份额的基础上，也逐渐表现出多样化的格局，尤其是对东盟的出口保持快速增长，成为新的增长点。

根据以上分析，我国纺织品服装的对外贸易从自身纵向的角度来看，出口总额不断提升，增速较快，但是在我国出口总额中所占的比重逐渐下降，于近年来保持稳定。纺织商会副会长张锡安分析，中国纺织服装产业订单转移的主要原因是劳动力成本上涨，制造业劳动力成本10年间涨了3倍。同时，人民币对欧元、日元汇率的波动，也对出口影响巨大。“但中国的出口出现了一个新现象，以前的加工出口都是粗放、简单的批量生产，而现在，那些要求做工精良、高端的订单仍然青睐中国市场。”这说明服装纺织“中国制造”水平非常高，但这种出口还是停留在争取加工费的阶段。

二、我国服装出口传统的贸易伙伴

我国服装出口主要的出口国家和地区比较集中在欧盟、美国、日本和东盟。

1. 美国

美国市场相对稳定，近 10 年，我国对美国出口始终保持增长。2015 年美国成为我国唯一保持出口增长的传统大型市场。全年对美国出口 477.4 亿美元，出口额再创新高，同比增长 6.7%，对整体出口形成正向拉动。单价下跌 1.1%；纺织品出口增长 6.2%，其中面料和制成品分别增长 6.1% 和 6.8%，纱线下降 2.8%。据美国海关统计：2015 年，美国自全球进口纺织品服装共 1221 亿美元，增长 4%；自中国进口 463.7 亿美元，增长 3.4%；自东盟进口 240.2 亿美元，增长 7.1%。中国产品在美国市场份额为 38%，比 2014 年下降 0.2%。东盟纺织品在美国市场份额为 19.7%，比 2014 年同期增长 0.6%。但是，2016 年对美出口出现下降，出口额 450.2 亿美元，下降 5.7%。

多样化的梭织服装是我国出口美国的重点商品。美国市场消费的梭织服装包括衬衣、休闲服、西服、牛仔服、童装及裤类等。我国出口美国市场梭织服装的主要特点：

纯棉织物仍是主体。如高支高密府绸、牛津纺、色织布、灯芯绒等均是以纯棉纱为原料。根据用途不同分为粗厚与精细织物，但目前正在偏向细支轻薄型。近几年来，我国出口企业依据美国进口商的要求，采用多种纤维为原料的混纺织物比例在上升：黏/涤（腈纶）混纺织物在上升，而 T/C 混纺织物在下降。在其他混纺织物中采用 40/40/30 混纺比的涤/黏/麻三合一仿麻织物使用也较多。色织面料一般多于色布面料，色织布采用纱线先染色后织造工艺，同时采用无梭织机多色引纬或电子提花技术。目前，我国已经出现采用多种整理技术来提高面料的技术含量与加工深度的出口企业，因为靠常规产品出口不能适应美国人生活质量的高要求，只有在提高产品的技术含量与加工深度上做文章才能比较容易获得订单。

2. 欧盟

欧盟市场呈现上下波动趋势。2014 年，欧盟成衣进口相对强势，从数量来看，比 2013 年增长 8.4%，而 2013 年欧盟的进口量已比 2012 年增长 7.5%。经过了短暂的复苏后，又开始缓慢下降，2015 年 12 月，欧盟服装进口量下滑，虽然同比降幅开始缩小，服装进口总量同比下降 1.6%，低于 9—11 月的 6.2% ~11.5%。欧盟服装进口单价同比下跌 2.05%，为去年 7 月（6.4%）以来的最大降幅。12 月份，中国和其他地区都受益于欧盟服装进口市场的复苏，来自中国的进口量同比减少 10.5%，低于 11 月份的 16%；来自其他地区的进口量同比增长 4.5%，增幅大于 11 月份的 1.3%。2016 年 1—3 月，中国占欧盟服装进口的比重从 2014 年同期的 43.3% 下降到 35.1%，并且中国服装进口价格下降了 0.3%，而孟加拉国、柬埔寨、缅甸和越南的价格则大幅上涨。

3. 东盟

一直以来，欧盟、美国、日本是我国纺织品服装出口的前三大市场。但是，据海关数据，2013 年，我国纺织品服装对东盟出口额达到 250.58 亿美元，同比增长 42.74%，一跃成为我国纺织品服装出口的第三大市场。中国 - 东盟自贸区建成以来，双边贸易实现了跨跃式发展。据中方统计，2010—2012 年的 3 年间，双边贸易额从不足 3000 亿美元上升至超过 4000 亿美元，年均增长 16.9%。纺织品服装在双边贸易额中占据的份额虽然不到 10%，但发展迅速。2015 年中国持续成为东盟第一大贸易伙伴，东盟是中国第四大出口市场和第二大进口来源地。2015 年 1—11 月份中国对东盟服装出口仅 105.4 亿美元，下降 15.6%。

4. 日本

受日本经济下滑、订单转移、人民币对日元大幅升值、中日双边关系进一步恶化等因素影响,我国的服装近几年对日出口出现下降趋势。2015 年,日本自中国进口纺织品 229.0 亿美元,同比下降 12.3%。其中棉制、化纤制梭织服装出口量分别下降 10.82%、6.95%,出口平均单价分别下降 0.96%、5.59%;丝织梭织服装出口量下降达 44%,出口平均单价同比增长 5.22%。

三、新兴的服装出口市场

2013 年,我国对中东、拉美、非洲等新兴市场出口保持较好增长,未来市场潜力很大。2013 年对中东出口 66.1 亿美元,增长 9.8%;对拉美出口 45.2 亿美元,增长 13.2%;对非洲出口 43.4 亿美元,增长 31.6%。

2015 年,在"一带一路"战略下,我国纺织服装产业迎来新的发展机遇。我国依靠与有关国家既有的双多边机制,借助既有的、行之有效的区域合作平台,积极发展与沿线国家的经济合作伙伴关系,共同打造政治互信、经济融合、文化包容的利益共同体、命运共同体和责任共同体。2015 年,我国企业共对"一带一路"相关的 49 个国家进行了直接投资,投资额同比增长 18.2%。2015 年,我国承接"一带一路"相关国家服务外包合同金额 178.3 亿美元,执行金额 121.5 亿美元,同比分别增长 42.6% 和 23.45%。

在整体外贸形势不佳、出口下降成为常态的 2015 年,我国外贸出口在新兴市场和部分"一带一路"国家却呈现较好态势,对这些地区出口仍能保持增长。其中对中东出口增长 4.6%,对非洲出口增长 5.2%,仅对拉丁美洲出口下降 4%。对"一带一路"沿线中的 28 个国家出口实现增长,其中对 16 个国家出口增幅达 10% 以上,目前,这些国家仍具有较大市场潜力。

第三节 国际主要的贸易规则

在以和平与发展为时代特征的当今世界,经济全球化进程正在加快。这是一股不可抗拒的历史潮流。经济全球化是由市场的力量促成的全球化。即通过市场的作用,各国经济贸易的联系越来越密切,规模日益扩大,包括通过对外贸易、引进(投入)资金、技术转让、提供服务、人员交流等活动,使各国经济逐渐形成相互渗透、相互依赖、相互促进和相互制约的关系。在这种形势下,更加需要一些合理合法的贸易规则制约与保护贸易各方的利益。随着最初的跨国交易出现,贸易各国热切地盼望制定一些能促进贸易顺利进行的规则。目前比较有影响力的贸易规则有:

一、海牙国际私法会议

海牙国际私法会议(Hague Conference on Private International Law)成立于 1893 年,是研究和制订国际私法条约的专门性政府间国际组织,因会议地址在荷兰海牙而得名。1893 年至 1951 年,海牙国际私法会议仅是临时性的国际会议。1951 年,第七届海牙国际私法会议通过的《海牙国际私法会议章程》,标志着它已逐渐演变成统一国际私法为目的的常设的政府间国际组织,已逐渐成为在统一冲突法和程序法方面最有成效、最有影响的国际组织。

海牙国际私法会议主要是制定国际私法公约，通常每四年开一次全体大会，但海牙国际私法会议不企图制定一部全面的国际私法法典，而是针对某一具体问题制定一项具体公约。我国于 1987 年 7 月 3 日正式加入海牙国际私法会议。中国已加入《关于向国外送达民事或商事司法文书和司法外文书公约》《关于从国外调取民事或商事证据的公约》两项海牙公约组织，并于 2000 年 12 月签署了《跨国收养方面保护儿童及合作公约》。

二、《联合国国际贸易法委员会仲裁规则》

《联合国国际贸易法委员会仲裁规则》(UNCITRALArbitrationRules)由联合国第 31 次大会正式通过。该规则适用于国家与私人间的投资争议仲裁、多方仲裁、第三人加入仲裁程序、仲裁员的指定、仲裁员责任的豁免、仲裁费用的控制等问题。规则对各国并不具有普遍的约束力，仅供合同双方当事人自愿以书面方式约定。当事人可在书面协议中指定一个常设仲裁机构。

三、世界贸易组织(WTO)

1994 年 4 月 15 日，在摩洛哥的马拉喀什市举行的关贸总协定乌拉圭回合部长会议决定成立更具全球性的世界贸易组织，以取代成立于 1947 年的关贸总协定。世界贸易组织是当代最重要的国际经济组织之一，拥有 164 个成员，成员贸易总额达到全球的 98%，有“经济联合国”之称。

1995 年 1 月 1 日世界贸易组织(简称世贸组织)正式开始运作，该组织负责管理世界经济和贸易秩序，总部设在瑞士日内瓦莱蒙湖畔。其基本原则是通过实施市场开放、非歧视和公平贸易等原则，来实现世界贸易自由化的目标。1996 年 1 月 1 日，它正式取代关贸总协定临时机构。世贸组织是具有法人地位的国际组织，在调解成员争端方面具有更高的权威性。它的前身是 1947 年订立的关税及贸易总协定。与关贸总协定相比，世贸组织涵盖货物贸易、服务贸易以及知识产权贸易，而关贸总协定只适用于商品货物贸易。

自 2001 年 12 月 11 日开始，中国正式加入 WTO，标志着中国的产业对外开放进入了一个全新的阶段。2015 年 7 月中国加入世贸组织的保护期结束，中国所有进出口的商品将全部免除海关的关税。中国将逐步建立与国际市场一体化的市场，纺织品将继续承担较重的关税减让义务，纺织工业也将面临日益激烈的国际竞争。

♨课后思考♨

1. 我国的服装贸易应该如何转型？
2. 谈谈目前国际贸易规则发展的新趋势。

第二章　国际贸易术语及价格

第一节　国际贸易术语的概念

国际贸易发展历史悠久,在长期的实践中,人们不断地总结经验与教训,制定并形成了一些贸易惯例,使得以后的交易能够更加方便、快捷、公平。

一、国际贸易术语的产生

在国际贸易中,由于买卖双方相聚遥远,货物要从工厂仓库运输到码头,然后出关经历长途跋涉到达进口国,然后入关,再经过一段路程到达目的地。在这段过程中交易要确定很多相关的事宜,例如:各运输路线的运输谁来负责安排、各种费用谁来付、出关入关手续谁来办理,过程中货物损失的风险谁来承担等,这些相关的事宜将决定商品的报价,同时每一项又是合同中的重要条款,将决定交易是否顺利进行,对于每笔交易这些事项要是一项一项地商讨,对交易双方来说既浪费时间,又浪费精力。

因此在长期的贸易实践中,有关交易双方责任和义务的划分是一个十分重要的问题。为了明确交易双方在货物交接过程中有关风险、责任和费用的划分,交易双方在洽商交易和订立合同时通常都要商定采用何种贸易术语,并在合同中具体订明。贸易术语涵盖国际运输、保险、装卸货物、投保货运险、报关、纳税等手续,支付运费、保险费、装卸费以及其它各项费用,同时货物在运输、装卸过程中,还可能遭遇到自然灾害、意外事故和各种外来风险,有关事项由谁办理、费用由谁支付、风险由谁承担。贸易术语明确了交易双方各自承担的责任,费用和风险。贸易术语是国际货物买卖合同中不可缺少的重要内容,因此,从事国际贸易的人员,必须了解和掌握国际贸易中现行的各种贸易中贸易术语及其他有关的国际贸易惯例,以便正确选择和使用各种贸易术语。

二、贸易术语的含义

贸易术语(Trade Terms)又称贸易条件、价格术语,是进出口商品价格的一个重要组成部分。它是用一个简短的概念(例如“Freeon Board”)或三个字母的缩写,例如“FOB”,来说明交货地点、商品的价格构成和买卖双方有关费用、风险和责任的划分,确定卖方交货和买方接货应尽的义务。在贸易实务中,只要报出一个贸易术语,对方就会清楚双方将要享有的权利及要负的责任。

在国际贸易中采用某种专门的贸易术语,主要是为了确定交货条件,即说明买卖双方在交接货物方面彼此承担责任、费用和风险的划分。例如,按装运港船上交货条件(FOB)成交与按目的港船上交货条件(DES)成交,由于交货条件不同,买卖双方各自承担的责任、费用和风险就有很大区别。同时,贸易术语也可用来表示成交商品的价格构成因素,特别是货价中所包含的从属费用。由于其价格构成因素不同,所以成交价格应有所区别。不同的贸易术语表明买卖双方各自承担不同的责任、费用和风险,而责任、费用和风险的大小又影响成交商品的价格。由此可见,贸易术语具有两重性,即一方面表示交货条件,另一方面表示成交价格的构成因素,这两者是紧密相关的。

三、贸易术语的作用

贸易术语是国际贸易中表示价格的必不可少的内容。报价中使用贸易术语,明确了双方在货物交接方面各自应承担的责任、费用和风险,说明了商品的价格构成,从而简化了交易磋商的手续,缩短了成交时间。由于规定贸易术语的国际惯例对买卖双方应该承担的义务作了完整而确切的解释,因而避免了不同国家由于对合同条款的理解不一致,减少了在履约中可能产生的某些争议。系统地来讲贸易术语具有以下的重要作用:

1. 节约了买卖双方的时间与精力

由于贸易术语简单的三个字母包含了买卖双方的许多责任义务,所以在贸易洽谈中简化了很多过程,不需要过多的电话或见面沟通。

2. 有利于买卖双方订立合同

由于每种贸易术语都有其特定的含义,因此,买卖双方只要商定按何种贸易术语成交,即可明确彼此在交接货物方面所应承担的责任、费用和风险。这就简化了交易手续,缩短了洽商交易的时间,从而有利于买卖双方迅速达成交易和订立合同。

3. 有利于买卖双方核算价格和成本

由于贸易术语是表示商品价格构成的因素,所以,买卖双方确定成交价格时,必然要考虑采用的贸易术语中包含哪些从属费用,这就有利于买卖双方进行成本核算。

4. 有利于买卖双方解决争议

在贸易过程中如果双方发生争议,可以援引有关贸易术语的一般解释来处理。因为,贸易术语的一般解释已成为国际惯例,它是大家所遵循的一种类似行为规范的准则。

四、有关贸易术语的国际贸易惯例

在国际贸易中使用贸易术语始于19世纪。随着国际贸易的发展,根据人们长期的贸易实践,逐渐形成了一系列贸易术语,各种行业及各个国家对各种贸易术语有各自特定的解释和规定。因此,在使用贸易术语时,由于对贸易术语解释的不同,会出现矛盾和分歧。为解决这些矛盾,以便于国际贸易的顺畅发展,国际商会、国际法协会等国际组织以及美国一些著名商业团体经过长期的努力分别制定了解释国际贸易术语的规则,这些规则在国际上被广泛采用,从而形成为国际贸易惯例,并受到各国的广泛欢迎和使用。国际贸易惯例的适用是以当事人的利益为基础的,而且,惯例本身不是法律,它对贸易双方不具有强制性,故买卖双方有权在合同中作出与某项惯例不符的规定。但是,国际贸易惯例对贸易实践仍具有重要的指导作用。在我国的对外贸易实践中,在平等互利的前提下,适当采用这些国际惯例,有利于外贸业务的开展。而且,通过学习和掌握有关国际贸易惯例的知识,可以帮助我们避免或减少贸易争端。在发生争议时,也可以引用有关惯例,争取有利地位,减少不必要的损失。有关贸易术语的国际贸易惯例主要有以下三种:

①《1932 年华沙—牛津规则》〔Warsaw - Oxford Rules1932〕《1932 年华沙——牛津规则》是国际法协会专门为解释 CIF 合同而制定的。19 世纪中叶,CIF 贸易术语开始在国际贸易中得到广泛采用,然而对使用这一术语时买卖双方各自承担的具体义务,并没有统一的规定和解释。对此,国际法协会于 1928 年在波兰首都华沙开会,制定了关于 CIF 合同的统一规则,称之为《1928 年华沙规则》,共包括 22 条。其后,此规则修订为 21 条,并更名为《1932 年华沙——牛津规则》,沿用至今。这一规则对于 CIF 的性质、买卖双方所承担的风险、责任和费用的划分以及所有权转移的方式等问题都作了比较详细的解释。

②《1941 年美国对外贸易定义修订本》〔Revised American Foreign Trade Definitions1941〕是由美国几个商业团体制定的。

③《国际贸易术语解释通则》是国际商会广泛征求世界各国从事国际贸易的各方面人士和有关专家的意见,通过调查、研究和讨论而形成的。

第二节　国际贸易术语解释通则

《国际贸易术语解释通则》(International Rules for the Interpretation of Trade Terms,缩写 Incoterms)是一套国际商会关于国内外贸易术语使用的通则,目的是使全球贸易活动顺畅。《国际贸易术语解释通则》于 1936 年首次出版发行,随后,为适应国际贸易实践发展的需要,国际商会先后对《国际贸易术语解释通则》于 1953 年、1967 年、1976 年、1980 年和 1990 年及 2010 年进行过多次修订和补充。

一、《国际贸易术语解释通则》出现的背景

各个国家对贸易术语的不同解释引起的问题阻碍着国际贸易的发展,并因此经常发生纠纷,为了使国际贸易顺畅进行,保护交易双方的利益,在进行对外贸易合同所共同使用的贸易术语的不同国家,有一个统一的贸易术语解释是很必要的。国际商会于 1921 年在伦敦举行的第一次大会时就授权搜集各国对贸易术语的解释摘要。这个工作是由贸易术语委员会的主持下进行的,并得到各国家委员会的积极协助,同时广泛征求了出口商、进口商、代理人、船运公司、保险公司和银行等各行各业的意见,以便对主要的贸易术语作出合理的解释,使各方能够共同适用。1923 年出版第一版摘要,内容包括对 FOB、FAS、FOT 或 FOR、Free Delivered、CIF 以及 C&F 的定义。

二、目前使用较多的贸易术语解释通则(简称通则)

为了适应时代的变化,国际贸易术语的解释通则历经多次修改,以使其内容更加完善合理。通则在 1936 年形成,随后,为适应国际贸易实践发展的需要,国际商会先后于 1953 年、1967 年、1976 年、1980 年和 1990 年进行过多次修订和补充。目前使用最广泛的是《2000 年国际贸易术语解释通则》(简称《2000 年通则》)及《2010 年国际贸易术语解释通则》(简称《2010

年通则》)。下面简单介绍一下这两个通则的产生及结构。

1.《2000 年通则》

(1)产生

在长期的贸易实践中,由于社会的不断进步,贸易方式在改变,运输方式也在改变。以前的术语已经跟不上时代的要求,就需要对旧的术语进行完善与修改,并增加一些新的术语。

1999 年,国际商会(ICC)广泛征求世界各国从事国际贸易的各方面人士和有关专家的意见,通过调查、研究和讨论,对实行 60 多年的《国际贸易术语解释通则》进行了全面的回顾与总结。为使贸易术语更进一步适应世界上无关税区的发展、交易中使用电子讯息的增多以及运输方式的变化,国际商会对《国际贸易术语解释通则》进行修订,并于 1999 年 7 月公布《2000 年国际贸易术语解释通则》(简称《INCOTERMS2000》或《2000 年通则》),于 2000 年 1 月 1 日起生效。

《2000 年通则》与《1990 年通则》相比看上去变化很小。原因很明显,原术语解释通则已普遍得到世界公认,对术语通则小范围的修改就是要避免不合理的变化引起的混乱。另一方面,在修订过程中,ICC 尽量保证《2000 年通则》中的语言清楚准确地反映国际贸易实务。因此《2000 年通则》是在《1990 年通则》的基础上更加合理完善。

(2)结构

《2000 年通则》将所有的术语分为四个基本不同的类型。第一组为“E 组”(EXW),指卖方仅在自己的所在地或其他指定地点将货物交给买方处置;第二组“F 组”(FCA、FAS 和 FOB),指卖方须将货物交至买方指定的承运人;第三组“C 组”(CFR、CIF、CPT 和 CIP),指卖方须订立运输合同,但对货物灭失或损坏的风险以及装船后发生意外所产生的额外费用,卖方不承担责任;第四组“D 组”(DAF、DES、DEQ、DDU 和 DDP),指卖方须承担把货物交至目的地国所需的全部费用和风险。

(3)在销售合同中订入术语解释通则

鉴于术语解释通则多次修订,所以,如果合同当事方想在销售合同中订入术语解释通则时,清楚地指明所引用的术语解释通则版本是很重要的。例如当在标准合同或订货单中引用了早期版本时,未能引用最新版本,可能双方会对交易过程中的权利义务的理解不同,就会产生一些纠纷,当纠纷发生时,如果双方引用不同版本的通则解释,那么不利于争端的解决,所以在《2000 年通则》中明确指出,在以后的销售合同中要注明使用的术语通则版本。

2.《2010 年通则》

(1)产生

为保持与国际贸易及经济形势发展步调一致,国际贸易解释通则会定期修改,最新版本的解释通则是《2010 年通则》。《2010 年通则》考虑到了全球范围内免税区的扩展,商业交往中电子通讯运用的增多,货物运输中安保问题关注度的提高以及运输实践中的许多变化,同时也是第一部使得所有解释对买方与卖方呈现中立的贸易解释版本。

2010 年 9 月 27 日公布,于 2011 年 1 月 1 日开始全球实施的《2010 年通则》较《2000 年通则》更准确标明各方承担货物运输风险和费用的责任条款,令船舶管理公司更易理解货物买卖双方支付各种收费时的角色,有助于避免经常出现的码头处理费(THC)纠纷。此外,新通则亦增加大量指导性贸易解释和图示,以及电子交易程序的适用方式。

2010 年的《国际贸易术语解释通则》将 2000 年的《国际贸易术语解释通则》中的 13 个贸

易术语减成了 11 个,并为每一规则提供了更为简洁和清晰的解释。

(2)结构

《2010 年通则》出现了两个新术语:DAT 运输终端交货(……指定目的地)和 DAP 目的地交货(……指定目的地),取代了《2000 年通则》中的 DAF、DES、DEQ 和 DDU 术语。

DAT 和 DAP 术语都规定需在指定目的地交货,两者主要区别是:DAT 术语下,卖方承担将货物从运输工具上卸下并交由买方处置的义务;而在 DAP 术语下只需将货物交由买方处置即可,无须承担将货物从交通工具上卸下的义务。

D 组中只剩下三个术语:DAP(运到)、DAT(运到、卸下)和 DDP(运到、卸下、完税)。

《2010 年通则》按照适用运输方式不同将 11 个贸易术语分为两大类:

①适用于任何单一或多种运输方式的术语有 7 个:EXW(工厂交货)、FCA(货交承运人)、CPT(运费付至)、CIP(运费及保险付至)、DAT(运输终端交货)、DAP(目的地交货)和 DDP(完税后交货)。

②只能适用于海上和内陆水运输的术语有 4 个:FAS(船边交货)、FOB(船上交货)、CFR(成本加运费)和 CIF(成本、保险费加运费)。

《2010 年通则》对于 FOB、CIF 和 CFR 三个术语的买卖双方的风险转移以越过船舷为界改为将货物装运上船为界。

传统的《国际贸易术语解释通则》只在国际销售合同中运用,此种交易的货物运输都需跨越国界。《2010 年通则》正式认可所有的贸易术语既可以适用于国际贸易也可以适用于国内交易。

因为《2010 年通则》是最新版本,所以下面各术语的解释就以《2010 年通则》为依据。

第三节　EXW 术语

EXW(Ex Works)——工厂交货,EXW 后跟指定地点,是指当卖方在其所在地或其他指定的地点(如工厂或仓库)将货物交给买方处置时,即完成交货,卖方不办理出口清关手续或将货物装上任何运输工具。该术语是卖方承担责任最小的术语。买方必须承担在卖方所在地受领货物之后的全部费用和风险。

一、卖方的主要责任

①卖方必须按时提供符合销售合同规定的货物和商业发票或有同等作用的电子讯息,以及合同可能要求的、证明货物符合合同规定的其他任何凭证,例如品质合格证书。

②卖方必须支付将货物交给买方处置前所需的所有费用。

③卖方必须支付货物包装费用,除非是不需要包装便可进行运输的特殊货物。卖方应采取适宜运输的包装方式,除非买方在签订买卖合同前便告知卖方特定的包装要求。包装要做适当标记。

二、买方的主要责任

①买方必须按照买卖合同规定收取货物并支付货物价款。

②在需要办理海关手续时，买方必须自担风险和费用，由其取得任何出口和进口许可证或其他官方许可，并办理货物出口的一切海关手续。买方承担货物出口应缴纳的一切关税税款和其他费用，以及办理海关手续的费用。

③买方负担取得货物之后的一切费用与风险。

三、应用 EXW 应注意的问题

EXW 术语是卖方承担义务最少的术语，在使用此术语时需要明确以下的问题：

1. 交货及装车问题

卖方在其所在地或其他指定的地点（如工厂或仓库等）将货物交给买方处置时，即完成交货。卖方不须将货物装上任何运输工具。若在指定的地点内未约定具体交货点，或有若干个交货点可使用，则卖方可在交货地点中选择最适合其目的地交货点。

2. 风险转移和充分通知问题

买方承担交接货后的一切风险，在交货之前的风险由卖方自己承担。在合同履行中如果由买方有权确定在约定的期限内受领货物的具体时间及地点时，买方必须就此给予卖方充分通知，方便卖方及时备货及交货。否则自约定的交货日期或交货期限届满之日起，买方必须承担货物灭失或损坏的一切风险，但以该项货物已清楚地确定为合同项下之货物为限。也就是说，该货物就是为此合同而准备的货物。

【案例 1】 中国卖方与美国买方签订货物买卖合同，以 EXW 条件成交，2008 年 7 月 20 日前交货。卖方备好货物后将其单独存放于仓库。由于买方安排的承运人耽误，接货的车于 7 月 22 日到达。而在 7 月 21 日，存放货物的仓库发生火灾，导致部分货物受损。试根据《2010 年国际贸易术语解释通则》和《联合国国际货物销售合同公约》回答下列问题：卖方对火灾毁损货物是否应承担责任？为什么？

【分析】 卖方对火灾损毁货物不承担责任。根据《2010 年国际贸易术语解释通则》，买方自约定的交货日期或交货期限届满之日起承担货物灭失或损坏的一切风险，但以该项货物已正式划归合同项下，即清楚地划出或以其他方式确定为合同项下之货物为限。该货物是在交货日期到期后发生的火灾，所以风险已经转移到买方。

3. 通关手续

卖方无需办理出口清关手续。卖方只有在买方提出要求并承担风险和费用时可协助买方办理出口手续且办理风险由买方承担。因此，在买方没有能力办理出口手续时，不应采用这一术语。

第四节　适合水路运输的四个术语

地球有大约四分之三的面积都被海水覆盖，所以国际贸易运输以海洋运输为主，特别是在其他运输业不发达的时期，以水路运输为基础发展起来的术语有 FAS、FOB、CFR、CIF。这四个术语只适用于海洋与内河运输。

一、FAS

FAS(Free Alongside Ship)——船边交货(后面加指定装运港),"船边交货"是指卖方在指定装运港将货物交到买方指定的船边(例如码头上或驳船上),即完成交货。从那时起,货物灭失或损坏的风险发生转移,并且由买方承担所有费用。

买卖双方应当尽可能明确指定装运港确定的装货地点,这是因为到这一地点的费用与风险由卖方承担,并且根据港口惯例交付这些费用及相关的手续费。

1. 买卖双方的义务

(1)卖方的主要义务

①卖方必须提供符合销售合同规定的货物和商业发票以及合同可能要求的、证明货物符合合同规定的其他任何凭证,或者是双方都承认的电子记录或手续。

②卖方必须自担风险和费用,取得出口许可证或其他官方许可,办理货物出口所需的一切海关手续。

③卖方必须在买方指定的装运港、装货地点(如果有指定的装货地点)将货物交至买方指定的船边。

(2)买方的主要义务

①买方必须按照销售合同规定支付货物的价款,并收取符合合同的货物。

②买方必须自担风险和费用,取得进口许可证或其他官方许可,并办理货物进口和从他国过境所需的一切海关手续。

③买方必须自担运费,订立自指定装运港到目的港运输货物的合同。

2. 在使用 FAS 时应注意的问题

(1)交货

卖方必须在买方指定的装运港、装货地点将货物交至买方指定的船边,即为交货。如果买方没有指定特别的装货地点,卖方可以在指定的装运港内选择最符合其目的的地点。如果双方约定在一定时期内交付货物,则买方可以在约定时期内选择交货日期。

(2)风险转移

买卖双方的风险转移点是卖方将货物交至买方指定的船边。如果买方没有及时把安排的船名及交货的地点及时通知卖方,或者买方指定的船只未按时到达,或未接收货物,或较通知的时间提早停止装货,那么自约定的交货日期或期限届满时起,买方承担货物灭失或损坏的一切风险。

【案例4】 我某公司按照 FAS 条件进口一批面料,在装运完成后,国外卖方来电要求我方支付货款,并要求支付装船时的驳船费,对卖方的要求我方应如何处理?

【分析】

1. 我方对于卖方支付装船时的驳船费的要求可以拒绝。

2. 按照《2010 年通则》的解释,采用 FAS 术语成交时,买卖双方承担的风险和费用均以船边为界,即买方所指派的船的船边,在买方所派船只不能靠岸的情况下,卖方应负责用驳船将货物运至船边,驳船费用是在风险费用转移以前发生的,理应由卖方承担。

二、FOB

FOB(Free on Board)——船上交货,FOB 后面写上装运港。“船上交货”是指卖方在指定的装运港,将货物交至买方指定的船上,一旦装船,买方将承担货物灭失或损坏造成的所有风险。FOB 术语只能适用于海运和内河航运。FOB 是国际贸易中常用的贸易术语之一。

1. 买卖双方的义务

(1)卖方义务

①卖方必须提供符合销售合同规定的货物和商业发票,以及合同可能要求的、证明货物符合合同规定的其他任何凭证。以及提供根据双方同意或符合交易习惯任何单据都可以作为同等效力的电子凭证或手续。

②卖方必须自担风险和费用,取得出口许可证或其他官方许可,并办理货物出口所需的一切海关手续。

③卖方必须将符合合同规定的货物运到买方所指定的船上。

(2)买方义务

①买方必须按照销售合同规定支付货款,接收符合合同规定的货物。

②买方自担风险和费用,取得任何进口许可证或其他官方许可,办理货物进口和在必要时从他国过境时所需的一切海关手续。

③买方自担风险,租船订舱,签订从指定装运港起的运输货物的合同。

④买方自担风险签订从指定装运港的保险合同。

2. FOB 项下应注意的问题

(1)风险的转移

卖方要承担将货物交至买方指定的船上前货物灭失或者损坏的全部风险。这一点是《2010 年通则》的解释,而《2000 年通则》解释风险的划分点是越过船舷。所以买卖双方在签订合同时要注明遵循的是哪个通则,以免发生事故后引起纠纷。装船之后的风险由买方承担。如果买方没有按照规定通知船只或买方指定的船只没有按期到达,以致卖方无法履行交货义务,那么,自协议规定的日期起之日起买方承担货物灭失或损失的全部风险。

【案例 5】 国内某贸易公司以 FOB 条件进口一批货物。在目的港卸货时,发现有几件货物外包装破裂,并且货物有被水浸泡的痕迹。经查证,货物是在装船时因吊钩不牢掉在甲板上摔破的,因包装破裂导致里面的货物被水浸泡。试分析该贸易公司能否以对方未完成交货义务为由提出索赔。

【分析 1】 这个案例如果按照《2000 年通则》

①该贸易公司不能向卖索赔。

②根据《2000 年通则》的规定,按 FOB 术语成交,卖方承担货物的风险从货物于装运港越过船舷时开始转移给买方。就本案例看,包装物破裂不是在越过船舷前而是在越过船舷后由于挂钩不牢掉在甲板上造成的,该项损失按风险划分界限,理应由买方自己承担。

【分析 2】 这个案例如果按照《2010 年通则》:

①该贸易公司能向卖索赔。

②根据《2010 年通则》的规定,按 FOB 术语成交,卖方承担货物的风险从货物于装运港装到船上时开始转移给买方。就本案例看,包装物破裂虽然是在越过船舷后,但是,是由于挂钩

不牢掉在甲板上造成的，并没有装到船上，风险还没有转移，理应由卖方自己承担。

根据上面的案例可知不同时期的通则会有些差异，所以双方在签订合同时要注明依据的是哪个通则。

(2)充分通知

使用FOB术语时，卖方在装运港将货物装上船时完成交货，而载货船舶由买方负责租船订舱，所以买卖双方必须注意船货衔接问题。卖方及时将备货进度告知买方，以便买方适时租船订舱。买方必须给予卖方有关船名、装船地点、以及需要时在约定期限内所选择的交货时间的充分通知，以便卖方做好交货准备。卖方必须在约定的日期或期限内，在指定的装运港内，按照该港习惯方式，将货物交至买方指定的船只上。并且卖方必须给予买方说明货物已装船的充分通知，以便买方及时办理投保手续。

【案例6】 有一份出售油菜籽的FOB合同。合同中规定："1990年3月装船，如果买方在合同规定的期限不能派船接运货物，卖方同意保留28天，但买方应负担按现行费率计算的仓租、利息和保险费。"结果，在卖方的反复催促下，买方所派船只才于5月5日到达指定装运港，卖方于是拒绝交货并向买方索取包括28天仓租、利息与保险费在内的损失。这样做有没有道理

【分析】 FOB的含义是由买方按合同规定的时间派船并抵达指定装运港。《2000年通则》关于FOB解释的第B5款指出："如果他(买方)所派的船只不能按期抵达或无法载货……则应负担从约定交货日期或约定的交货期间届满的日期起，货物灭失或损坏的一切风险，但以该项货物已被适当地拨归于本合同，即已被清楚地分开，或已以其他方式被确定为本合同的货物为限。"本案买方未按合同规定时间派船，理应赔偿所造成的一切损失，即使合同中不作规定也应如此。当然，买方有权追究卖方有无在合同规定的时间内将货物存入指定的码头仓库或在卖方自己的仓库内指定了一批符合合同规定的货物作为等待装船的货物。若卖方没有这种履行合同的行为，买方则无赔偿的必要。如果卖方在4月28日前已将货物售出，买方也无需赔偿。

(3)费用划分

卖方必须支付货物装上买方指派的船上之前的一切费用与风险，这之后的运费、保险及风险由买方承担。如果买方指定的船只未按时到达，或未接收上述货物，或提早停止装货，或买方未能按照规定及时给予卖方相应的备货通知而发生的一切额外费用，均由买方承担。

(4)运输合同与保险合同

在FOB项下买方负责租船订舱，卖方没有义务为买方订立运输合同。但如果是根据买方要求或交易习惯且买方没有及时提出相反要求，由买方承担风险和费用的情况下，卖方可以按一般条款为买方订立运输合同。卖方有权拒绝为买方订立运输合同，如果卖方订立运输合同，应及时通知买方。买方要及时购买货运保险，签定保险合同

【案例7】 我某公司以FOB条件出口一批服装，合同签订后接到买方来电，称租船较为困难，委托我方代为租船，有关费用由买方负担。为了方便合同履行，我方接受了对方的要求，

但时间已到了装运期,我方在规定的装运港无法租到合适的船,且买方又不同意改变装运港,因此到装运期满时,货仍未装船。买方因销售即将结束,便来函以我方未按期租船履行交货义务为由撤销合同。问:我方应如何处理?

【分析】

1. 我方应拒绝撤销合同的无理要求。

2. 根据FOB术语,买方负责租船订舱支付运费。为了卖方装船交货方便,卖方也可以接受买方的委托,代为租船订舱,但费用和风险应由买方承担,卖方不承担租不到船的责任。

3. 结合本案例,因为卖方代买方租船没有租到,买方又不同意改变装运港,因此卖方不承担因自己未租到船而延误装运的责任。买方也不能因此撤销合同。

3. 美国对FOB的不同解释

《1990年美国对外贸易定义修订本》对FOB的解释分为六种,其中只有:指定装运港船上交货"(FOBVessel,"named port of shipment")与《2010年通则》对FOB术语的解释相近。所以,《1990年美国对外贸易定义修订本》对FOB的解释与运用,同国际上的一般解释与运用有明显的差异,这主要表现在下列几方面:

①美国惯例把FOB笼统地解释为在某处某种运输工具上交货,其适用范围很广,因此,在同美国、加拿大等国的商人按FOB订立合同时,除必须标明装运港名称外,还必须在FOB后加上"船舶"(Vessel)字样。如果只订为"FOB San Francisco"而漏写"Vessel"字样,则卖方只负责把货物运到旧金山城内的任何处所,不负责把货物运到旧金山港口并交到船上。

②在风险划分上,两者都是以货装船上为界。

③在费用负担上,规定买方要支付卖方协助其办理进口单证的费用以及进口税和产生的其他费用。

4. FOB术语分析

(1)出口采用FOB报价的优势

①FOB术语赋予卖方的义务比较少,便于出口企业操作。

②FOB报价可以规避运价变动的风险。

③FOB报价下出口企业无办理运输和保险的责任。风险发生时,可规避因对海商法和海运规则惯例不熟悉带来的麻烦。

(2)出口采用FOB报价的风险

①FOB术语下的保险问题。在使用FOB术语的情况下,保险由买方办理。由于货物灭失的风险自货物装到船上时才由卖方转移给买方,因此,只有在货物放到船上之后,买方(投保人、被保险人)才能对货物享有保险利益,也就是说,保险公司只对货物装到船上之后产生的损失负责,之前的损失只能由卖方自行承担,除非卖方专门对之前的运输投保,否则不可能通过由买方向保险公司索赔获得补偿。

【案例8】 上海一电视机厂出口5000台彩电,报价FOB Shanghai,由于进口国没有集装箱运输条件,买方规定用托盘装载,10台一托盘,装船过程中一托盘从钓钩中滑落,10台电视落入水中受损,与各方交涉无果,最后厂家只能自己承担损失。

②货物运输方式的选择。FOB 贸易术语要求买方负责租船订舱,一般情况下,卖方负责将货物装到船上。从目前 FOB 的实际使用情况看,买方指定船公司的少,绝大部分是指定境外货运代理。对卖方来讲,在 FOB 价格术语下将货物交给买方指定的货运代理人如果不采用信用证收付货款方式有可能遭受财货两空的风险。因此,在 FOB 价格术语下,卖方应争取采用船公司提单取代货代提单。

【案例 9】 某广州供应商与美国客户成交约 6 万美金的合同,采用 FOB Guangzhou 报价,货运前客户支付了 30% 的定金,由买方指定货代运输,货至 San Francisco 后供应商仍没收到买家的尾款,多次催促但买家一直拖延,后得知货已经被提,最后以答应买家降价 900 美金结款。

③船货衔接问题。FOB 价条件下由买方租船或订舱,而卖方必须在合同规定的装运港和装运期内将货物备妥装船,这种方式往往会产生船货衔接不好的问题。比如买方延迟派船,或因各种情况导致装船期延迟,这样会使卖方增加仓储等费用的支出,或因此造成卖方利息损失。另外,卖方如果备货时间仓促,无法将货物在指定日期装上指定的船只,则卖方就要承担由此造成的空舱费或滞期费。如果使用的是信用证结算方式,延误装期还需买方申请改证,遇上市场发生变化,对方不改证,则很可能货款无法收回。

【案例 10】 某水泥厂向韩国出口水泥 1 万吨,价格为 FOB 青岛 USD40.00/MT。韩国买方租用越南籍货轮从青岛运往韩国,支付方式为即期信用证,因货源紧张,我方请求韩国买方延迟派船,买方同意延期,但信用证不延期,而改托收付款,我方只好同意。船到时已过信用证有效期,我方装船后取得船长签发的提单并随付其他单据送中国银行托收,但买家拒不付款赎单,并声称货已失踪,经查韩国进口商在无提单情况下早已从船方手中提走货物,而该越南公司随后宣告破产。

5. FOB 术语变形

在按 FOB 条件成交时,卖方要负责支付货物装上船之前的一切费用。但各国对于"装船"的概念没有统一的解释,有关装船的各项费用由谁负担,各国的惯例或习惯做法也不完全一致。如果采用班轮运输,船方管装管卸,装卸费计入班轮运费之中,自然由负责租船的买方承担;而采用租船运输,船方一般不负担装卸费用。这就必须明确装船的各项费用应由谁负担。为了说明装船费用的负担问题,双方往往在 FOB 术语后加列附加条件,这就形成了 FOB 的变形。主要包括以下几种:

(1)FOB Liner Terms(FOB 班轮条件)

这一变形是指装船费用按照班轮的做法处理,即由船方或买方承担。所以,采用这一变形,卖方不负担装船的有关费用。

(2)FOB Under Tackle(FOB 吊钩下交货)

指卖方负担费用将货物交到买方指定船只的吊钩所及之处,而吊装入舱以及其他各项费用,概由买方负担,卖方不必承担装货费用。

(3)FOB Stowed 或 FOBS(FOB 理舱费在内)

指卖方负责将货物装入船舱并承担包括理舱费在内的装船费用。理舱费是指货物入舱后进行安置和整理的费用。

(4)FOB Trimmed 或 FOBT(FOB 平舱费在内)

指卖方负责将货物装入船舱并承担包括平舱费在内的装船费用。平舱费是指对装入船舱的散装货物进行平整所需的费用。

(5)FOB Stowed and Trimmed 或 FOBST(FOB 包括平舱和理舱)

卖方必须承担装货、平舱和理舱费用。

FOB 的上述变形,只是为了表明装船费用由谁负担而产生的,并不改变 FOB 的交货地点以及风险划分的界限。《2010 年通则》指出,对这些术语后的添加词句不提供任何指导规定,建议买卖双方应在合同中加以明确。

三、CFR

CFR(Costand Freight)是成本加运费付至(后面跟指定目的港),"成本加运费"是指卖方交付货物于船舶之上,而货物损毁或灭失之风险从货物转移至船舶之上起转移,卖方应当承担并支付必要的成本加运费以使货物运送至目的港。CFR 术语只能适用于海运和内河航运。

1. 买卖双方基本义务的划分

(1)卖方义务

①自负风险和费用,取得出口许可证或其他官方批准的证件,在需要办理海关手续时,办理货物出口所需的一切海关手续。

②租船订舱,签订从指定装运港承运货物运往指定目的港的运输合同;在合同规定的时间和港口,将货物装上船并支付至目的港的运费;装船后及时通知买方。

③承担货物在装运港装到船上为止的一切风险。

④卖方应当提供符合销售合同规定的货物和商业发票,以及其他任何可能要求的证明货物符合合同要求的凭证。向买方提供运输单据,如买卖双方约定采用电子通讯,则所有单据均可被同等效力的电子数据交换(EDI)信息所代替。

(2)买方义务

①自负风险和费用,取得进口许可证或其他官方批准的证件,在需要办理海关手续时,办理货物进口以及必要时经由另一国过境的一切海关手续,并支付有关费用及过境费。

②承担货物在装运港装到船上以后的一切风险。

③接受卖方提供的有关单据,受领货物,并按合同规定支付货款。

④支付除通常运费以外的有关货物在运输途中所产生的各项费用以及包括驳运费和码头费在内的卸货费。

⑤负责办理保险手续和支付保险费。

2. 使用 CFR 的注意事项

(1)买方的及时通知

买方一旦决定装运货物的时间和目的港,买方必须就此给予卖方充分通知。方便卖方备货及安排运输。

(2)卖方应及时发出装船通知

按 CFR 条件成交时,由卖方安排运输,由买方办理货运保险。如卖方不及时发出装船通知,则买方就无法及时办理货运保险,甚至有可能出现漏保货运险的情况。因此,卖方装船后务必及时向买方发出装船通知,否则,卖方应承担货物在运输途中的风险和损失。

【案例11】 我国纱厂与国外买家达成棉纱销售合同,以CFR报价,装货前经检验机构检验认定品质符合合同规定。纱厂按合同规定的时间装船,且货在装船当天就运往买家所在国。装船后第三天我纱厂以传真方式将装船事宜通知了买家,但在船舶起航后18小时,船只遇到恶劣天气致使棉纱全部浸湿。由于买家是在装船后第三天才收到装船通知,未能及时办理运输保险手续,因此货物损失无法获得保险公司的补偿。为此买家以未及时发出装船通知为由要求我纱厂承担赔偿责任。我方反驳认为在CFR合同中货物的风险自货物在装运港越过船舷后就已转移给买方,对此后的损失卖方不应承担任何责任。

【分析】 卖方的充分通知。在CFR项下卖方不但要向买方发出通知而且该通知还必须是充分的通知。所谓"充分的通知"意指该装船通知在时间上是"毫不迟延"的,在内容上是"详尽"的,可满足买方为在目的港收取货物采取必要的措施的需要。如因卖方疏忽致使买方未能投保,则卖方要承担货物在运输途中的风险。本案中纱厂没能在装船后立即发出装船通知给买方,而是在装船后三天才向买家发出通知,致使买方无法在目的港采取必要措施,该损失应该由纱厂承担。

(3)按CFR进口应慎重行事

在进口业务中,按CFR条件成交时,鉴于由外商安排装运,由我方负责保险,故应选择资信好的国外客户成交,并对船舶提出适当要求,以防外商与船方勾结,出具假提单,租用不适航的船舶,或伪造品质证书与产地证明。若出现这类情况,会使我方蒙受不应有的损失。

(4)风险转移

在CFR术语的情况下,买卖双方的风险转移点是货装船上,在这之前的一切风险由卖方承担,之后的一切风险由买方承担。如果买方没有及时通知卖方装运时间,买方必须从约定的装运日期或装运期限届满之日起,承担货物所出现的一切风险及费用。

(5)费用划分

在CFR术语下,卖方除了承担与FOB术语中卖方所承担的费用之外,还要承担从装运港到目的港的运费,以及按照运输合同约定由卖方支付在约定卸货港口卸货产生的费用。从这可以看出,在CFR项下,费用的划分点与风险的划分点是不同的。而在FOB项下,费用的划分点与风险的划分点是相同的。

3. CFR变形

卸货费究竟由何方负担,买卖双方应在合同中订明。为了明确责任,可在CFR术语后加列表明卸货费由谁负担的具体条件:

(1)CFR Liner Terms(CFR班轮条件)

这是指卸货费按班轮办法处理,即卖方负责卸货,买方不负担卸货费。

(2)CFR Landed(CFR卸到岸上)

这是指由卖方负担卸货费,其中包括驳运费在内。

(3)CFR EX Tackle(CFR吊钩下交货)

这是指卖方负责将货物从船舱吊起卸到船舶吊钩所及之处(码头上或驳船上)的费用。

在船舶不能靠岸的情况下,租用驳船的费用和货物从驳船卸到岸上的费用,概由买方负担。

(4)CFR Ex Ship's Hold(CFR 舱底交货)

这是指货物运到目的港后,由买方自行启舱,并负担货物从舱底卸到码头的费用。在CFR术语的附加条件,只是为了明确卸货费由何方负担,其交货地点和风险划分的界线,并无任何改变。

【案例12】 我L公司在某年3月与英国B公司按CFR伦敦条件签订了一份出口帆布手包的合同。根据合同规定,L公司向H海运公司办理定舱。H海运公司接受承运后开始进行配载。由于L业务繁忙,没有亲自查看整批货物装箱情况。货物装箱完毕后,H在合同规定的装运期内,将货物送往利物浦。1个月后,B来电向L索赔,原因是帆布包有很大刺激性气味,影响销售。经查,帆布包刺激气味是运输过程造成的。同时,L认为双方是在CFR条件下交易的,自己已经完成了交货,因此之后的货物灭失或损坏的风险应该由B自己承担。L进一步分析认为,CFR要求B公司购买保险,所以B也应该向保险公司申请赔付。第2天B再次来电称根据INCONTERMS2000,卖方提供符合合同规定的货物是卖方基本的义务。经查,帆布包之所以产生刺激性气味,是由于集装箱油漆没有干透所致。在CFR下,卖方负责租船订舱,因此向L索赔是完全合理的。L再次调查,情况属实。于是同意降价20%,后收回货款了结此案。问:

①在CFR条件下,L作为卖方,完成了交货义务,则风险已经转移到了买方B。但是对货物造成的损失,L仍承担了责任。这是否合理?

②B公司已经向保险公司投保。那么对于这次货物的损失,B能不能向保险公司申请赔付?

③H公司作为承运人,在此案中是否有责任?

【分析】

1. 风险与责任的关系。风险是指事故发生的可能性,但人们对灾害发生在认识上有不确定性。CFR条件下货交船上只能是划分双方风险的界限。责任是合同规定的买卖双方必须尽的义务,是双方约定的。责任并不随着风险的转移而转移。卖方的责任直至买方接受了货物,甚至买方接受了货物的一定时期后才终止。

2. 保险公司的承保问题。要想得到保险公司赔付,被保险人必须满足以下三个条件:①被保险人在保险事故发生时必须具有保险利益;②他必须投了相关险别;③损失不属于除外责任。从国际贸易实践来看,因货损而引起的索赔,应从三个方面入手:①买方向卖方或卖方向买方索赔;②向保险公司索赔;③向承运人索赔。只有判断货损原因和确定索赔对象,才能确定责任事故的承担者并向其索赔。

3. 不适货的责任归属问题。适货(Cargo worthiness)意味着船舶及其设备适于接受货物,以便将货物运至目的港,履行承运人有把货物安全运达目的地交与收货人的责任,不适货而造成的货损是承运人的责任。

四、CIF

CIF(Cost Insurance and Freight)指成本、保险费、加运费付至,CIF后跟指定目的港。成本,保险费加运费"指卖方将货物装上船交付的商品。货物灭失或损坏的风险在货物于装运港装船时转移向买方。卖方须自行订立运输合同，支付将货物装运至指定目的港所需的运费。

1. 买卖双方的义务

(1)卖方的义务

①卖家必须自行订立或者参照格式条款订立一个关于运输的合同，支付运费，将货物从约定交付地运输到目的地的指定港口。

②承担货物在装运港装上船前的一切风险。

③卖家须自付费用，按照至少符合《协会货物保险条款》或其他类似条款中规定的最低保险险别投保。这个保险应与信誉良好的保险人或保险公司订立，并保证买方或其他对货物具有保险利益的人有权直接向保险人索赔。

④卖方须自负风险和费用，取得出口许可和其他官方许可，并办理货物出口所需的一切海关手续。

⑤卖方必须提供符合销售合同的货物和商业发票，以及买卖合同可能要求的、证明货物符合合同规定的其他任何凭证。

(2)买方的义务

①承担货物在装运港装上船后的一切风险。

②买方必须自担风险和费用，取得进口许可证或其他官方许可，并在需要办理海关手续时，办理货物进口及从他国过境的一切海关手续。

③收取符合合同规定的货物，并支付货款。

2. 使用 CIF 应注意问题

(1)通知问题

买方有权决定装运货物的时间和在目的港内接受货物的地点，但必须给予卖方充分的通知。

(2)风险划分

CIF 术语的风险划分点是在装运港货装卖方安排的船上，在这之前的风险由卖方承担，之后的风险由买方承担。

(3)保险险别的问题

CIF 术语中的"I"表示 Insurance，即保险。从价格构成来看，这是指保险费，就是说货价中包括了保险费；从卖方的责任讲，他要负责办理货运保险。办理保险须明确险别，不同险别保险人承担的责任范围不同，收取的保险费率也不同。按 CIF 术语成交，一般在签订买卖合同时，在合同的保险条款中明确规定保险险别、保险金额等内容，这样，卖方就应按照合同的规定办理投保。但如果合同中未能就保险险别等问题作出具体规定，那就要根据有关惯例来处理。按照《2010 年通则》对 CIF 的解释，卖方只需投保最低的险别，但在买方要求时，并由买方承担费用的情况下，可加保战争、罢工、暴乱等险。

(4)象征性交货问题

从交货方式来看，CIF 是一种典型的象征性交货。所谓象征性交货是针对实际交货而言。指卖方只要按期在约定地点完成装运，并向买方提交合同规定的包括物权凭证在内的有关单证，就算完成了交货义务，而无须保证到货。可见，在象征性交货方式下，卖方是凭单交货，买方是凭单付款。只要卖方如期向买方提交了合同规定的全套合格单据(名称、内容和份数相符的单据),即使货物在运输途中损坏或灭失,买方也必须履行付款义务。反之,如果卖方提交的单据不符合要求,即使货物完好无损地运达目的地,仍有权拒绝付款。

【案例 13】 我国某出口公司向法国出口货物一批,合同中的贸易术语是CIFMARSEILLES,卖方在合同规定的时间和装运港装船,但货船离港后不久便触礁沉没。次日,当卖方凭提单、保险单以及发票等有关单据通过银行向买方要求付款时,买方以无法收到合同中规定的货物为由,拒绝接受单据和付款。我方应该如何处理

【分析】 本案买卖双方订立的是CIF合同。CIF合同的含义是卖方负担货物在装运港越过船舷前的一切责任、费用和风险。《2000年通则》在CIF解释中的第B5款规定:"买方负担货物越过装运港的船舷后一切货损货差的风险。"因此,货船在途中沉没造成的货物损失应由买方负担,买方应接受所有单据并且按合同规定支付全部货款。在接受单据后,买方可以凭单据向保险单载明的承保人(保险公司)索赔,通常可以获得相当于货物价值(CIF价)1.1倍的赔偿。

除了CIF,属于象征性交货的术语还有FOB、FCA、FAS、CFR、CPT、CIP。

3. 对CIF认识的误区

(1)由于在CIF术语下由卖方办理运输及保险,所以很多人会把CIF象征性交货合同等同为实际交货合同。

【案例 14】 大连某外贸公司与英国客户签订了一份核桃出口合同,采用CIF术语,凭不可撤销远期信用证付款,并约定船于2006年11月20日前到达英国安特卫普港。开证行寄来的信用证中规定:"提交由开证申请人授权其代表签发的检验证书。"外贸公司于10月初将货备好待运,并准备了信用证L/C要求的检验证让英国客户的代表人验货签字,但代表要求在货运抵出口码头再验货签字。货到码头后,代表寄来了一张与信用证要求不完全一致的检验证,外贸公司于10月中旬将核桃运出,于有效期内备齐单据交银行议付。结果开证行以检验证表面不符合信用证和其签字无效两点拒付货款,最终外贸公司只好将货运回,遭受了巨大的损失。经事后了解才知,核桃销售的季节性很强,到货的迟早会直接影响货物的价格,由于载货轮船在运输途中出现了点故障,导致船到时间比客户预想的时间晚了几小时,恰逢核桃市价下跌,客户为规避风险拒绝接货,导致了外贸公司的损失。

【分析】 该案中出口商损失除了信用证本身的条款问题,还有一个严重的失误就是出口商没弄清CIF的真实含义,误将装运合同当成了到货合同,使自己处于不利境地。

(2)对CIF合同的风险认识不够,以为该术语下合同的卖方买了保险,因此货物风险有了保障。

【案例 15】 2007年11月深圳一手机生产商与加拿大客户达成订单,采用CIFMontreal报价,12月出运前该供应商进行投保,险种为一切险外加附加险,并支付了保费,保单抬头人为加拿大的买家,孰料货在出口方仓库被盗,厂家将出险情况告知了保险公司并于同年12月21日向保险公司提出索赔,保险公司以厂家不具有保险利益而主张合同无效并拒赔,厂家向法院

起诉。法院裁定由于投保人不具有保险利益，保险合同无效，保险公司无需赔偿，但须退回保险费。

【分析】 可保利益。又叫保险利益，是被保险人对保险标的所具有的利害关系。在保险合同中，保险人所给予保障的并不是保险标的本身，而是被保险人对保险标的所享有的经济利益。也就是说，被保险的货物损害将导致其经济利益受损，那么，这种损益关系就是可保利益。如果保险标的有损失，但被保险人的经济利益并不受影响，那么他对该保险标的并不具有可保利益。该案中，虽然供应商有保单，但因其抬头是买家，所以不具有保险利益，无法获赔。常用的做法是以卖家为保单抬头，待风险转移以后将保单背书给买家。

五、FOB、CFR、CIF 之间的区别与联系

FOB、CFR、CIF 是国际贸易中使用较早的术语，它们仅适用于海运和内河运输。从 FOB 到 CIF，卖方的责任逐渐增加，买方的责任逐渐减少。下面是它们的异同点。

（1）共同点

①三种价格术语都适用于海运和内河运输，其承运人一般只限于船公司。

②三种价格术语交货点均为装运港货物交船上，风险划分点均以在装运港货物交船上，即从卖方转移至买方。

③卖方均要承担货物在装运港装到船上之前的一切费用。

④卖方均需向买方提交已装船清洁提单。

⑤装运前后卖方均应及时向买方发出装船通知。

⑥目的港的进口清关手续、费用等均由买方负责办理；装运港的装船、陆运、出口报关、办理许可证等均由卖方办理。

（2）不同点

①价格术语后港口性质不一样。FOB 后的港口指卖方所在国的港口，而 CFR 与 CIF 后的港口指买方所在国的港口

②费用构成不一样，报价不一样。FOB 价格是考虑货物从原料购进、生产直到出口报关货物装到买方指定船上的一切费用和利润为止，而 CFR 是在 FOB 价格的基础上再加上海运费，CIF 则是在 FOB 价格的基础上再加上海运费和保险费。

③保险费支付、办理不同。FOB、CFR 保险由买方办理，卖方应于装船前通知买方；CIF 保险由卖方办理并支付保险费，卖方按合同条款、保险条款办理保险并将保险单交给买方。

④装船通知告知买方时间不同。FOB 价格和 CFR 在装船前告知买方装船内容、装船细节，以便买方有充足的时间办理货物海上保险，而 CIF 是由卖方投保，可在装船后几天内告知买方装船通知。

⑤在实际出口业务中若货物已装船，在装运港或运输途中遭受不可抗力，自然灾害或意外事故，而卖方提交的单据与信用证 L/C 规定有“不符点”遭到开证行拒付货款情况下，FOB、CFR 和 CIF 所承担的风险不同。

⑥在 CIF 术语上是卖方办理保险，在启运港投保，在客户拒付退单的情况下，卖方可凭保单向当地保险公司索赔。

⑦在 FOB 和 CFR 情况下是买方办理保险，保单在买方手里，保险公司又大多在国外，一

且买方拒收货物卖方难以向保险公司索赔，尤其是 FOB 术语上，卖方要找买方指定租船订舱的船公司/船代理及时准确取证就更难。

第五节 货交承运人的三个术语

由于当今运输方式的发展与完善，出现了专门负责运输的承运人，极大地减轻了买卖双方运输的责任。1990 年，国际商会根据运输技术的发展与运输方式的变革制定了货交承运人的三个术语：FCA、CPT、CIP。这三种术语适用任何运输方式，恰好适合不靠海岸的内陆出口公司。这三个术语是在 FOB、CFR、CPT 这三个术语的基础上发展起来的。

一、FCA

FCA——货交承运人（……指定地点），"货交承运人"是指卖方于其所在地或其他指定地点将货物交付给承运人或买方指定人。建议当事人最好尽可能清楚地明确说明指定交货的具体点，风险将在此点转移至买方。

"承运人"是指接受托运人的委托，在运输合同中承诺通过铁路、公路、空运、海运、内河运输或上述运输的联合方式履行运输或由他人履行运输的一方。

1. 卖方的义务

①卖方应当提供符合销售合同规定的货物和商业发票以及合同可能要求的、证明货物符合合同规定的其他任何凭证。所提供的单据或凭证可以是由当事人约定的或已成为惯例的，具有同等效力的电子档案或程序。

②卖方应当自担风险和费用，并且在需要的时候取得出口许可证或其他官方许可，而且在办理海关手续时办理货物出口所需要的一切海关手续。

③卖方应按照约定，在指定的地点于约定的日期或者期限内，将货物交付给承运人或者买方指定的其他人。交货在以下情况完成：

a. 若指定的地点是卖方所在地，则当货物已装买方所提供的运输工具时，完成交货。

b. 若在其他地点，当装载于卖方的运输工具上的货物已达到卸货条件，且处于承运人或买方指定的其他人的处置之下时的任何其他情况。

④承担将货物交给承运人之前的一切费用和风险。

2. 买方的义务

①买方应当接受符合合同规定的货物，并支付销售合同中规定的货物价款。

②买方负责获取进口许可证或其他官方许可，以及办理货物进口的海关手续和从他国过境的一切相关手续，并自担风险和费用。

③买方应当自付费用订立从指定的交货地点运输货物的合同，并将承运人名称及有关情况及时通知卖方。

④承担货物交给承运人之后所发生的一切费用和风险。

⑤买方自负费用办理货运保险，取得保险合同。

3. 应用 FCA 应注意的问题

（1）不同运输方式下的交货条件

①铁路运输。当货物够一整车或为集装箱整箱货时,卖方要负责装车或装箱,并交铁路部门接收后,即告完成交货;如货物不够一整车或一整箱,卖方将货物交到铁路收货地点或装上由铁路部门提供的车辆后,即告完成交货。

②公路运输。如在卖方所在地交货,卖方把货物交到买方提供的车辆上;如在承运人所在地交货,卖方把货物交至公路承运人或其代理人,即告完成交货。

③内河运输。如在卖方所在地交货,卖方要把货物交到买方提供的船上,即告交货的完成;如在承运人所在地交货,卖方把货物交给内河运输承运人或其代理人,即完成交货。

④海洋运输。如属整箱货(FCL),卖方将集装箱交给海运承运人;如属拼箱货(LCL)或非集装箱,卖方将货物运到启运地,交给海运承运人或其代理人,即完成交货。

⑤航空运输。卖方将货物交给空运承运人或其代理人,即完成交货。

⑥在未指明运输方式的情况下,卖方将货物交给承运人或其代理人,即完成交货。

⑦多式联运。当卖方将货物交付给第一承运人时,即完成交货。

(2)风险转移问题

FCA 不同于装运港交货的三种贸易术语,风险转移不是以货交船上为界,而是以货交承运人处置时为界。这不仅是在海运以外的其他运输方式下如此,即使在海洋运输方式下,卖方也是在将货物交给海洋承运人时即算完成交货,风险就此转移。

(3)及时通知问题

FCA 术语是由买方负责订立运输合同,并将承运人名称及有关事项及时通知卖方,卖方才能如约完成交货任务。但如果由于买方的责任,使卖方无法按时完成交货,只要货物已划归买方,那么风险转移的时间可以前移。

(4)明确有关责任和费用的划分问题

按照 FCA 术语成交,买卖双方承担费用的划分与风险划分相同,都是以货交承运人为界。即卖方负担货物交给承运人控制之前的有关费用,买方负担货交承运人之后所发生的各项费用。但是买方委托卖方代办一些本属自己义务(如订立运输合同)范围内的事项所产生的费用,以及由于买方的过失所引起的额外费用均应由买方负担。

随着我国对外贸易的发展,内地省份的出口货物越来越多,有些可以不用在装运港交货,而采取就地交货和交单结汇的 FCA 术语。

【案例 16】 某公司按 FCA 条件出口一批钢材,合同规定是 4 月份装运,但到了 4 月 30 日,仍未见买方关于承运人名称及有关事项的通知。在此期间,备作出口的货物因火灾而焚毁。问:此项货损应由谁负担

【分析】

①此项货损应由卖方负责。

②此案例涉及 FCA 术语,根据《2010 年通则》,在 FCA 术语条件下,买卖双方的风险界点在指定地点货交承运人控制,卖方承担货物交给承运人控制之前的风险,买方承担将货物交给承运人控制之后的风险。该批货物因买方迟迟未订立运输契约指定承运人,故在合同规定的装运期满仍未能交于承运人处置,风险尚未转移给买方。

③结合本案例,在 FCA 条件下,《2010 年通则》曾规定,如果买方未能及时通知卖方承运人及其它事项,买方应承担由此引起的风险和损失,是合同规定的交付货物的约定日期或期限

届满后发生的，而非装运期满后发生的，因此，买方不应承担此项货损，此项货损失理应由卖方自己承担。

二、CPT

CPT(Carriage Paid To)——运费付至(……指定目的港)，用于所选择的任何一种运输方式以及运用多种运输方式的情况。“运费付至…”指卖方在指定交货地向承运人或由卖方指定的其他人交货并且卖方须与承运人订立运输合同，载明并实际承担将货物运送至指定目的地的所产生的必要费用。

1. 卖方的义务

①卖方必须提供与销售合同规定一致的货物和商业发票，以及合同可能要求的证明货物符合合同规定的凭证。

②卖方必须自担风险和费用，取得出口许可证或其他官方核准文件，并办理货物出口以及货物在送达前从他国过境运输所需的一切海关手续。

③卖方必须订立运输合同，若约定了交付地点的，须将货物从交付地的约定地点运至指定目的地，如果约定了目的地的具体交付货物地点的，也可运至目的地的约定地点。

④卖方在约定日期或期间内将货物交给承运人或其他人接管，若有后续承运人，则交给第一承运人。

⑤卖方必须承担货物交给承运人或其他人接管为止灭失和损坏的风险。

⑥卖方支付货物交给承运人或其他人接管以前运费和其他费用，包括依据运输合同应由卖方承担的装货费和卸货费。卖方应该支付货物出口一切关税、海关手续费和其他费用。

⑦卖方必须将货物交给承运人或其他人接管后向买方发出已交货的详尽通知。

⑧卖方自负费用向买方提供相应的运输单据或相应的与运输单据具有同等效力的电子讯息。

⑨卖方支付货物交给承运人或其他人接管所必须的核查费用以及提供包装和包装费用并给予适当的标记。

2. 买方的义务

①买方必须按照销售合同规定支付货物价款，并收取符合合同规定的货物。

②买方在自行承担风险和费用的情况下，办理货物进口和经由他国过境运输的一切海关手续。

③承担货物交第一承运人之后的一切费用与风险。

④买方自负费用办理货运保险并取得保险合同。

3. 使用 CPT 应注意的问题

(1)交货通知

《2010 年通则》规定，卖方必须在货物交给承运人或其他人接管后，向买方发出交货的详尽通知。在实际业务中，此类通知亦称为“装运通知”(Shipping Notice)，其作用在使买方及时办理货物运输保险和办理进口、报关和接货手续。交货通知的内容通常包括合同号或定单号、信用证号、货物名称、数量、总值、运输标志、启运地、启运日期、运输工具名称及预计到达目的地日期等。若卖方未按惯例规定发出或未及时发出交货通知，使买方投保无依据或造成买方漏保，货物在运输过程中一旦发生灭失或损坏，应由卖方承担赔偿责任。

(2)提供必要的投保信息

该贸易术语规定由卖方根据买方的请求,提供投保信息,这是卖方合同随义务中的通知义务。买方在选择保险公司的地点和保险公司时完全是自由的,买方有可能选择卖方所在国家的保险公司办理保险,所以要求卖方将指定保险公司的保险条款等情况提供给买方。按惯例规定,若买方提出请求卖方提供投保信息,卖方未能提供该信息,致使买方来不及或无法为货物投保,一旦货物在运输途中出现灭失或损坏的风险,卖方应承担过错损害赔偿责任。

【案例 17】 我国 A 公司按 CPT 条件出口 2000 吨小麦给国外 B 公司。公司按规定的时间和地点将 5000 吨散装小麦装到火车上,其中的 2000 吨属于卖给 B 公司的小麦。待货物抵达目的地后,由货运公司负责分拨。A 公司装船后及时给 B 公司发出了装运通知。承载火车在途中遇险,使该批货物损失了 3000 吨,剩余 2000 吨安全抵达目的地。而卖方不予交货,并声称卖给 B 公司的 2000 吨小麦已经全部灭失,而且按照 CPT 合同,货物风险已经在装运地交至火车上时已转移给 B 公司,卖方对此项损失不负任何责任。

【分析】

1. 本案中 A 公司仍应对 B 公司承担交货责任。

2. 根据《2000 年国际贸易术语解释通则》对 CPT 的规定:关于货物灭失或损坏的风险以及自货物交至承运人后发生时间所产生的任何额外费用,自货物已交付承运人处置之日起,从卖方转由买方负担。依据此规定,本案例中的卖方不应再负交货责任。然而,该规定仅适用于一般情况下的 CPT 合同。本例中小麦是散装的,且和另外 3000 吨混装在一起,卖方并不能因此而断定所损失的 2000 吨小麦都是卖给 B 公司的。按照《2000 年国际贸易术语解释通则》的划分风险责任所作的说明:以货物已清楚地分开,或确定为供应合同之用者为限。即货物必须是特定化的货物或指定的货物时,货物风险方可按照合同的性质正常转移。本案中的 2000 吨小麦既未在装船时清楚地分开,又没有任何标志表明是卖给 B 公司的货物,因此货物风险不能像正常情况下在装运地交至火车上时转移。卖方不能因此断定所损失的 2000 吨小麦全包括了卖给 B 公司的 2000 吨,因此卖方仍承担向买方交货的义务。

三、CIP

CIP(Carriage and Insurance Paid to)—运费和保险费付至(……指定目的地),“运费和保险费付至”含义是在约定的地方(如果该地在双方间达成一致)卖方向承运人或是卖方指定的另一个人发货,以及卖方必须签订合同和支付将货物运至目的地的运费。

1. 卖方的义务

①卖方必须提供符合销售合同规定的货物和商业发票,以及合同可能要求的其他任何凭证。

②如有需要,卖方必须自担风险和费用,取得出口许可证或其他官方授权,并办理货物出口及交货前货物从他国国境过境所需的一切海关手续

③卖方必须订立一个货物运输合同,以将货物从交付地区的约定的任何的交付点,运送至指定的目的地,或者也可以运至指定地区约定的具体地点。

④卖方必须自付费用取得货物保险,该货物保险至少应按照《协会货物保险条款》(劳埃德市场协会/国际保险人协会)的条款或其他类似条款中的最低保险险别投保。保险合同应

与信誉良好的保险人或保险公司订立，并赋予买方或任何其他对货物具有保险利益的人直接向保险人索赔的权利。

2. 买方义务

①买方必须按照销售合同规定支付货物价款，并收取符合合同规定的货物。

②需要取得进口许可证、办理海关手续时，买方应当自担风险与费用，取得任何进口许可证及其他官方授权，并办理货物进口以及从他国过境的一切海关手续。

③一旦买方决定发运货物的时间和指定的目的地，或接收货物目的地的具体地点，买方必须就此给予卖方充分通知。

3. 使用 CIP 应注意的问题

(1)保险问题

按 CIP 术语成交的合同，卖方要负责办理货运保险，并支付保险费，但货物从交货地点运往目的地的运输途中的风险由买方承担。所以，卖方的投保仍属于代办性质。根据《2010 年通则》的解释，一般情况下，卖方要按双方协商确定的险别投保，如果双方未在合同中规定应投保的险别，则由卖方按惯例投保最低的险别，保险金额一般是在合同价格的基础上加 10%，即 CIF 合同价款的 110%，并以合同货币投保。

(2)风险转移

买卖双方最好在合同中尽可能精确地确认交货地点，以及卖方必须订立运输合同并写明所到达的指定目的地。若将货物运输至约定目的地用到若干承运人而买卖双方未就具体交货点达成一致，则默认为风险自货物于某一交货点被交付至第一承运人时转移，该交货点完全由卖方选择而买方无权控制。如果买卖双方希望风险在之后的某一阶段转移(例如在一个海港或一个机场)，则他们需要在其买卖合同中明确。

(3)应合理确定价格

与 FCA 相比，CIP 条件下卖方要承担较多的责任和费用。要负责办理从交货地至目的地的运输，承担有关运费；办理货运保险，并支付保险费。这些都反映在货价之中。所以，卖方对外报价时，要认真核算成本和价格。在核算时，应考虑运输距离、保险险别、各种运输方式和各类保险的收费情况，并要预计运价和保险费的变动趋势等方面问题。将货物运输至具体交货地点的费用由卖方承担，因此双方最好尽可能明确在约定的目的地的具体交货地点。卖方最好制定与此次交易精确匹配的的运输合同。如果卖方按照运输合同在指定的目的地卸货而支付费用，除非双方另有约定，卖方无权向买方追讨费用。

4. FOB、CFR、CIF 与 FCA、CPT、CIP 比较

(1)相同点

①都是象征性交货，相应的买卖合同为装运合同

②均由出口方负责出口报关，进口方负责进口报关

③买卖双方所承担的运输、保险责任互相对应，即 FCA 和 FOB 一样，由买方办理运输，CPT 和 CFR 一样，由卖方办理运输，而 CPT 和 CFR 一样，由卖方承担办理运输和保险的责任。

(2)不同点

①适合的运输方式不同。CPT、FCA、CIP 适合于各种运输方式，而 FOB、CFR、ClF，只适合于海运和内河运输

②风险点不同。CPT、FCA、CIP 方式中，买卖双方风险和费用的责任划分以“货交承运人”

为界,而传统的贸易术语则以“货交船上”为界

③装卸费用负担不同。CPT、FCA、CIP 由承运人负责装卸,因而不存在需要使用贸易术语变形的问题

④运输单据性质不同。海运提单具有物权凭证的性质,而航空运单和铁路运单等不具有这一性质。

【案例 18】 我国某内陆出口公司于 2000 年 2 月向日本出口 30 吨甘草膏,每吨 40 箱共 1200 箱,每吨售价 1800 美元,共 54000 美元,FOB 新港,即期信用证,装运期为 2 月 25 日之前,货物必须装集装箱。该出口公司在天津设有办事处,于是在 2 月上旬便将货物运到天津,由天津办事处负责订箱装船,不料货物在天津存仓后的第二天,仓库午夜着火,抢救不及,1200 箱甘草膏全部被焚。办事处立即通知内地公司总部并要求尽快补发 30 吨,否则无法按期装船。结果该出口公司因货源不济,只好要求日商将信用证的有效期和装运期各延长 15 天。

【分析】 我国一些进出口企业长期以来不管采用何种运输方式,对外洽谈业务或报盘仍习惯用 FOB、CFR 和 CIF 三种贸易术语。但在滚装、滚卸、集装箱运输的情况下,船舷无实际意义时应尽量改用 FCA、CPT 及 CIP 三种贸易术语。该出口公司所在地正处在铁路交通的干线上,外运公司和中远公司在该市都有集装箱中转站,既可接受拼箱托运也可接受整箱托运。假如当初采用 FCA(该市名称)对外成交,出口公司在当地将 1200 箱货交中转站或自装自集后将整箱(集装箱)交中转站,不仅风险转移给买方,而且当地承运人(即中转站)签发的货运单据即可在当地银行办理议付结汇。而该公司自担风险将货物运往天津,再集装箱出口,不仅加大了自身风险,而且推迟结汇。

第六节　其他术语

一、DAT

DAT(Delivered at Terminal)——终点站交货(……指定目的港或目的地)。“终点站交货”是指卖方在指定的目的港或目的地的指定的终点站卸货后将货物交给买方处置即完成交货。“终点站”即运输终端,包括进口国境内任何地方,无论约定或者不约定,不论该地点是否有遮盖,包括码头、仓库、集装箱堆场或公路、铁路或空运货站。卖方应承担将货物运至指定的目的地和卸货所产生的一切风险和费用。DAT 适合任何交通工具。DAT《2010 年通则》新增术语,旨在替代 INCOTERMS2000 中的 DEQ 术语。

1. 卖方的义务

①卖方必须提供符合销售合同规定的货物和商业发票以及合同可能要求的、证明货物符合合同规定的其他凭证。

②在必要的情况下,卖方必须自担风险和费用在交货前取得出口许可证或其他官方许可,并且在需要办理海关手续时办理货物出口和从他国过境所需的一切海关手续。

③卖方必须自付费用订立运输合同,将货物运至指定目的港或目的地的指定终点站。如未约定或按照交易习惯也无法确定具体交货点,卖方可在目的港或目的地选择最符合其交易目的地终点站(交货)。

④卖方必须在约定的日期或期限内，在目的港或目的地中按合同所指定的终点站，将货物从交货的运输工具上卸下，并交给买方处置完成交货。

2. 买方的义务

①买方必须根据买卖合同中规定的货物价格履行交付义务。

②在必要的情况下，买方必须自担风险和费用，取得所需的进口许可证或其他官方许可证，并办理货物进口所需的一切海关手续。

使用DAT术语时，卖方在指定港口或目的地的运输终端交货。且卖方要负责将货物从到达的运输工具上卸下，这一点与《2000年通则》中的DEQ类似。但DEQ术语是在目的港码头交货，卖方承担的责任仅限于将货物运至目的地港口并卸至码头，而不负责再将货物由码头搬运到其他地方。DAT的交货地点虽然不再受码头的限制，但卖方承担的责任仍只是将货物交到合同约定的运输终端。如果双方希望由卖方再将货物从运输终端运到另外的地点，并承担其间的风险和费用，则应当使用DAP或DDP术语。

二、DAP

DAP(Delivered at Place)——目的地交货(……指定目的地)，是《2010年通则》新添加的术语，取代了DAF(边境交货)、DES(目的港船上交货)和DDU(未完税交货)三个术语。该规则适用任何运输方式，同时在选用的运输方式不止一种的情形下也能适用。

卖方在指定的交货地点，将仍处于交货的运输工具上尚未卸下的货物交给买方处置即完成交货。卖方须承担货物运至指定目的地的一切风险。尽管卖方承担货物到达目的地前的风险，该规则仍建议双方将交货目的地指定尽量明确。建议卖方签订恰好匹配该种选择的运输合同。如果卖方按照运输合同承受了货物在目的地的卸货费用，那么除非双方达成一致，卖方无权向买方追讨该笔费用。

1. 卖方的义务

①卖方必须提供符合销售合同规定的货物和商业发票以及该合同可能要求的其他凭证。

②卖方必须自担风险和费用取得出口许可证或其他官方许可，并且办理出口货物和交付前运输通过某国所必须的一切海关手续。

③卖方必须自付费用订立运输合同，将货物运至指定的交货地点。如未约定或按照惯例也无法确定指定的交货地点，则卖方可在指定的交货地点选择最适合其目的地交货点。

④卖方必须在约定日期或期限内，在指定的交货地点，将仍处于约定地点的交货运输工具上尚未卸下的货物交给买方处置。

2. 买方的义务

①买方必须按照销售合同支付货物的价款。

②在需要办理海关手续时，买方必须自担风险和费用取得进口许可证或其他官方许可，并且办理货物进口的一切海关手续。

三、DDP

DDP(Delivered Duty Paid)——完税后交货(……指定目的地)。"完税后交货"是指卖方在指定的目的地，将货物交给买方处置，并办理进口清关手续，准备好将在交货运输工具上卸下的货物交与买方，完成交货。卖方承担将货物运至指定的目的地的一切风险和费用，并有义务办理出口清关手续与进口清关手续，对进出口活动负全责。DDP 术语下卖方承担最大责任。

1. 卖方的义务

①卖方必须提供符合销售合同规定的货物和商业发票或有同等作用的电子信息，以及合同可能要求的、证明货物符合合同规定的其他凭证。

②卖方必须自担风险和费用取得出口许可证和进口许可证或其他官方许可及其他文件，并在需要办理海关手续时办理货物出口和进口以及从他国过境所需的一切海关手续。

③卖方必须自付费用订立运输合同，将货物运至指定目的地。如未约定或按照惯例也无法确定具体交货点，则卖方可在目的地选择最适合的交货点。

④卖方承担保险费用。

⑤卖方必须在约定的日期或交货期限内，在指定的目的地将在交货运输工具上尚未卸下的货物交给买方。

2. 买方义务

①买方必须承担在指定的目的地将在交货运输工具上尚未卸下的货物交给买方之后的货物灭失或损坏的一切风险。

②买方必须按照销售合同规定支付价款。

第七节　贸易术语的选用

国际货物买卖的目的和全过程在于实现货与款的跨国相对流动。而贸易术语具有双重性，既可确定作为货物流动方式的交货条件，又可决定作为价款基本单位的价格条件。因此，在外贸业务中对贸易术语的选用，应重点考虑货流与款等几个方面的因素。

一、在选择贸易术语时主要应考虑的因素

1. 考虑运输条件

买卖双方在选择采用何种贸易术语时，首先应考虑采用何种运输方式运送。在本身有足够运输能力或安排运输无困难，而且价格合适的情况下，可争取按由自身安排运输的条件成交（如按 FCA、FAS 或 FOB 进口，按 CIP、CIF 或 CFR 出口）；否则，则应酌情争取按由对方安排运输的条件成交（如按 FCA、FAS 或 FOB 出口，按 CIP、CIF 或 CFR 进口）。如果我方作为买方，在卖方安排运输的情况下还要注意对方选派的船舶的条件与资质，防止卖方与船方联合诈骗买方。

【案例 19】 2012 年，印度某地遭受水灾，该国通过港商与中国粮油进出口公司上海公司签订了一份 8000 吨大米的买卖合同，CIF 价约为 200 万美元。信用证开出后，港商将全套的单证在日本一家银行顺利结汇，提单由菲律宾一家班轮公司签发，承运船名为“罗里达”号。然而，“罗里达”号却一直未往印度卸货。后经调查发现，其实在签单日该船尚在欧洲营运。结果，印度政府损失 200 万美元。这是一个典型的伪造单据的案例，银行在审核单据时只注意

单证一致，单单一致，不会考查单据的真伪，所以买方要及时掌握卖方租船情况。

2. 考虑货源情况

国际贸易中货物品种很多，不同类别的货物具有不同的特点，它们在运输方面各有不同要求，故安排运输的难易不同，运费开支大小也有差异。此外，成交量的大小也直接涉及安排运输是否有困难和经济上是否合算的问题。当成交量太小又无班轮通航的情况下，负责安排运输的一方势必会增加运输成本，故选用贸易术语时也应予以考虑，如果成交量太小而又无班轮直达运输时，其中一方企业如果负责安排运输则费用太高且风险也加大，最好选用由对方负责安排运输的术语。例如，出口企业可用 F 组术语，进口企业则可用 C 组或 D 组术语。选择贸易术语时，还需要考虑货物的特性并选择相应的运输工具。如果货物需要特定的运输工具，而出口企业无法完成时，可选用 F 组术语，交由进口商负责安排运输。当然，进出口企业还需要考虑本国租船市场的行情变动。

3. 考虑运费因素

运费是货价构成因素之一，在选用贸易术语时，应考虑货物经由路线的运费收取情况和运价变动趋势。一般来说，当运价看涨时，为了避免承担运价上涨的风险，可以选用由对方安排运输的贸易术语成交，在运价看涨的情况下，如因某种原因不得不采用按由自身安排运输的条件成交，则应将运价上涨的风险考虑到货价中去，同时卖方在安排运输的情况下要考虑到运输途中可能出现的额外运费。

4. 考虑办理进出口货物结关手续有无困难

在国际贸易中，关于进出口货物的结关手续，有些国家规定只能由结关所在国的当事人安排或代为办理，有些国家则无此项限制。因此，当某出口国政府规定，买方不能直接或间接办理出口结关手续，则不宜按 EXW 条件成交，而应选用 FCA 条件成交；若进口国当局规定，卖方不能直接或间接办理进口结关手续，此时则不宜采用 DDP，而应选用 D 组的其他术语成交。

5. 地理因素

进出口企业双方在考虑贸易术语的选择时还不能忽略自身的地理条件。例如日本、英国等海岛国家，由于地理位置的限制，就不宜采用 DAP 术语；但是像中国与蒙古这样陆陆接壤的国家之间的贸易就比较适宜该术语。

6. 外汇管制

在使用 EXW 等术语出口时，如果国内存在外汇管制问题，卖方将遇到很多困难和风险。因此，对于存在外汇管制的国家，尽量少用上述术语成交。一般在外汇管制的国家或地区可要求进口商使用 FAS、FOB 等术语进口，出口时可要求出口商使用 CIF 或 CFR 术语成交。有的国家政府常直接或间接地规定本国厂商须以 CFR 或 CIF 术语出口货物，以 FOB、FAS 或 FCA 等术语进口货物，以扶持本国保险或运输行业的发展。因此，交易双方也须了解本国及对方国家是否有类似的规定，并作为贸易术语选择的重要因素之一。

♨课后习题♨

一、案例分析

1. 国内某公司按 CIF 条件向某国出口一批草编制品。合同中规定由我方向中国人民保险公司投保了一切险，并采用信用证方式支付。我出口公司在规定的期限、指定的上海港装船完毕,船公司签发了提单,然后在中国银行议付了款项。第二天,出口公司接到客户来电称:装货的海轮在海上失火,草编制品全部烧毁,客户要求我公司出面向中国人民保险公司提出索赔,否则要求我公司退回全部货款。我方果断拒赔,并提出了解决的办法,区分了买卖双方的责任,解决了此案。试分析此案依据的原理。

2. CFR 术语项下,我方一贸易公司与法国交易出口台布,货值 80000 美元,货物于 2004 年 3 月 1 日(周四)上午装船完毕,当天装船业务外销员业务繁忙,忘记给买方发出装运通知,待法国进口商收到装船通知后向当地保险公司投保,但保险公司已经获知货船已经于 3 月 2 日在海上遇难,因而拒绝投保。法国进口商来电通知我方出口商:由于你方晚发装船通知,保险公司不予投保,由此造成我方损失的 80000 美元应由你方予以赔偿。试问我方是否应赔偿损失为什么

3. 判断下列贸易术语书写格式是否准确

(1)我方为卖方,报价 FOB 纽约 30 美元。

(2)我方为买方,对方报价 CIF 上海 15 美元。

二、简答题

1. 简述 FOB、CFR、CIF 三个术语的相同点与不同点。

2. 简述 CFR 术语风险与费用的划分是否一致。

第三章 国际贸易服装合同标的

合同的标的是合同当事人双方权利和义务所共同指向的对象。在国际贸易中买卖双方为了保证交易的正常进行，要在合同中明确交易商品的品名、品质、交易数量、包装、检验方法等相关条件，其中关于商品的品名、数量、包装是合同签订中的重要标的。

第一节 服装商品的品名

商品的品名条款是国际贸易的买卖合同中主要条款之一，是买卖双方交接货物的一项基本依据，它关系到买卖双方的权利和义务。商品的品名通常包括商品的名称与品质。

国际上为了便于对商品统计征税时有共同的分类标准，早在 1950 年，由联合国经济理事会发布了《国际贸易标准分类》(SITC)。其后，世界各主要贸易国又在比利时布鲁塞尔签订了《海合作理事会商品分类目录》(CCCN)，又称《布鲁塞尔海关商品分类目录》(BTN)。CCCN 与 SITC 对商品分类有所不同，为了避免采用不同目录分类在关税和运输中产生分歧，在上述两个规则的基础上，海关合作理事会主持制定了《协调商品名称及编码制度》(The Harmonized Commodity Description and Coding System，简称 H. S. 编码制度)。该制度于 1988 年 1 月 1 日起正式实施，我国于 1992 年 1 月 1 日起采用该制度，据目前各国的海关统计，普惠制待遇等都按 H. S. 进行。所以，我国在采用商品名称时，应与 H. S. 规定的品名相适应。

一、商品的名称

1. 商品名称的重要性

①合同中对于商品名称的约定直接关系到后面的交易的顺畅进行，若卖方交付的货物不符合约定的名称或说明，买方有权提出损害赔偿要求，直至拒收货物或撤销合同。因此，列明成交商品的具体名称具有重要的法律和实践意义。

②合同中名称的约定还将会影响到是否顺利通关及税负的大小。

2. 在合同中对于品名的规定

国际货物买卖合同中的品名条款并无统一的格式，通常都在“商品名称”或“品名”(Name of Commodity)的标题下，列明交易双方成交商品的名称，也可不加标题，只在合同的开头部分，列明交易双方同意买卖某种商品的文句，例如下表所示。

商品名称约定

(1)货物名称及规格 Name and Specifications	(2)数量(套) Quantity	(3)单价(FOB) Unit Price	(4)金额 Amount
MEN'S SUIT	18 000	USD 15.30	USD 275 40.00
MEN'S SUIT	18 000	USD 15.6	USD 280 800.00
备注:以上单价没包括扣子、上衣里布、沿条、开线里布、商标、吊牌等辅料和面料。			USD 556 200.00
总值: Total Value:USD 556 200.00			

3. 商品名称确定的注意事项

①品名条款要考虑成交商品的品种和特点。例如 SilkSkirt。

②应尽可能使用国际上通用的名称,若使用地方性的名称,交易双方应事先就其含义取得共识。海关对于常出口的服装产品已进行规范命名,出口时可以查阅我国商务部提供的《出口商品技术指南》来定名。

③对于某些新商品的定名及其译名,应力求准确、易懂,并符合国际上的习惯称呼。

④选用适合的品名,以利减低关税、方便进出口和节省运费开支。

⑤对某些商品还应注意选择合适的品名,以利减少关税、方便进出口和节省运费开支。

二、商品的品质

商品的品质(Quality of Goods)是指商品的内在素质和外观形态的综合。前者包括商品的物理性能、机械性能、化学成分和生物的特性等自然属性;后者包括商品的外形、色泽、款式或透明度等。

合同中的品质条件是构成商品说明的重要组成部分,是买卖双方交接货物的依据。《联合国国际货物销售合同公约》规定卖方交货必须符合约定的质量,如卖方交货不符约定的品质条件,买方有权要求损害赔偿,也可要求修理或交付替代货物,甚至拒收货物和撤销合同,这就进一步说明了品质的重要性。

1. 表示品质的方法

国际贸易中所交易的商品种类繁多、特点各异,故表示品质的方法也多种多样,归纳起来,包括以实物表示或凭说明表示两类。

(1)以实物表示品质

以实物表示品质包括凭成交商品的实际品质和样品。

①凭现货成交。当买卖双方采用看现货成交时,则买方或其代理人通常在卖方存放货物的场所验看货物,一旦达成交易,卖方就应按对方验看过的商品交货。只要卖方交付的是验看过的货物,买方就不得对品质提出异议。这种做法,多用于寄售、拍卖及展销会。我国很多服装企业经常在服装博览会或广交会上展示自己的产品,吸引买方。

②凭样品成交。样品通常是指从一批商品中抽出来的或由生产、部门设计、加工出来的足以反映和代表整批商品品质的少量实物。《合同法》第一百六十八条规定凭样品买卖的当事

人应当封存样品,并可以对样品质量予以说明。卖方交付的标的物应当与样品及其说明的质量相同。

在国际贸易中,按样品提供者的不同,可分为以下几种:

a. 卖方样品(Sellers Sample)

凡卖方样品作为交货的品质依据者,称为“卖方样品买卖”。在此情况下,在买卖合同中应订明:“品质以卖方样品为准”(Quality as perseller' s sample)。日后,卖方所交正货的品质必须与提供的样品相同。

卖方提供样品成交时要注意应在原样及复样上编制相同的号码,注明样品提交买方的具体日期。留存的复样应妥善保管,对于某些易受环境影响而改变质量的样品,还应采取适当保护措施,以保证样品质量的稳定。

b. 买方样品(Buyers Sample)

买方为了使其订购的商品符合自身要求,有时提供样品交由卖方依样承制,这样的交易称为"凭买方样品买卖"。在买卖合同中应订明:"品质以买方样品为准(Qulity as buyer' s sample)。卖方所交正货的品质,必须与买方样品相符。卖方要妥善保留买方的样品。

c. 对等样品(Counter Sample)

对等样品又称“确认样品”。如果卖方认为按买方来样供货没有切实把握,可以根据买方来样仿制或从现有货物中选择品质相近的样品提供给买方,如果买方确认品质并签订合同。这种样品称为对等样品。

2. 凭说明表示品质

所谓凭说明表示品质,即指用文字、图表、相片等方式来说明成交商品的品质。在这类表示品质方法中,可细分为下列几种:

(1)凭规格买卖(Sale by Specification)

规格是用来反映商品品质的若干主要指标,用规格确定商品品质,作为交货依据的交易称为凭规格买卖。商品规格(SpecificationofGoods)是指一些足以反映商品质量的主要指标,如化学成分、含量、纯度、性能、容量、长短、粗细等。

服装品质的规格有服装的材料组成成分、含量、型号、规格尺寸、质量等。

(2)凭等级买卖(Saleby Grade)

等级是对同类商品按照规格上的差异所划分的级别。以商品的等级表示商品品质的交易称为凭等级买卖。商品的等级指同一类商品,按其质地的差异,或尺寸、形状、重量、成分、构造、效能等的不同,用文字、数字或符号所作的分类,如特级(Special Grade)、一级(First Grad)、二级(Second Grade)。根据2011年8月1日起实施的纺织产品基本安全技术规范,把纺织产品的安全级别分为A类、B类、C类。

婴幼儿纺织产品应符合A类要求。根据国家规定,年龄在36个月及以下的婴幼儿穿着或使用的纺织产品,如尿布、内衣、围嘴儿、睡衣、手套、袜子、帽子、外衣、床上用品等,必须达到A类标准。婴幼儿纺织产品必须在使用说明上标注“婴幼儿用品”字样。

直接接触皮肤的纺织产品至少应符合B类标准。这类纺织产品指的是在穿着和使用时,产品的大部分面积直接与人体皮肤接触,如内衣、衬衣、T恤、裙子、裤子、袜子、泳衣、帽子等。

非直接接触皮肤的纺织产品至少应符合C类标准,如冬天穿的厚外套、大衣、羽绒服、厚裤子等。

出口商品要由买卖双方决定产品采用哪种质量标准。

(3)凭标准买卖(Sale by Standard)

商品的标准是指将商品的规格和等级予以标准化,商品的标准有的由国家或有关政府主管部门规定,也有由同业公会、交易所或国际性的工商组织规定,有些商品习惯于凭标准买卖,人们往往使用某种标准作为说明和评定商品品质的依据。国际贸易采用的各种标准有些具有法律上的约束力,凡品质不合标准要求的商品不许进口或出口。但也有些标准不具有法律上的约束力,仅供交易双方参考使用,买卖双方洽商交易时,可另行商定对品质的具体要求。

每个国家都有自己的服装产品检验标准,例如英国作为现代纺织业发源地之一,其纺织标准体系除了相当完善的英国标准(CBS)外,还有一套 BSBN 标准体系。德国标准(DIN)也相当严谨和完备,目前的有关有害物质控制标准就来源于 DIN 标准。美国纺织品的品质主管机构及标准主要有 AATCC 标准(美国纺织染色家与化学家协会),ASTM 标准(美国材料试验协办),CPSC(美国联邦消费品安全委员会)和 FTC 强制性标准(美国联邦贸易委员会)。另外美国对纺织品服装制定了许多技术法规,如纺织纤维产品鉴定法令、毛产品标签法令、毛皮产品标签法令、公平包装和标签法、织物可燃性法规、儿童睡衣燃烧性法规、羽绒产品加工法规等。

美国是一个相对成熟的市场,进入美国市场面临的一个非常重要问题就是产品质量认证。也就是说,某一产品在美国可否流通的关键是在于该产品能否通过美国权威检测部门的检测后获得许可证。常见的美国纺织服装产品认证标准有以下两种:FTC 规则和 INTER 检测中心(纺织品/服装)。

【案例 1】 我国某出口公司第一次出口一批产品至德国某公司,没有收到进口方的任何质量异议。第二次,该德国公司仍要求进口同样类型的产品,并要求出口方出具产品符合欧洲某标准的证书,该公司在根本不了解该标准的前提下,盲目按照第一次供货的标准将产品出口至德国,并书面承诺出口产品符合欧洲某标准。没多久我国该出口公司就收到了德国客户的索赔,理由是产品不符合该欧洲标准用户,在使用过程中造成重大损失。面对天价索赔,我国出口公司才想起请教专家,并翻阅了有关资料,了解该标准的具体要求,并请有关机构重新检验了出口的产品,发现的确不符合该标准。无奈,与德国进口商进行协商,支付了一笔不小的赔偿费用。

【分析】 这是一个典型的双重质量标准引发的纠纷,案例中买方提出即以第一次产品质量为依据,又以德国产品标准为依据,而卖方又不了解这个标准,所以才会导致被对方抓住把柄。这个案例中卖方不应该同意对方的双重标准。

通过以上分析,作为出口商的外贸公司,应当努力做到如下几个方面,才能有效地预防和处理出口产品的质量纠纷:

①密切关注国际贸易法律和技术标准的发展动态,在合理规避技术壁垒的同时,严格遵守有关技术法规和通行消费习惯。贸易自由化虽为国际经济发展的大趋势,如关税壁垒和配额限制等有形贸易障碍呈现降低或减少的趋势,但无形贸易壁垒如绿色壁垒、反倾销或技术性限制在国际贸易中的障碍越来越突出,无形贸易壁垒需引起出口企业及出口信用保险从业人员的关注。为方便商检机构执行市场监督,许多国家都规定了强制性的合格标志,如欧洲的 CE 和 E - Mark,美国的 FCC 和 FDA,日本的 T - Mark,我国的 CCIB 和长城标志,以及俄国的 GOST - R 等。熟悉并严格遵守国际技术认证规则和标准,既是争取准入,也是参与竞争、抵抗

风险的有力保障。

②寻找合格的国内供货商。旧的供货商不能满足全部客户的要求，因此我们在开拓新的客户的同时也要不断寻找新的供货商。在供货商的确定上，不仅要考虑价格因素，也要考虑供货商的技术水平和自身的规模资质等。

③完善国际贸易合同中的品质和检验条款，掌握相关的法律和国际规则。签订国际买卖合同时，应明确约定质量标准、检验时间、检验地点、检验机构、检验证书、检验依据及方法、质量异议期限和解决争议的地点等关键要素。例如，对于提出质量异议期限问题，各个国家的法律有不同规定，瑞士、瑞典规定为收到货物后1年，而德国民法典则规定为6个月，但并不是说过了这个时间买方就不能再就质量问题提出异议，而是在这个时间内，买方应该检验货物，并决定是否接受货物。同时，对于存在质量争议而需要第三方检验机构检验证明时，有的国家法律规定，官方检验机构可以对不合格的货物实施强制性没收并销毁，因此，建议出口商与进口商协议聘请权威的私营检验机构，以免因少量的质量瑕疵导致货物的全部损失。

(4)凭说明书和图样买卖(Sale by Descriptions and Illustrations)

凭说明书和图样买卖是指以说明书并附以图样、照片、设计图纸、分析表及各种数据来说明货物的具体性能和结构特点，按这种表示品质的方法进行交易。在国际贸易中，有些机器、电器和仪表等技术密集型产品因结构复杂，对材料和设计的要求严格，用以说明性能的数据较多，很难用几个简单的指标来表明品质的全貌，而且有些产品即使其名称相同，但由于所使用的材料、设计和制造技术的某些差别，也可能导致功能上的差异。因此，对这类商品的品质，通常以说明书并附以图样、照片、设计图纸、分析表及各种数据来说明具体性能和结构特点。按此方式进行交易，称为凭说明书和图样买卖。服装产品很少采用这种方式。

(5)凭商标或品牌买卖(Sale by Trade Mark or Brand Mack)

这种方式一般适用于在国际上享有盛名的商标或品牌，他们的品牌就代表一种质量与信誉。

(6)凭产地名称买卖(Saleby Name of Origin)

凭产地名称买卖是指按货物的原产地名称进行交易。在国际货物买卖中，有些产品因产区的自然条件、传统加工工艺等因素的影响，在品质方面具有其它产区的产品所不具有的独特风格和特色，对于这类产品，一般也可用产地名称来表示品质。

3. 品质条款的规定

品质条款的内容应视商品特性而定。规定品质条款需要注意下列事项：

(1)对某些商品可规定一定的品质机动幅度

在国际贸易中，为了避免因交货品质与买卖合同稍有不符而造成违约，以保证合同的顺利履行，可以在合同品质条款中作出某些变通规定。常见的有下列一些变通规定办法：

①交货品质与样品大体相等或其它类似条款

②品质公差(Quality Tolerance)

公差是指国际上公认的产品品质的误差，为了明确起见，应在合同品质条款中订明一定幅度的公差。有些工业制成品，由于在生产过程中不能做到很精确，可根据国际惯例或经买卖双方协商同意，对合同中的品质指标订有允许的"公差"，这就是品质公差(Quality Tolerance)，是指允许卖方交货的品质可以高于或者低于合同规定的品质的幅度。如手表走时的误差，棉纱支数的确定等。服装在某部位尺寸有时会规定一个公差,例如裙子的腰头尺寸严格控制在偏差为上下 0.5cm。品质公差要得到买卖双方的同意,并在合同中明确规定。

品质公差表示的方法有三种:a. 规定一个范围,例如合同中写明衬衫袖长可上下增减 1cm;b. 规定一个极限,例如在合同中规定棉衬衫明线针迹每 3cm 不少于 11 针;c. 规定一个标准,例如在合同中规定品质采用 GB/T2660——1999 国家标准。品质公差一般不另计价,特殊情况可以在合同当中定明计价的办法。

③品质机动幅度

品质机动幅度是指允许卖方所交货物的质量指标在一定幅度内有所灵活浮动。规定品质机动幅度的方法有三:

a. 规定范围:对某项货物的品质指标规定允许有一定差异范围。例如:漂布,幅阔 35/36 英寸,即布的幅阔只要在 35 ~36 英寸的范围内,均作为合格。

b. 规定极限:对有些货物的品质规格规定上下极限。

c. 规定上下差异量:这里使货物的品质规格具有必要的灵活性变动的有效方法,如白鸭绒,含绒量 18%,上下偏差 1%。

为了体现按质论价,在使用品质机动幅度时,有些货物也可根据交货品质情况调整价格,即所谓品质增减价条款。即对约定的机动幅度内的品质差异,可按实际交货品质规定予以增价或减价。

④品质条件的规定应明确具体

在规定品质条件时,不宜采用诸如"大约""左右""合理误差"之类的笼统含糊字眼,以免在交货品质问题上引起争议。

4. 正确运用各种表示品质的方法

品质条款的内容必然涉及表示品质的方法。究竟采用何种表示品质的方法,应视商品特性而定。一般地讲,凡能用科学的指标说明其质量的商品,则适于凭规格、等级或标准买卖;有些难以规格化和标准化的商品,如工艺品等,则适于凭样品买卖;某些质量好、并具有一定特色的名优产品,适于凭商标或品牌买卖;某些性能复杂的机器、电器和仪表,则适于凭说明书和图样买卖;凡具有地方风味和特色的产品,则可凭产地名称买卖。上述这些表示品质的方法,不能随意滥用,而应当合理选择。

第二节　数量条款

商品的数量是国际货物买卖合同中不可缺少的主要条件之一。《联合国国际货物销售合同公约》规定,按约定的数量交付货物是卖方的一项基本义务。如卖方交货数量大于约定的数量,买方可以拒收多交的部分,也可以收取多交部分中的一部分或全部,但应按合同价格付款。如卖方交货数量少于约定的数量,卖方应在规定的交货期届满前补交,但不得使买方遭受不合理的不便或承担不合理的开支,即使如此,买方也有保留要求损害赔偿的权利。由于交易双方约定的数量是交接货物的依据,因此,正确掌握成交数量和订好合同中的数量条件十分重要。

一、商品数量的计量单位和计量方法

国际贸易中使用的计量单位很多,究竟采用何种计量单位,除主要取决于商品的种类和特点外,也取决于交易双方的意愿。

1. 按品种确定计量单位

国际贸易中的不同商品,需要采用不同的计量单位。通常使用的有下列几种:

(1)按重量

按照重量计量的单位有吨(Tonne)、公斤(Kilogram)、克(Gram)、毫克(Milligram)、磅(Pound)、盎司(Ounce)、英钱(Penny Weight)、格令(Grain)、长吨(British long ton)、短吨(US short ton)等。

(2)按数量

数量的计量单位有个、件、箱、袋、打、台、组、张、桶、包等。一般服装计量单位是件。

(3)按长度

在金属绳索、丝绸、布匹等类商吕的交易中,通常采用米、英尺、码等长度单位来计量。

(4)按面积

在布料、地毯等商品的交易中. 一般习惯于以面积作为计量单位,常用的有平方米、平方尺、平方码等。

(5)按体积

按体积成交的商品有限,仅限于木材、天然气和化学气体等。属于这方面的计量单位有立方米、立方尺、立方码等。

(6)按容积

各类谷物和液体货物往往按容积计量,其中,美国以蒲式耳(Bushel)作为各种谷物的计量单位。但蒲式耳所代表的重量则因谷物不同而有差异,例如,每蒲式耳亚麻籽为 56 磅,燕麦为 32 磅,大豆和小麦为 60 磅,公升、加仑则用于酒类,油类商品的计量。

2. 因各国度量衡制度不同而导致计量单位上的差异

由于世界各国的度量衡制度不同,以致造成同一计量单位所表示的数量不一。在国际贸易中,通常采用公制(The Metric System)、英制(The Britain System)、美制(The U. S. System)和国际标准计量组织在公制基础上颁布的国际单位制(System International)。根据《中华人民共和国计量法》规定:"国家采用国际单位制。国际单位制计量单位和国家选定的其它计量单位为国家法定计量单位。"目前,除个别特殊领域外,一般不许再使用非法定计量单位。我国出口商品,除照顾对方国家贸易习惯约定采用公制、英制或美制计量单位外,应使用我国法定计量单位。我国进口的机器设备和仪器等应要求使用法定计量单位,否则,一般不许进口。如确有特殊需要,也必须经有关标准计量管理部门批准。

不同的度量衡制度会导致同一计量单位所表示的数量有差异。例如,就表示重量的吨而言,实行公制的国家一般采用公吨,每公吨为 1000 公斤;实行英制的国家一般采用长吨,每长吨为 1016 公斤;实行美制的国家一般采用短吨,每短吨为 907 公斤。此外,有些国家对某些商品还规定有自己习惯使用的或法定的计量单位。

3. 计算重量的方法

在国际贸易中,按重量计量的商品很多。根据一般商业习惯,通常计算重量的方法有下列几种:

(1)毛重(Gross Weight)

毛重是指商品本身的重量加包装物的重量。这种计重办法一般适用于低值商品。

(2)净重(Net Weight)

净重是指商品本身的重量,即除去包装物后的商品实际重量。净重是国际贸易中最常见的计重办法。不过,有些价值较低的农产品或其它商品,有时也采用"以毛作净"(Gross for Net)的办法计重。

在采用净重计重时,对于如何计算包装重量,国际上有下列几种做法:

①按实际皮重(Actual Tare or Real Tare)计算;

②按平均皮重(Average Tare)计算;

③按习惯皮重(Customary Tare)计算

④按约定皮重(Computed Weight)计算。

(3)公量(Conditioned Weight)

有些商品,如棉花、羊毛、生丝等有比较强的吸湿性,所含的水分受客观环境的影响较大,其重量也就很不稳定。为了准确计算这类商品的重量,国际上通常采用按公量计算,其计算方法是以商品的干净重(即烘去商品水分后的重量)加上国际公定回潮率与干净重的乘积所得出的重量,即为公量。

(4)理论重量(Theoretical Weight)

对于一些按固定规格生产和买卖的商品,只要其重量一致,或每件重量大体是相同的,一般即可从其件数推算出总量。

(5)法定重量(Legal Weight)和实物净重(Net Weight)

按照一些国家海关法的规定,在征收从量税时,商品的重量是以法定重量计算的。所谓法定重量是商品加上直接接触商品的包装物料,如销售包装等的重量,而除去这部分重量所表示出来的纯商品的重量,则称为实物净重。

二、数量条款的规定

买卖合同中的数量条款,主要包括成交商品的数量和计量单位。按重量成交的商品,还需订明计算重量的方法。数量条款的内容及其繁简应视商品的特性而定。

为了便于履行合同和避免引起争议,进出口合同中的数量条款应当明确具体。一般不宜采用"大约""近似""左右"(About,Circa, Apporximate)等带伸缩性的字眼来表示。

但是如果在成交的数量前加上"约"字,国际各国家对"约"字有的理解为2.5%,有的理解为5%,为了避免这种争议,国际商会在《跟单信用证统一惯例》中做了如下规定:凡"约"或"大约"用于信用证金额或信用证规定的数量或单价时,应解释为允许有关金额或数量或单价有不超过10%的增减幅度。

在粮食、矿砂、化肥和食糖等大宗商品的交易中,由于受商品特性、货源变化、船舱容量、装载技术和包装等因素的影响,要求准确地按约定数量交货有时存在一定困难,买卖双方可在合同中合理规定数量机动幅度。只要卖方交货数量在约定的增减幅度范围内,就算按合同规定数量交货,买方就不得以交货数量不符为由而拒收货物或提出索赔。为了订好数量机动幅度条款,即数量增减条款或溢短装条款,需要注意下列几点:

1. 数量机动幅度的大小要适当

数量机动幅度是指卖方可按买卖双方约定某一具体数量多交或少交若干的幅度。因为有些商品受货源变化、商品特性(比如某些农产品、矿产品)、尤其是运输工具的限制,合同中若规定一个固定的交货数量,将给卖方履行合同带来困难。因此,为了顺利履行合同,在长期的贸易实践中形成了规定数量机动幅度条款的做法,对于那些数量难以严格限定的商品,在规定的机动幅度内可以有数量的增加和减少,对此均不构成违约。

2. 机动幅度选择权的规定要合理

在合同规定有机动幅度的条件下,应酌情确定由谁来行使这种机动幅度的选择权。如果采用海运,交货数量的机动幅度应由负责安排船舶运输的一方选择,也可规定由船长根据舱容和装载情况作出选择。

【案例 2】 我某出口公司与葡萄牙商人订立了一份出口水果合同,支付方式为货到验收后付款。但货到经买方验收后发现水果总重量缺少 10%,而且每个水果的重量也低于合同规定,葡商既拒绝付款也拒绝提货,后来水果全部腐烂,葡海关向中方收取仓储费和处理水果费用 10 万美元。

【分析】 商品的数量是国际货物买卖合同中不可缺少的主要条件之一。卖方交货数量必须与合同规定相符,否则买方有权提出索赔甚至拒收货物。此案中显然我方陷于被动,但仍可据理力争挽回损失。首先应查明短重是属于正常损耗还是我方违约没有交足合同规定数量;如属我方违约,则应分清是属于根本性违约还是非根本性违约;如不属根本性违约,葡方无权退货和拒付货款,只能要求减价或赔偿损失;如属根本性违约,葡方可退货但应妥善保管货物,对鲜活商品如水果可代为转售,尽量减轻损失。"《联合国国际货物的销售公约》"规定"如果买方已收到货物,但打算行使合同或公约任何权利,把货物退回,他必须按情况采取合理措施以保全货物,他有权保有这些货物,直至卖方把他所付的合理费用偿还给他为止"。而葡方未尽到妥善保管和减轻损失的义务,须对此承担责任。因此,我公司可与葡萄牙商人就商品的损失及支出的费用进行交涉尽可能挽回损失。

3. 合同中未明确规定数量机动幅度

在这种情况下,买方交货的数量原则上应与合同规定的数量完全一致。但在采用信用证支付方式下,根据《跟单信用证统一惯例》第 30 条 b 款的规定,在信用证未以包装单位件或货物自身件数的方式规定货物数量时,货物数量允许有 5% 的增减幅度,只要总支取金额不超过信用证金额。据此,以信用证支付方式进行散装货物的买卖,交货的数量可有 5% 的机动幅度。服装产品由于是以件计数,所以没有机动幅度。

【案例 3】 合同中的数量条款规定:"About 1 000MT"或者"1 000MT 5% more or less at seller's option",有什么区别?卖方按照数量条款多交或少交的部分如何计价?

【分析】 根据《UCP600》的规定,信用证如果规定有"约"字,应解释为交货数量有不超过 10% 的增减幅度。"About 1 000MT"表示卖方交货数量范围为 900MT 至 1 100MT,而"1 000 MT 5% More or less at seller's option"表示卖方交货数量范围为 950MT 至 1 050MT。按照惯例,数量机动幅度内多装或少装部分按照合同计价。

【案例4】　某公司出口某商品 4 000 件，合同规定必须一次装运，不允许分批。在装船时，发现有 100 件严重损坏，临时更换又来不及。为保证质量起见，发货人员认为根据《跟单信用证统一惯例》的规定，即使合同未规定溢短装条款，数量上仍允许 5% 的增减，故决定少交 100 件，即少交 4%。结果遭到银行拒付。请问银行拒付是否正确？

【分析】　根据《UCP600》第 30 条 b 款的规定："在信用证未以包装单位件数或货物自身件数的方式规定货物数量时，货物数量允许有 5% 的增减幅度，只要总支取金额不超过信用证金额"。本案例中的某商品是以"件"来计数的，属于以上条款的除外情况，不能在交货数量上有 5% 的增减。所以，银行在审查信用证和单据时，可以认为卖方应交商品 4 000 件，而实际交货数量为 3 900 件，交货数量与信用证规定不符可拒付。

4. 溢短装数量的计价方法要公平合理

目前，对机动幅度范围内超出或低于合同数量的多装或少装部分，一般是按合同价格结算，这是比较常见的做法。为了防止有权选择多装或少装的一方当事人利用行市的变化，有意多装或少装以获取额外的好处，也可在合同中规定，多装或少装的部分，不按合同价格计价，而按装船时或货到时的市价计算，以体现公平合理的原则。

【案例5】　合同中数量条款规定："10 000MT 5% more or less at seller's option"，卖方正准备交货时，此货物国际市场价格大幅上涨，如果你是卖方，准备实际交货多少？为什么？如果站在买方的立场上，磋商合同条款时，应该注意什么？

【分析】　该溢短装条款表明卖方可以多交或少交的范围是 500 公吨，由于该货物国际市场价格大幅上涨，少交当然对卖方有利，因此在合同许可的范围内，卖方应交货为 9 500 公吨。一般情况下，数量机动幅度内多装或少装部分按照合同计算价格。为了防止卖方利用行市变化有意多装或少装获取额外好处，买方可以要求在合同中规定，多装或少装部分不按照合同价格计价，而按照装船或到货时的市价计算，更能体现公平合理的原则。

第三节　包装条款

商品包装是商品生产的继续，凡需要包装的商品，只有通过包装，才算完成生产过程，商品才能进入流通领域和消费领域，才能实现商品的使用价值。包装是保护商品在流通过程中质量完好和数量完整的重要措施，有些商品甚至根本离不开包装，它与包装成为不可分割的统一体。

一、包装的重要性

1. 包装保护产品

经过适当包装的商品，不仅便于运输、装卸、搬运、储存、保管、清点、陈列和携带，而且不易丢失或被盗，为各方面提供了便利。

2. 包装起到产品促销作用

在当前国际市场竞争十分激烈的情况下，许多国家都把改进包装作为加强对外竞销的重要手段之一。良好的包装,不仅可以保护商品,而且还能宣传美化商品,提高商品身价,吸引顾客,扩大销路,增加售价,并在一定程度上显示出口国家的科技、文化艺术水平。

3. 在国际货物买卖中,包装是说明货物的重要组成部分,包装条件是买卖合同中的一项主要条件

按照某些国家的法律规定,如卖方交付的货物未按约定的条件包装,或者货物的包装与行业习惯不符,买方有权拒收货物。如果货物虽按约定的方式包装,但却与其它货物混杂在一时,买方可以拒收违反规定包装的那部分货物,甚至可以拒收整批货物。

二、包装的种类

根据包装在流通过程中所起作用的不同,可分为运输包装(即外包装)和销售包装(即内包装)两种类型。前者的主要作用在于保护商品和防止出现货损货差,后者除起保护商品的作用外,还具有促销的功能。

1. 运输包装

(1)运输包装的种类

运输包装的方式和造型多种多样,包装用料和质地各不相同,包装程度也有差异,这就导致运输包装的多样性。

①按包装方式,可分为单件运输包装和集合运输包装。前者,是指货物在运输过程中作为一个计件单位的包装;后者,是指将若干单件运输包装组合成一件大包装,以利更有效地保护商品,提高装卸效率和节省运输费用,在国际贸易中,常见的集合运输包装有集装包和集装袋。

②按包装类型不同,可分为箱袋、桶和捆不同形状的包装。

③按包装材料不同,可分为纸制包装,金属包装,木制包装,塑料包装,麻制品包装,竹、柳、草制品包装,玻璃制品包装和陶瓷包装等。

④按包装质地来分有软性包装,半硬性包装和硬性包装,究竟采用其中哪一种,须视商品的特性而定。

⑤按包装程度不同,可分为全部包装和局部包装。

(2)服装运输包装种类

服装运输包装如果有规定要按照买方要求进行,一般可以分为装箱和吊柜。

①装箱式包装为了便于运输,在服装装入内盒后,再将之装入一个大箱子,即为外箱。外箱一般为瓦楞纸箱。

②对于服装,除了装箱式包装出货外,还有一种吊挂货柜的方式,有时简称吊式出货。其方法是将成品按客户所指定的方式吊入柜中。此种送货方式可节省内、外箱材料费、胶带费、打包费及人工装箱费,并能保持成品外观整齐、美观,使客户收到货后,不需再花时间来整理。通常易产生皱褶的衣服及高价位的成衣都采用此种吊柜方式出货。

(3)服装贸易运输包装要求

①必须适应服装的特性,服装怕湿,高档的服装怕挤压,所以在运输过程中采用吊挂运输。

②必须适应各种不同运输方式的要求,每个交易一般都会经过两三种以上的运输方式,所以运输包装要考虑到各种运输过程中可能遇到的情况。

③必须考虑有关国家的法律规定和客户的要求,例如美国对于木质的包装有严格的要求,包装箱必须经过熏蒸,并且严格按照合同要求进行包装。

【案例6】 某外贸公司出口水果罐头一批，合同规定纸箱包装，每箱30听，共80箱。但业务员在发货时将其改为每箱24听，共计100箱，总听数没变。这种虽然总交货数量没变但是里面装箱数量及箱数变化的情况会在海关被查，如果采用信用证支付，结汇时也会遭到银行的拒付。

④要便于各环节有关人员进行操作。

⑤要在保证服装包装牢固的前提下节省费用。服装运输包装的方式和造型多种多样，服装包装用料和质地各不相同，服装包装程度也有差异，这就导致服装运输包装的多样性。

(4)服装贸易包装的方式

①同色同码装。相同颜色、相同型号的服装装入同一个纸箱。比如红色S码女衫装入同一个纸箱，红色M码女衫另装一个纸箱。

②同色混码装。相同颜色、不同型号的服装装入同一个纸箱。比如红色S码、M码和L码女衫装入同一个纸箱。

③混色混码装。不同颜色、不同型号的服装装入同一个纸箱。比如红色S码女衫和蓝色M码女衫装入同一个纸箱。

在服装装箱时还要注意检查吊牌是否挂错、尺码是否正确，以及清点件数，确保与装箱表相符。

(5)运输包装的标志

运输包装上的标志，按其用途可分为运输标志、指示性标志、警告性标志。

①运输标志。运输标志又称唛头，它通常是由一个简单的几何图形和一些字母、数字及简单的文字组成，其主要内容包括：

a. 目的地的名称或代号

b. 收、发货人的代号

c. 件号、批号

唛头可分为正唛与侧唛两种，主要注明客户名称、品号、数量、装箱编号、颜色、分码表、净重、毛重、运送地点、起运地等。信用证或者合同如果对唛头有规定，要严格按照执行。运输标志的内容繁简不一，此外，由买卖双方根据商品特点和具体要求商定。

【案例7】 某出口公司销往加拿大一批货物，价值15万美元。合同规定用塑料袋包装，每件要求使用英、法两种文字的贴头。但出口公司实际交货改用了其他包装，并只使用了英文的贴头。国外商人为了适应当地市场的销售要求，不得不雇人更换包装和贴头，之后向该公司提出索赔。

鉴于运输标志的内容差异较大，有的过于繁杂，不适应货运版增加、运输方式变革和电子计算机在运输与单据流转方面应用的需要。因此，联合国欧洲经济委员会简化国际贸易程序工作组，在国际标准化组织和国际货物装卸协调协会的支持下，制定了一项标准运输标志向各国推荐使用。该标准运输标志包括：

a. 收货人或买方名称的英文缩写字母或简称；

b. 参考号，如运单号、订单号或发票号；

c. 目的地；

d. 件号。

②指示性标志

指示性标志是提示人们在装卸、运输和保管过程中需要注意的事项，一般都是以简单、醒目的图形和文字在包装上标出，故有人称其为注意标志。

③警告性标志

警告性标志又称危险货物包装标志。凡在运输包装内装有爆炸品、易燃物品、有毒物品、腐蚀物品、氧化剂和放射性物资等危险货物时，都必须在运输包装上标明用于各种危险品的标志，以示警告，便于装卸、运输和保管人员按货物特性采取相应的防护措施，以保护物资和人身的安全，如下图所示。

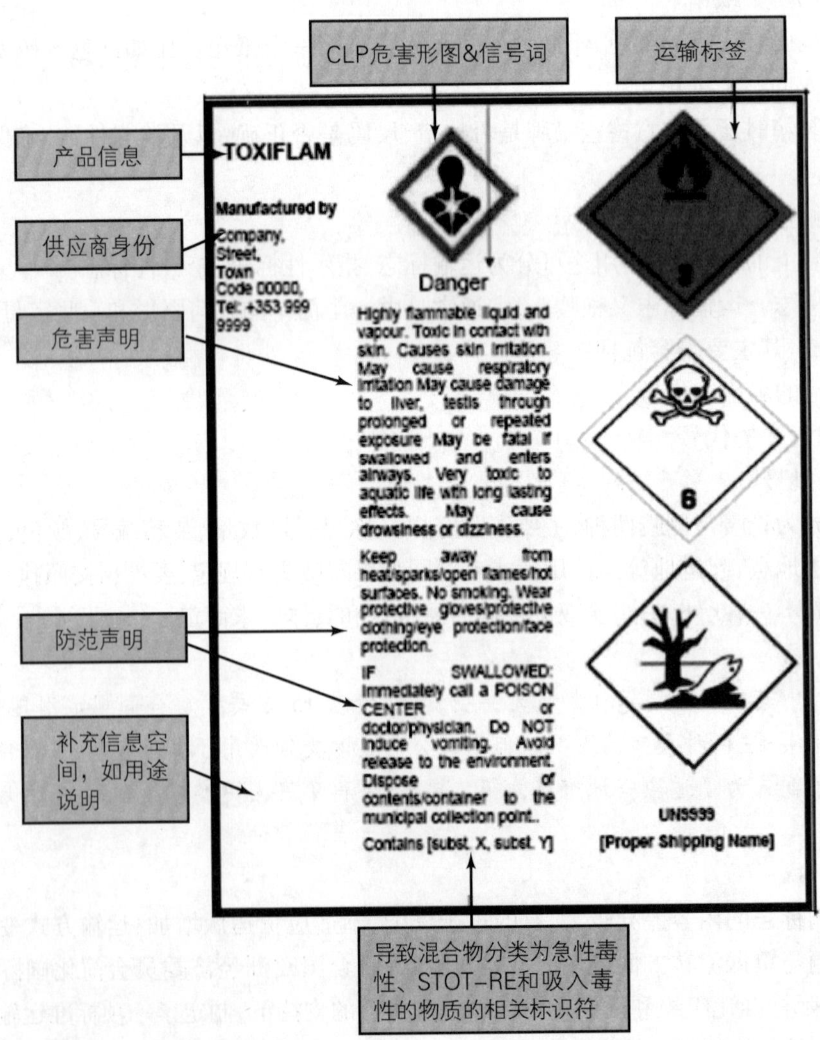

2. 销售包装

(1)对销售包装的要求

销售包装又称内包装,它是直接接触商品并随商品进入零售网点和与消费者直接见面的包装。这类包装除必须具有保护商品的功能外,更应具有促销的功能。因此,对销售包装的造型结构、装饰画面和文字说明等方面,都有较高的要求。为了使销售包装适应国际市场的需要,在设计和制作销售包装时,应体现下列要求:

①便于陈列展售;

②便于识别商品;

③便于携带及使用;

④要有艺术吸引力。

(2)销售包装的分类

销售包装可采用不同的包装材料和不同的造型结构与式样,这就导致了销售包装的多样性。究竟采用何种销售包装,主要根据商品特性和形状而定,在销售包装上,一般都附有装饰画面和文字说明,有的还印有条形码的标志。商品包装上的条形码是由一组带有数字的粗细间隔不等的黑白平行条纹所组成,它是利用光电扫描阅读设备为计算机输入数据的特殊的代码语言。目前,世界上许多国家都在商品包装上使用条形码,只要将条形码对准光电扫描器,计算机就能自动地识别条形码的信息,确定商品名、品种、数量、生产日期、制造厂商、产地等,并据此在数据库中查询其单价,进行货款结算,打出购货清单,这就有效地提高了结算的效率和准确性,也方便了顾客。目前,许多国家的超级市场都使用条形码技术进行自动扫描结算,如商品包装上没有条形码,即使是名优商品,也不能进入超级市场,而只能当作低档商品进入廉价商店。加之有些国家对某些包装上无条形码标志的商品不予进口,为此,在我国商品包装上推广使用条形码标志,确系当务之急。为了适应国际市场的需要和扩大出口,1988 年 12 月我国建立了"中国物品编码中心",负责推广条形码技术,并对其进行统一管理。1994 年 4 月我国正式加入国际物品编码协会,该会分配给我国的国别号为"690",凡标有"690"条形码的商品,即表示是中国生产的商品。同时,注意包装上的信息与合同中所有单据一致,否则将会造成交易损失。

【案例 7】 我方出口苹果酒一批,国外来证货名为 Apple wine,于是我方为了单证一致,所有单据上均采用 Apple wine,不料货到目的港后遭海关扣留罚款,因该批酒的内外包装就写的是 Cider 字样,结果外商要求我方赔偿其损失。请问我方对此有无责任?为什么?

【分析】 我方应对此承担一定的责任。按照有关的法律和惯例,对成交商品的描述,是构成商品说明的一个主要组成部分,是买卖双方交接货物的一项基本依据,它关系到买卖双方的权利和义务。若卖方交付的货物不符合约定的品名或说明,买方有权提出损害赔偿要求,直至拒收货物或撤销合同。本案例中的 Cider 一词,既有苹果酒也有苹果汁的词义,因此,货到目的港后海关以货物与品名不符,对该批货物扣留罚款,我方应对此承担一定的责任。在贸易实践中,如果出现此种情况,我方应在收到信用证后,要求改证,即对信用证中的品名进行修改,这样既可以做到单证一致、收款有保障,同时又避免了实际货物与单据上的商品品名不符,遭海关扣留罚款的损失。

(3)中性包装

中性包装是指既不标明生产国别、地名和厂商名称,也不标明商标或品牌的包装,也就是说,在出口商品包装的内外都没有原产地和出口厂商的标记。中性包装包括无牌中性包装和定牌中性包装两种。前者,是指包装上既无生产国别和厂商名称,又无商标、品牌;后者,是指包装上仅有买方指定的商标或品牌,但无生产国别和厂商名称。

采用中性包装是为了打破某些进口国家与地区的关税和非关税壁垒以及适应交易的特殊需要(如转口销售等),它是出口国家厂商加强对外竞销和扩大出口的一种手段。

【案例8】 菲律宾某公司与上海某自行车厂洽谈业务,打算从我国进口“永久”自行车1000辆,但要求我方改用“剑”牌商标,并在包装上不得注明“MADE IN CHINA”字样。请问:我方是否可以接受?在处理此项业务时,应注意什么问题?

【分析】 这是一笔外商要求采用中性包装的交易,我方一般可以接受。但是在处理该项业务时应注意下列问题。

首先要注意对方所用商标在国内外是否已有第三者注册,如果有,则不能接受。如果我方一时还无法判明,则应在合同中写明“若发生工业产权争议,则应由买方负责”。此外,还需要考虑我品牌在对方市场的销售情况,如果我方产品已在对方市场树立了良好的信誉,很畅销,则不宜接受中性包装条款,否则会影响我方产品地位,造成市场混乱。

(4)定牌生产

定牌是指卖方按买方要求在其出售的商品或包装上标明买方指定的商标或牌号,这种做法叫定牌生产。当前,世界上许多国家的超级市场、大百货公司和专业商店,对其经营出售的商品,都要在商品上或包装上标有本商店使用的商标或品牌,以扩大本店知名度和显示该商品的身价。许多国家的出口厂商,为了利用买主的经营能力及其商业信誉和品牌声誉,以提高商品售价和扩大销路,也愿意接受定牌主产。

三、包装条款的规定

包装条款一般包括包装材料、包装方式、包装规格、包装标志和包装费用的负担等内容。

在商定包装条款时,需要注意下列事项:

①要考虑商品特点和不同运输方式的要求。

②对包装的规定要明确具体。一般不宜采用“海运包装”(Seaworth Packing)和“习惯包装”(Customary Packing)之类的术语。

③明确包装由谁供应和包装费由谁负担。包装由谁供应,通常有下列三种做法:

a. 由卖方供应包装,包装连同商品一块交付买方。

b. 由卖方供应包装,但交货后,卖方将原包装收回。关于原包装返回给卖方的运费由何方负担,应作具体规定。

c. 由买方供应包装或包装物料。采用此种做法时,应明确规定买方提供包装或包装物料的时间,以及由于包装或包装物料未能及时提供而影响发运时买卖双方所负的责任。

关于包装费用,一般包括在货价之中,不另计收。但也有不计在货价之内,而规定由买方另行支付的。

♨ 课后思考 ♨

一、简答题

1. 什么是溢短装条款?

2. 什么是中性包装?

二、案例分析

1. 某自行车厂菲律宾出口自行车计 3 000 辆,合同中规定黑色、墨绿色、湖蓝色各 1 000 辆,不得分批装运。该厂在发货时发现湖蓝色的自行车库存仅有 950 辆,因短缺 50 辆湖蓝色,便以黑色自行车 50 辆顶替湖蓝色出口。请问:该厂这种做法会产生什么后果?

2. 大连某厂向中东出口一批门锁,合同规定 3—4 月份装船,但需要买方认可回样之后方能发运。2 月下旬买方开立信用证上亦有同样文字。该厂三次试寄回样,均未获买方认可,所以该厂迟迟未能如期装船。到 5 月份后,外商以延误船期为由提出索赔要求,问:我方应如何处理?

3. 中国某公司从国外进口某农产品,合同数量为 100 万吨,允许溢短装 5%,而外商装船时共装运了 120 万吨,对多装的 15 万吨,我方应如何处理?

♨ 扩展知识 ♨

合同样例:

XX 服饰有限公司

XXDRESS CO. ,LTD

TEL:86 - 536 - 606 * *

FAX:86 - 536 - 6066 * *

ADD:DONGWAIHUAN ROAD ZHUCHENG,SHANDONG,CHINA

销 售 合 同

SALES CONTRACT

买方: QINDAO * * * * RIYI INDUSTRY CO. ,LTD。NO. XL20050705

TEL: 86 532 - 8576 * * * DATE: 2005 - 7 - 5

FAX: 86 - 532 - 8576 * * * *

经双方确认订立本合同,具体条款如下:

(1)货物名称及规格 and Specifications	(2) 数量(套)Quantity	(3)单价(FOB) Unit Price	(4)金额 Amount
MENS SUIT	18 000	USD 15.30	USD 27 540.00
MENS SUIT	18 000	USD15.6	USD 280 800.00
备注:以上单价没包括扣子、上衣里布、沿条、开线里布、商标、吊牌等辅料和面料!			USD 556 200.00
总值: Total Value:USD 556 200.00			

rade Term:General trade. FOB ZHUCHENG

(5)交货日期及运输方式:2005 年 8 月 30 日出货 18 000 套,2005 年 9 月 26 日出货 18 000 套。以上交期皆为出厂期。但卖方交货的义务以在上述交货日期前收到买方按第 8 条的规定付款为条件。如按本合同条款运输工具由买方选订,卖方将在上述交货日期将货物备好。

Time of Delivery and Mode of Transportation: 18000sets shipment, before 30st, August by sea. 18000sets shipment, before 26st ,September by sea. However, the Seller's obligation to deliver is conditional upon receipt from the Buyer's payment in accordance with Clause 8 of the Contract 25 days before the time of delivery stipulated hereof, if a carrier is selected and booked by the Buyer itself in accordance with the terms of this Contract, the Seller will have the commodity ready for shipment by such time of delivery.

(6)装运口岸:青岛

Port of Loading: QINGDAO

(7)付款条件: 100%不可撤消,可转让即期信用证,在出货前 7 天收到银行正本信用证。

Payment: 100% L/C at sight, irrevocable and transferable. Have to receive original L/C before 7 days.

(8)单据:卖方向买方提供相关单据。

(9)风险:货物的风险在以下时候转移至买方:

①海运时在其越过船舷,摘下挂钩时;

②空运时在其已交空运承运人或代理人保管时;

③铁路运输时在其已交铁路保管时。

Risk of Loss: The risk of the commodity shall transfer to the Buyer:

①When it has passed over the rail of the vessel and been released from tackle in case of shipment by sea.

②When it has been delivered into the custody of the air carrier or agent in case of shipment by air.

③When it has been delivered into the custody of the railway in case of shipment by rail.

(10)品质/数量异议:如买方提出异议,凡属品质异议应于货到目的口岸之日起 3—6 个月内提出,凡属数量异议应于货到目的口岸之日起 1—3 个月内提出,过期不受理。对所装货物所提任何异议属于保险公司、轮船公司、其他有关运输机构或邮递机构所负责,卖方不负任何责任。理赔只限于卖方在收到买方所在地声誉良好的商检机构或商会出具的商品抽样检查报告,证明货物与合同不符后,对品质不符的货物按一比一更换或按照货物的疵劣程度和损坏的范围将货物贬值,对数量不符的货物给予补足。无论哪种情况下,卖方均不对货物的可销性或适用性负责,也不对任何损失赔偿负责包括但又不限于直接的、间接的、附带的损失,如买方不能在合同规定的期限内将信用证开到或将预付款汇到,或者开来的信用证不符合合同规定,而在接到卖方通知后,不能按期办妥改证,卖方有权撤销合同或延期交货,并有权提出索赔。

Quality/Quantity Discrepancy: In case of quality discrepancy, claims shall be field by the Buyer within 3—6 month after the arrival of the commodity at the port of destination, while for quantity discrepancy, claims shall be field by the Buyer within1—3 month after the arrival of the commodity at the port of destination. Otherwise no claim will be accepted. It is understood that the Seller shall not be liable for any discrepancy of the commodity shipped due to causes for which the insurance company, other transportation organization or post office are liable. The settlement of such claims is restricted to replacement of the non - conforming commodity on a one - to - one basis or devaluation of the commodity according to degree of inferiority and extent of damage in case of quality discrepancy or supply for the shortage in case of quantity discrepancy, after the Seller has received an inspection report on the commodity by sampling issued by a reputable commodity inspection organization or chamber of commerce at the place where the Buyer is located, certifying the non - conformity thereof. In no event shall the Seller be held liable for the merchantability or fitness for any purpose. Nor shall it have any liability or responsibility for damages of any kind whatsoever, including but not limited to any direct, indirect or collateral damages. In case the L/C or the advance payment does not reach the Seller within the time stipulated in the Contract or does not correspond to the Contract terms and the Buyer fails to amend its terms within the time limit after being notified by the Seller, the Seller has the right to cancel the Contract or to delay the delivery of the commodity as well as to lodge claims against the Buyer.

(11)不可抗力:本合同内所述全部或部分货物,如因不可抗力的原因,以致不能履约或不得不延期交货,卖方概不负责。

Force Majeure: The Seller shall not be held liable for failure or delay in delivery of the entire lot or a portion of the commodity under this Contract in consequence of any force majeure incidents.

(12)仲裁:在执行本合同中所产生的或者与合同有关的一切争执,由双方协商解决。如果协商后仍不能解决时,得提请仲裁。仲裁在中国进行,由中国国际经济贸易仲裁委员会,根据该委员会的仲裁程序暂行规则进行仲裁。仲裁决定为最终决定,买卖双方都应服从。除仲裁委员会另有决定外,仲裁费用由败诉一方负担。

Arbitration: Any or all disputes arising from or in connection with the performance of the Contract shall be settled through negotiation by both parties, failing which they shall be submitted for arbitration. The arbitration shall take place in China and shall be conducted by the China International Economic and Trade Arbitration Commission in accordance with the provisional rules of procedures of the said commission. The arbitration award shall be final and binding upon both Buyer and Seller . Unless otherwise awarded by the said arbitration commission, the arbitration fees shall be borne by the losing party.

(13)其他条款:在此合同期间因政府出口政策调整而引起的成本增加,则另外计算合同金额。

Other Conditions: Any increase of cost due to national policy adjustment shall be calculated anew.

买方 Buyer

卖方 Seller

参考网站:

http://www.xuexila.com/fanwen/contract/maoyi/375856.html 学习了

http://www.chinadmd.com/file/6pxss6epppo6p63e6rpxravc_2.html 中华文本库

第四章　国际贸易运输

国际货物运输,就是在国家与国家、国家与地区之间的运输。国际货物运输又可分为国际贸易物资运输和非贸易物资(如展览品、个人行李、办公用品、援外物资等)运输两种。由于国际货物运输中的非贸易物资的运输往往只是贸易物资运输部门的附带业务,所以,国际货物运输通常被称为国际贸易运输,国际贸易运输是国际贸易实务中重要的一个环节,运输方式的选择将关系到贸易是否顺畅进行及交易成本的大小。

在国际货物运输中,涉及的运输方式很多,其中包括海洋运输、铁路运输、航空运输、河流运输、邮政运输、公路运输、管道运输、大陆桥运输以及由各种运输方式组合的国际多式联运等。各国际运输服务公司的经营,多以某一种或多种运输方式为主。这一章我们将学习国际贸易常用的几种运输方式。

第一节　海洋运输

海洋运输又称"国际海洋货物运输",是国际物流中最主要的运输方式。它是指使用船舶通过海上航道在不同国家和地区的港口之间运送货物的一种方式,它包括远洋运输。近海运输和沿海运输。由于地球3/4的面积是被海洋覆盖,这种天然航道使得海洋运输在国际货物运输中使用最广泛。目前,国际贸易总运量中的2/3以上是海洋运输,中国进出口货运总量的约90%都是海上运输。

随着中国经济的快速发展,中国已经成为世界上最重要的海运大国之一。全球目前有19%的大宗海运货物运往中国,有20%的集装箱运输来自中国;而新增的大宗货物海洋运输之中,有60%至70%是运往中国的。中国的港口货物吞吐量和集装箱吞吐量均已居世界第一位;世界集装箱吞吐量前5大港口中,中国占了3个。随着中国经济影响力的不断扩大,世界航运中心正在逐步从西方转移到东方,中国海运业已经进入世界海运竞争舞台的前列。

一、海洋运输特点

1. 海洋运输的优点

(1)运输能力大

在海上货物运输中,目前世界上最大的超巨型油船的载货质量达60万吨以上,集装箱船箱位普遍在5000~6000标准箱(10000标准箱集装箱已在我国出现),矿石船载货质量达35万吨,海上货物运输利用天然航道,若条件许可,可随时改造为最有利的航线。我国顶级船队的运载能力已达3万吨,相当于铁路列车的6~10倍。在运输条件良好的航道,通过能力几乎不受限制。

(2)能源消耗低

在相同的运输距离内,就单位(如1吨)运输货物而言,水运(尤其是海运)是所消耗能源最少的运输方式。

(3)单位运输成本低

海运的运输成本为铁路运输的1/25~1/20,为公路运输的1/100,因此,海运是最低廉的运输方式,适于运输费用负担能力较弱的原材料及大宗物资的运输。

(4)劳动生产率高

由于船舶运载量大,配备船员少,因而其劳动生产率较高。

2. 海洋运输的缺点

①海洋运输速度较为缓慢,耗时较长。

②海洋运输自然风险较大,容易遭遇海上风险和灾难,对货物的完整性和安全性相对无法保证。

③由于航道与港口的限制,海运的可达性、灵活性不高,往往需要地面运输系统的配合才能完成货物运输的全过程,也就是不能直接实现“门到门”运输服务。

二、海洋运输的作用

1. 海洋货物运输是国际贸易运输的主要方式

国际海洋货物运输虽然存在速度较慢、风险较大的不足,但是由于它的通过能力大、运量大、运费低,以及对货物适应性强等长处,加上全球特有的地理条件,使它成为国际贸易中主要的运输方式。并且由于集装箱运输的发展,不仅使货物运输向集合化、合理化方向发展,而且节省了货物包装用料和运杂费,减少了货损货差,保证了运输质量,缩短了运输时间,从而降低了运输成本。

2. 海洋货物运输是国家节省外汇支付,增加外汇收入的重要渠道之一

运费支出一般占外贸进出口总额10%左右,尤其大宗货物的运费占的比重更大,贸易中若充分利用国际贸易术语,争取我方多派船,不但节省了外汇的支付,而且还可以争取更多的外汇收入。特别把我国的运输能力投入到国际航运市场,积极开展第三国的运输,为国家创造外汇收入。

3. 发展海洋运输业有利于改善国家的产业结构和国际贸易出口商品的结构

海洋运输是依靠航海活动的实践来实现的,航海活动的基础是造船业、航海技术和掌握技术的海员。造船工业是一项综合性的产业,它的发展又可带动钢铁工业、船舶设备工业、电子仪器仪表工业的发展,促进整个国家的产业结构的改善。我国目前已由原来的船舶进口国,逐渐变成了船舶出口国,而且正在迈向船舶出口大国的行列。由于我国航海技术的不断发展,船员外派劳务已引起了世界各国的重视。由此可见,海洋运输业的发展,不仅能改善国家产业结构,而且会改善国际贸易中的商品结构。

按照船舶的经营方式,海洋运输可分为班轮运输和租船运输。

三、班轮运输

班轮运输最早出现于19世纪初,美国首先采用。1818年美国黑球轮船公司开辟了纽

约—利物浦的定期航线，用帆船进行运输，用以运送海外移民、邮件和货物。1824 年，英国跟随美国之后，开辟了伦敦、汉堡、鹿特丹之间以蒸汽机船经营的班轮航线，19 世纪 40 年代又扩展到中东、远东和澳大利亚。此后，日本、德国、法国等轮船公司均经营班轮运输，设有横渡大西洋、太平洋的环球运输航线。中国于 19 世纪 70 年代开始沿海和长江的班轮运输。20 世纪初，在长江和其他内河开展班轮运输。中华人民共和国建立后，开辟了大连 - 上海定期定港班轮货运航线。1961 年中国远洋运输总公司成立，开始建立中国远洋运输船队和国际班轮航线。

1. 定义

班轮运输(Liner Shipping)是指轮船公司将船舶按事先制定的船期表(Sailing Schedule)，在特定海上航线的若干个固定挂靠的港口之间，定期为非特定的众多货主提供货物运输服务，并按事先公布的费率或协议费率收取运费的一种船舶经营方式。

班轮运输有时也称提单运输，因为在承运人和托运人之间仅用轮船公司签发的订有承运人与托运人双方权利和义务条款的提单处理运输中发生的问题。提单条款中明确规定：发收货人必须按照船期提交和接受货物，否则应赔偿承运人因此造成的损失。班轮运输适合于货流稳定、货种多、批量小的杂货运输。旅客运输一般采用班轮运输。

2. 特点

①"四固定"，即固定航线、固定港口、固定船期和相对固定的费率。这是班轮运输的最基本特征。

②班轮运价内包括装卸费用，即货物由承运人负责配载装卸，承托双方不计滞期费和速遣费。

③承运人对货物负责的时段是从货物装上船起，到货物卸下船止，即"船舷至船舷"(Rail to Rail)或"钩至钩"(Tackle to Tackle)。

④承运双方的权利义务和责任豁免以签发的提单为依据，并受统一的国际公约制约。

3. 班轮运输的作用

①班轮运输适合不足整船的小额贸易货物的运输。班轮只要有舱位，不论数量大小直运或转运都可接受承运。

②由于"四固定"的特点，时间有保证、运价固定、为贸易双方洽谈价格和装运条件及计算成本提供了方便，有利于开展国际贸易。

③班轮运输长期在固定航线上航行，有固定设备和人员，能够提供专门的、优质的服务。

④由于事先公布船期、运价费率，有利于贸易双方达成交易，减少磋商内容。

⑤手续简单。由于承运人负责装卸和理舱，托运人只要把货物交给承运人即可，省心省力。

4. 班轮运输费用

班轮公司运输货物所收取的运输费用是按照班轮运价表的规定计收的。不同的班轮公司或班轮公会各有不同的班轮运价表。班轮运价表一般包括说明及有关规定、货物分级表、航线费率表、附加费表、冷藏货及活牲畜费率表等。目前，我国海洋班轮运输公司使用的"等级运价表"，即将承运的货物分成若干等级，每个等级的货物有一个基本费率，称为"等级费率表"。

班轮运费包括基本运费和附加费两部分，基本运费是指货物从装运港到卸货港所应收取的基本运费，它是构成全程运费的主要部分。对于基本费率的规定，有的运价表是按每项货物列出其基本费率,这种运价表称为“单项费率运价表”;有的是将承运的货物分为若干等级(一般分为 20 个等级),每一个等级的货物有一个基本费率,称为“等级费率表”。属于第一级的商品运费率最低,第二十级的商品运费率最高。在实际业务中,大都采用等级费率表。附加费是指对一些需要特殊处理货物,或者突然事件的发生或客观情况变化等原因而需另外加收的费用。

(1)班轮运费的计算步骤

班轮运费 = 基本运费 + 附加运费

①先按货物的英文名称在货物分级表中查出该货物属于什么等级和哪种计费标准计收运费(重量和体积等)。

②按货物的等级和计量标准,在航线费率表中查出这一货物的基本费率。

③查出该货物本身所经航线和港口的有关附加费率。

④将货物的基本费率和附加费率相加即为该货物每一运费吨的单位运价。

⑤以该货物的计费重量吨或尺码吨乘以单位运价即得该批货物总运费金额。

(2)班轮运费的计价标准

①按货物的毛重计费,毛重被称为重量吨,以重量吨(Weight Ton)为计算单位计收运费。1 重量吨为 1 公吨。按此方式计收运费时,班轮运价表中的货物名称后面均注有“W”字样。

②按货物尺码或体积(Measurement)计算,以“M”表示。如 1 立方米(约合 35.3147 立方英尺)或 40 立方英尺为一个计算单位,也称尺码吨或容积吨。

③按货物重量或尺码,选择其中收取运费较高者计算运费,以“W/M”表示。

④按货物 FOB 价收取一定的百分比作为运费,称从价运费,以“AD VALOREM”或“ad. val.”表示。这原是拉丁文,按英文是按照价值的意思(即 According to Value)。

⑤按货物重量或尺码或价值,选择其中一种收费较高者计算运费,用“W/M or ad. val.”表示。

⑥按货物重量或尺码选择其高者,再加上从价运费计算,以“W/M plus ad. val.”表示。

⑦按每件为一单位计收,如活牲畜和活动物,按“每头”(Per Head)计收;车辆有时按“每辆”(Per Unit)计收;起码运费按“每提单”(Per B/L)计收。

⑧临时议定的价格(Open Rate)。由承、托运双方临时议定的价格收取运费。一般多用于低价货物。

根据一般费率表规定:不同的商品如混装在一个包装内(集装箱除外),则全部货物按其中收费高的商品计收运费;同一种货物因包装不同而计费标准不同,但托运时如未申明具体包装形式时,全部货物均要按运价高的包装计收运费;同一提单内有两种以上不同计价标准的货物,托运时如未分列货名和数量时,计价标准和运价全部要按高者计算。这是在包装和托运时应该注意的。此外,对无商业价值的样品,凡体积不超过 0.2 立方米、重量不超过 50 公斤时,可要求船方免费运送。

在班轮运输中,常见的附加费有下列几种:

①超重附加费(Heavy - Lift Additional)。货物单件重量超过一定限度而加收的费用。

②超长附加费(long Lenth Additional)。单件货物长度超过规定长度而加收的费用。

各班轮对超重或超长货物的规定不一。我国中远公司规定每件货物达到 5 吨或 9 米以上时,加收超重或超长附加费。超重货一般以吨计收,超长货按尺码吨计收。无论是超重、超长或超大件，托运时都须注明。如船舶需转船，每转船一次，加收一次附加费。

③选卸附加费（Optional Additional）。指装货时尚不能确定卸货港，要求在预先提出的两个或两个以上港口中选择一港卸货，船方因此而加收的附加费。所选港口限定为该航次规定的挂港，并按所选港中收费最高者计算各种附加费。货主必须在船舶抵达第一选卸港前（一般规定为24小时或48小时）向船方宣布最后确定的卸货港。

④转船附加费（Transshipment Additional）。凡运往非基本港的货物，需转船运往目的港，船舶所收取的附加费，其中包括转船费（包括换装费、仓储费）和二程运费。但有的船公司不收此项附加费，而是分别另收转船费和二程运费，这样收取一、二程运费再加转船费，即通常所谓的"三道价"。

⑤直航附加费（Direct Additional）。运往非基本港的货物达到一定的数量，船公司可安排直航该港而不转船时所加收的附加费。一般直航附加费比转船附加费指低。

⑥港口附加费（Port Additional or Port Additional）。指船舶需要进入港口条件较差、装卸效率较低或港口船舶费用较高的港口及其他原因而向货方增收的附加费。

⑦港口拥挤附加费（Port Congrestion Additional）。有些港口由于拥挤，致使船舶停泊时间增加而加收的附加费。该项附加费随港口条件改善或恶化而变化。

⑧燃油附加费（Bunker Surcharge or Bunker Adjustment Factor，B. A. F）。指因燃油价格上涨而加收一绝对数或按基本运价的一定百分数加收的附加费。

⑨货币贬值附加费（Devaluation Additional or Carrency Adjustment Factor，C. A. F）。在货币贬值时，船方为保持其实际收入不致减少，按基本运价的一定百分数加收的附加费。

⑩绕航附加费（Deviation Additional）。指因战争、运河关闭、航道阻塞等原因造成正常航道受阻，必须临时绕航才能将货物送达目的港需增加的附加费。

除以上各种附加费外，还有一些附加费需船货双方议定。如洗舱费、熏舱费、破冰费、加温费等，各种附加费是对基本运价的调节和补充，可灵活地对各种外界不测因素的变化作出反应，是班轮运价的重要组成部分。

附加费的计算一般有两种规定：一是以基本运费率的百分比表示；二是用绝对数字表示，按每运费吨增收若干元。

【案例1】 某企业出口柴油机一批，总毛重为5.65公吨，总体积为10.676立方米。由青岛装船，经香港转船至苏丹港，试计算该企业应付船公司运费多少？

①查阅货物分级表：Diesel Engine：10级 W/M；

②查阅中国—香港航线费率表：10级货从青岛运至香港费率为22美元，中转费13美元；

③查阅香港 — 红海航线费率表：10级货从香港到苏丹港费率为95美元；

④查阅附加费率表：苏丹港要收港口拥挤附加费，费 率为基本运费的10%；

⑤计算：

a. W = 5.65公吨，M = 10.676立方米，M > W，因此尺码吨是运费吨

b. 总运费 = 10.676 × (22 + 13 + 95 + 95 × 10%) = 10.676 × 139.5 = 1489.302美元

【案例2】 我国大连运往某港口一批货物，计收运费标准W/M，共200箱，每箱毛重25公斤，每箱体积长49厘米，宽32厘米，高19厘米，基本运费率每运费吨60美元，特殊燃油附

加费5%,港口拥挤费为10%,试计算200箱应付多少运费?

解:a. W = 0.025 公吨,M = 0.49 × 0.32 × 0.19 = 0.03 立方米,M > W,因此尺码吨是运费吨。

b. 每箱运费 = 运费吨 × 基本费率[1 + 附加费率 = 0.03 × 60 美元 (1 + 15%)] = 2.07 美元。

c. 总运费 = 200 箱 × 2.07 美元/箱 = 414 美元。

四、租船运输

租船运输,又称租船,不定期船运输(Tramp Shipping),是区别于定期船运输(班轮运输)的另一种海上运输方式。是指租船人向船东租赁船舶用于货物运输的一种方式。租船运输指根据协议租船人向船舶所有人租赁船舶用于货物运输,并按商定运价,向船舶所有人支付运费或租金的运输方式。租船运输适用于大宗货物运输,有关航线和港口、运输货物的种类以及航行的时间等都按照承租人的要求由船舶所有人确认,租船人与出租人之间的权利义务以双方签订的租船合同确定。

1. 租船运输的特点

①租船运输是根据租船合同来组织运输的,租船合同条款由船东和租方双方共同商定,并签订租船合同。

②一般由船东与租方通过各自或共同的租船经纪人洽谈成交租船业务。

③不定航线,不定船期。船东对于船舶的航线、航行时间和货载种类等按照租船人的要求来确定,提供相应的船舶,经租船人同意进行调度安排。

④租金率或运费率是根据租船市场行情来决定。

⑤船舶营运中有关费用的支出,取决于不同的租船方式由船东和租方分担,并在合同条款中订明。例如,装卸费用条款若写明 Liner Term,则表示船东负责装卸费。

⑥租船运输适宜大宗货物运输。

⑦各种租船合同均有相应的标准合同格式。

2. 租船运输的方式

(1)定期租船(Time Charter)

定期租船又称期租船,是指由船舶所有人按照租船合同的约定,将一艘特定的船舶在约定的期间,交给承租人使用的租船。这种租船方式不以完成航次数为依据,而以约定使用的一段时间为限。在这个期限内,承租人可以利用船舶的运载能力来安排运输货物;也可以用以从事班轮运输,以补充暂时的运力不足;还可以以航次租船方式承揽第三者的货物,以取得运费收入。当然,承租人还可以在租期内将船舶转租,以谋取租金差额的收益。关于租期的长短,完全由船舶所有人和承租人根据实际需要洽商而定。

(2)定期租船的特点

①船长由船舶所有人任命,船员也由船舶所有人配备,并负担他们的工资和给养,但船长应听从承租人的指挥,否则承租人有权要求船舶所有人予以撤换。

②船舶的营运调度由承租人负责,并负担船舶的燃料费、港口费、货物装卸费、运河通行费等与营运有关的费用,而船舶所有人则负担船舶的折旧费、维修保养费、船用物料费、润滑油费、船舶保险费等船舶维持费。

③租金按船舶的载重吨、租期长短及商定的租金率计算。

④租船合同中订有关于交船和还船,以及关于停租的规定。

⑤较长期的定期租船合同中常订有"自动递增条款(Escalation clause)"以保护船舶所有人在租期中因部分费用上涨而使船舶所有人的盈利减少或发生亏损的损失。由于租金一经确定,通常在租期内不再变动,如果合同中订有"自动递增条款",在规定的费用上涨时,按约定租金即可按相应的比例提高。

3. 光船租船(Bare Boat Charter or Bareboat Charter)

光船租船又称船壳租船,净船期租船。这种租船不具有承揽运输性质,它只相当于一种财产租赁。

光船租船是指船舶所有人将船舶出租给承租人使用一定期限,但船舶所有人提供的是空船,承租人要自己任命船长、配备船员并负责船员的给养和船舶经营管理所需的一切费用。也就是说,船舶所有人在租期内除了收取租金外,不再承担任何责任和费用。因此,一些不愿经营船舶运输业务,或者缺乏经营管理船舶经验的船的所有人也可将自己的船舶以光船租船的方式出租,虽然这样的利润不高,但船舶所有人可以取得固定的租金收入。光船租船合同是财产租赁合同而不是海上运输合同。

4. 定程租船

(1)定义

定程租船又称程租船或航次租船,它是根据船舶完成一定航程(航次)来租赁的,租船市场上最活跃,且对运费水平的波动最为敏感的一种租船方式。一般可分为:按单航次、来回航次、连续单航次和连续来回航次等方式租赁船舶。在国际现货市场上成交的绝大多数货物(主要包括液体散货和干散货两大类)都是通过航次租船方式运输的。程租船的"租期"取决于航次运输任务是否完成,由于航次租船并不规定完成一个航次或几个航次所需的时间,因此舶船所有人对完成一个航次所需的时间是最为关心的,他特别希望缩短船舶在港停泊时间。而承租人与船舶所有人对船舶的装卸速度又是对立的,所以在签订租船合同时,承租双方还需约定船舶的装卸速度以及装卸时间的计算办法,并相应地规定延滞费和速遣费率的标准和计算方法。

(2)定程租船的特点

无固定航线、固定装卸港口和固定航行船期,而是根据租船人(货主)的需要和船东的可能,经双方协商,在程租船合同中规定;程租船合同需规定装卸率和滞期、速遣费条款;运价受租船市场供需情况的影响较大,租船人和船东双方的其他权利、义务一并在程租船合同中规定。定程租船以运输货值较低的粮食、煤炭、木材、矿石等大宗货物为主。

(3)定程租船分类

①单程租船,也称单航次租船(Single Voyage Charter)。即所租船舶只装运一个航次,航程结束时租船合同即告终止。

②来回程租船(Round Tirp Charter)。这是租船合同规定在完成一个航次任务后接着再装运一个回程货载的运输形式。

③连续单程租船(Consecutive Trip Charter)。这一运输形式要求在同一去向的航线上连续完成若干个单航次运输。它的特点是完成若干个连续的航次,不能中断;船舶必须是一程运货,一程空放,船东不能利用空船揽载其他货物,一般航程较近。

④包运合同租船(Contract of Affreightment),船东在约定的期限内,派若干条船,将规定的一批货物,按照同样的租船条件,由甲地包运到乙地,至于航程次数则不作具体规定。

5. 定程租船与定期租船的区别

(1)租船方式不同

定程租船以船舶航程为租用对象;而定期租船以船舶租用期限为租用对象。

(2)租金计算不同

定程租船按装运货物的吨数计算租金,租金可直接表现出货物运输成本;而定期租船是按月以每一载重吨或按每日租金额计算租金,租金不能表现为货物运输成本。

(3)费用负担不同

定程租船人只负担运费、滞期费等几项费用,其他大部分费用如航线所需的燃料费、港口费用及港口代理费等均由船东负担,而定期租船租东只负担船舶营运费,其他大部分费用如航行所需燃料费、供水及港口税、港口费用、装卸费、平舱费和理舱费等均由租船人负担。

(4)船舶调度权不同

定程租船由船东掌握船舶的调度权,所以适用于货物单一、装卸港较少的大宗货物运输;而定期租船由租船人掌握船舶的调度权,租给人可按需要选择任何航线、挂靠任何港口。

(5)船舶技术管理不同

定程租船的船舶管理和技术工作均由船东负责;而定期租船租船人要全面了解和掌握舰艇性能和基本技术知识、掌握船舶动态、加油、审查航海日记和机房日记。

第二节　海运提单

海运提单是一种运输单据。运输单据的种类很多,包括海运提单(Ocean Bill of Lading)、海运单(Sea Waybill)、航空运单(Air Waybill)、铁路运单(Rail Waybill)、货物承运收据(Cargo Receipt)和多式联运单据(MTD)等。

一、海运提单的定义

海运提单(以下简称"提单")是在海上运输(主要是班轮运输)方式下,由承运人、船长或其代理人签发的确认已经收到(或已装船)某种货物,并且承诺将其运到指定地点交与提单持有人的一种具有法律效力的证明文件。

船方或代理人在收到其承运的货物时签发给托运人的货物收据,它是承运人与托运人之间的运输契约的证明。提单的份数都是根据客户的要求来的,一般都是3正3副,出具多份正本提单,主要是为了防止提单在流通、邮寄等过程中遗失。每份正本提单具有同等效力,一份正本提单提货后,其他正本自动失效;副本提单主要是在日常业务中用到,不具备法律效力。

二、海运提单的特点

海运提单是贸易不可缺少的重要单据,它是承运人与托运人之间权利与义务的合同证明,也是表明卖方完成交货义务的证明。

1. 货物收据

提单是承运人收到货时发给托运人的收据,确认承运人已收到提单所列货物并已装船,或者承运人已接管了货物,已代装船,是托运人与承运人的运输契约证明。承运人之所以为托运人承运有关货物,是因为承运人和托运人之间存在一定的权利义务关系,双方权利义务关系以提单作为运输契约的凭证。

2. 物权凭证

提单是一种货物所有权的凭证。谁持有提单,谁就有权要求承运人交付货物,并且享有占有和处理货物的权利,提单代表了其所载明的货物。提单的合法持有人凭提单可在目的港向轮船公司提取货物,也可以在载货船舶到达目的港之前,通过背书转让提单而转移货物所有权,或凭此向银行办理押汇货款。

3. 海上货物运输合同的证明

提单是托运人与承运人之间所订立的运输契约的证明。在班轮运输的条件下,它是处理承运人与托运人在运输中产生争议的依据;包租船运输的条件下,承运人或其代理人签发的提单也是运输契约的证明。这种运输的契约是租船合同(Charter Party),它是处理承运人(船东)与租船人在运输中的权利义务的依据。

三、海运提单的内容

1. 提单的正面

必须注明“提单”(Marine/Ocean Bill of Lading)字样,提单正面应记载以下各项,可参考课后提单样例图。

①提单的号码(B/L. NO. ______):承运人或其代理人按承运人接受托运货物的先后次序或按舱位入货的位置编排的号码,一般列在提单右上角,以便于工作联系和查核。发货人向收货人发送装船通知(Shipment Advice)时,也要列明船名和提单号码。

②托运人的名称及地址,此栏填写出口商或信用证没有特殊规定时应填写信用证受益人的名称和地址,如果信用证要求以第三者为托运人必须按信用证的要求予以缮制。

③承运人的名称和地址,收货人及托运人可凭这一栏信息跟踪货物的进程。

④收货人或指示(Consignee or Order)的名称:收货人的指定关系到提单能否转让,以及货物的归属问题,收货人的名称必须按信用证的规定填写。

⑤通知人及地址(Notify Address):这是船公司在货物到达目的港时发送到货通知的收件人,有时即为进口人。在信用证项下的提单,一般为信用证的申请人,如信用证上对提单被通知人有权具体规定时,则必须严格按信用证要求填写。如果是记名提单或收货人指示提单,且收货人又有详细地址的,则此栏可以不填。如果是空白指示提单或托运人指示提单则此栏必须填列被通知人名称及详细地址,否则船方就无法与收货人联系,收货人也不能及时报关提货,甚至会因超过海关规定申报时间被没收。

⑥海运船只(Ocean Vessel):本栏按实际情况填写承担本次运输货物的船舶的名称和航次。

⑦装货港(Port of Lading):本栏填写货物的实际装船的港口名称,即启运港。

⑧卸货港(Port of Discharge):本栏填写海运承运人终止承运责任的港口名称,即货物实际卸下的港口名称。如属转船,第一程提单上的卸货港填转船港,收货人填第二程船公司;第二程提单装货港填上述转船港,卸货港填最后目的港,如由第一程船公司出联运提单,则卸货港即可填最后目的港,提单上列明第一和第二程船名。在运用集装箱运输方式时,使用“联合运

输提单“(Combined Transport B/L),提单上除列明装货港、卸货港外,还要列明“收货地”(Place of Receipt),“交货地”(Place of Delivery)以及“第一程运输工具“(PRE - CARRIAGE BY)、“海运船名和航次”(Ocean Vessel,Voy No)。填写卸货港,还要注意同名港口问题,如属选择港提单,就要在这栏中注明。

⑨标志和号码(Marks and Nos):又称唛头,是提单与货物联系的主要纽带,是收货人提货的重要依据,必须按信用证或合同的规定填写。如无唛头规定时可注 Marks"(N/M)。

⑩包装种类和件数,货名(Number and Kind of Packages, Description of Goods):此栏按货物是散装货、裸装货和包装货的实际情况填写。

⑪毛重和尺码(Gross Weight and Measurement):此栏填写货物的毛重总数和体积总数。

⑫运费和其他费用(Freight and Charges):此栏填写运费及额外的附加费用。

⑬运费支付地点(Freight Payable at):此栏按信用证的规定填写。

⑭签单地点和日期(Place and Date of Issue):提单签发地为装运港所在城市的名称,签发日 期为货物交付承运人或装船完毕的日期。

⑮正本提单份数(Number of Original B/Ls):正本提单签发的份数必须符合信用证规定的份数。

⑯代表承运人签字(Signed for or on behalf or the Carrier):提单必须由船长或承运人或 其代理人签字盖章。

2. 提单背面

提单背面印定的条款规定了承运人与货方之间的权利、义务和责任豁免,是双方当事人处理争议时的主要法律依据,在全式(Long Term)正本提单的背面,列有许多条款,其中主要有:

①定义条款(Definition Clause)——主要对“承运人”“托运人”等关系人加以限定。“承运人”包括与托运人定有运输合同的船舶所有人,“托运人”包括提货人、收货人、提单持有人和货物所有人。

②管辖权条款(Jurisdiction Clause)——指出当提单发生争执时,按照法律,某法院有审理和解决案件的权利。

③责任期限条款(Duration of Liabillity)——规定承运人对货物灭失或损害承担赔偿责任的期间的条款。一般海运提单规定承运人的责任期限从货物装上船舶起至卸离船舶为止。集装箱提单则从承运人接受货物至交付指定收货人为止。

④包装和标志(Packages and Marks)——要求托运人对货物提供妥善包装和正确清晰的标志。如因标志不清或包装不良所产生的一切费用由货方负责。

⑤运费和其他费用(Freight and Other Charges)——运费规定为预付的,应在装船时一并支付,到付的应在交货时一并支付。当船舶和货物遭受任何灭失或损失时,运费仍应照付,否则,承运人可对货物及单证行使留置权。

⑥自由转船条款(Transhipment Clause)——承运人虽签发了直达提单,但由于客观需要仍可自由转船,并不须经托运人的同意。转船费由承运人负担,但风险由托运人承担,而承运人的责任也仅限于其本身经营的船舶所完成的那段运输。

⑦错误申报(Inaccuracy in Particulars Furnished by Shipper)——承运人有权在装运港和目的港查核托运人申报的货物数量、重量、尺码与内容,如发现与实际不符,承运人可收取运费罚款。

⑧承运人责任限额(Limit of Liability)——规定承运人对货物灭失或损坏所造成的损失所负的赔偿限额,即每一件或每计算单位货物赔偿金额最多不超过若干金额。

⑨共同海损(General Average - G. A.)——规定若发生共同海损,按照什么规则理赔。国际上一般采用《1974 年越克 - 安特卫普规则》理赔。在中国,一些提单常规定按照 1975 年《北京理算规则》理赔。

四、海运提单的种类

海运提单依据的标准不同分类也不同:

1. 根据货物是否已经装船提单分为已装船提单与备运提单

(1)已装船提单

已装船提单是指货物装船后由承运人或其授权代理人根据大副收据签发给托运人的提单。如果承运人签发了已装船提单,就是确认他已将货物装在船上。这种提单除载明一般事项外,通常还必须注明装载货物的船舶名称和装船日期,即是提单项下货物的装船日期。

由于已装船提单对于收货人及时收到货物有保障,所以在国际货物买卖合同中一般都要求卖方提供已装船提单。根据国际商会 1990 年修订的《国际贸易术语解释通则》的规定,凡以 CIF 或 CFR 条件成立的货物买卖合同,卖方应提供已装船提单。在以跟单信用证为付款方式的国际贸易中,更是要求卖方必须提供已装船提单。国际商会 1993 年重新修订的《跟单信用证统一惯例》规定,如信用证要求海运提单作为运输单据时,银行将接受注明货物已装船或已装指定船只的提单。

(2)备运提单

它是承运人在收到托运人交来的货物但还没有装船时,应托运人的要求而签发的提单。签发这种提单时,说明承运人确认货物已交由承运人保管并存在其所控制的仓库或场地,但还未装船。所以,这种提单未载明所装船名和装船时间,在跟单信用证支付方式下,银行一般都不肯接受这种提单。但当货物装船,承运人在这种提单上加注装运船名和装船日期并签字盖章后,备运提单即成为已装船提单。同样,托运人也可以用备运提单向承运人换取已装船提单。

这种备运提单于 19 世纪晚期首先出现于美国,其优点在于:对托运人来说,他可以在货物交承运人保管之后至装船前的期间,尽快地从承运人手中取得可转让提单,以便融通资金,加速交易进程。而对于承运人来说,则有利于招揽生意、拓宽货源。

但这种提单同时也存在一定的缺陷:

①因备运提单没有装船日期,很可能因到货不及时而使货主遭受损失;

②备运提单上没有明确的装货船名,致使提单持有人在承运人违约时难以向法院申请扣押船;

③备运提单签发后和货物装船前发生的货损、货差由谁承担也是提单所适用的法律和提单条款本身通常不能明确规定的问题,实践中引起的责任纠纷也难以解决。

基于上述原因,在贸易实践中,买方一般不愿意接受这种提单。

随着集装箱运输的发展,承运人在内陆收货越来越多,而货运站不能签发已装船提单,货物装入集装箱后没有特殊情况,一般货物质量不会受到影响。港口收到集装箱货物后,向托运人签发"场站收据",托运人可持"场站收据"向海上承运人换取"备运提单",这里的备运提单实质上是“收货备运提单”。由于在集装箱运输中，承运人的责任期间已向两端延伸，所以根据《联合国国际货物多式联运公约》和《跟单信用证统一惯例》的规定，在集装箱运输中银行还是可以接受以这种提单办理货款的结汇的。

中国《海商法》第七十四条规定：“货物装船前，承运人已经应托运人的要求签发收货备运提单或者其他单证的，货物装船完毕，托运人可以将收货备运提单或者其他单证退还承运人，以换取已装船提单，承运人也可以在收货备运提单上加注承运船舶的船名和装船日期，加注后的收货备运提单视为已装船提单。”

由此可见，从承运人的责任来讲，集装箱的“收货备运提单”与“已装船提单”是相同的。因为集装箱货物的责任期间是从港口收货时开始的，与非集装箱装运货物从装船时开始不同。跟单信用证惯例也允许接受集装箱的“收货备运”提单。但是在国际贸易的信用证仍往往规定海运提单必须是“已装船提单”，使开证者放心。

【案例3】 2001年3月，国内某公司（以下简称甲方）与加拿大某公司（以下简称乙方）签定一设备引进合同。根据合同，甲方于2001年4月30日开立以乙方为受益人的不可撤消的即期信用证。信用证中要求乙方在交单时，提供全套已装船清洁提单。2001年6月12日，甲方收到开证银行进口信用证付款通知书。甲方业务人员审核议付单据后发现乙方提交的提单存在以下疑点：

①提单签署日期早于装船日期。

②提单中没有已装船字样。

根据以上疑点，甲方断定该提单为备运提单，并采取以下措施：

①向开证银行提出单据不符点，并拒付货款。

②向有关司法机关提出诈骗立案请求。

③查询有关船运信息，确定货物是否已装船发运。

④向乙方发出书面通知，提出甲方疑意并要求对方做出书面解释。

乙方公司在收到甲方通知及开证银行的拒付函后，知道了事情的严重性并向甲方做出书面解释并片面强调船务公司方面的责任。在此情况下，甲方公司再次发函表明立场，并指出，由于乙方原因，设备未按合同规定期限到港并安排调试已严重违反合同并给甲方造成了不可估量的实际损失，要求乙方及时派人来协商解决问题，否则，甲方将采取必要的法律手段解决双方的纠纷。乙方遂于2001年7月派人来中国。在甲方出具了充分的证据后，乙方承认该批货物由于种种原因并未按合同规定时间装运，同时承认了其所提交的提单为备运提单。最终，经双方协商，乙方同意在总货款12.5万美元的基础上降价4万美元并提供3年免费维修服务作为赔偿并同意取消信用证，付款方式改为货到目的港后以电汇方式支付。

【分析】 本案例的焦点在于乙方提交银行的议付单据中提单不符合信用证规定的已装船清洁提单的要求。由于乙方按实际业务操作已经不可能在信用证规定的时间内向信用证议付行提交符合要求的单据，便心存侥幸以备运提单代替正式已装船清洁提单作为议付单据。岂不知这种做法不仅违反了合同的有关要求而且已经构成了诈骗，其行为人不仅要负民事方面的责任还要负刑事责任。

2. 按提单上有无批注划分

(1)清洁提单(Clean B/L)

在装船时,货物外表状况良好,承运人在签发提单时,未在提单上加注任何有关货物残损、包装不良的件数、重量和体积,或其他妨碍结汇的批注的提单称为清洁提单。

使用清洁提单在国际贸易实践中非常重要,买方要想收到完好无损的货物,首先必须要求卖方在装船时保持货物外观良好,并要求卖方提供清洁提单。根据国际商会《跟单信用证统一惯例》第三十四条规定:"清洁运输单据是指货运单据上并无明显的声明货物及/或包装有缺陷的附加条文或批注者;银行对有该类附加条文或批注的运输单据,除信用证明确规定接受外,当拒绝接受。"可见,在以跟单信用证为付款方式的贸易中,通常卖方只有向银行提交清洁提单才能取得货款。清洁提单是收货人转让提单时必须具备的条件,同时也是履行货物买卖合同规定的交货义务的必要条件。

中国《海商法》第七十六条规定:"承运人或者代其签发提单的人未在提单上批注货物表面状况的,视为货物的表面状况良好。"

由此可见,清洁提单是保证卖方交货时货物表面状况良好的依据,同时也约束承运人能够妥善保管承运货物,因为承运人一旦签发了清洁提单,货物在卸货港卸下后,如发现有残损,除非是由于承运人可以免责的原因所致,承运人必须负责赔偿。

(2)不清洁提单(Unclean B/L or Foul B/L)

在货物装船时,承运人若发现货物包装不牢、破残、渗漏、玷污、标志不清等现象时,大副将在收货单上对此加以批注,并将此批注转移到提单上,这种提单称为不清洁提单,中国《海商法》第七十五条规定:"承运人或者代其签发提单的人,知道或者有合理的根据怀疑提单记载的货物品名、标志、包数或者件数、重量或者体积与实际接收的货物不符,在签发已装船提单的情况下怀疑与已装船的货物不符,或者没有适当的方法核对提单记载的,可以在提单上批注,说明不符之处、怀疑的根据或者说明无法核对。"

实践中承运人接受货物时,如果货物外表状况不良,一般先在大副收据上作出记载,在正式签发提单时,再把这种记载转移到提单上。在国际贸易的实践中,银行是拒绝出口商以不清洁提单办理结汇的。为此,托运人应把损坏或外表状况有缺陷的货物进行修补或更换。

【案例4】 1997年4月,我国T公司向荷兰M公司出售一批纸箱装货物,以FOB条件成交,目的港为鹿特丹港,由M公司租用H远洋运输公司的货轮承运该批货物。同年5月15日,该合同货物在青岛港装船。当船方接收货物时,发现其中有28箱货外表有不同程度的破碎,于是大副在收货单上批注"该货有28箱货外表破碎"。当船方签发提单,欲将该批注转提单时,卖方T公司反复向船方解释说买方是老客户,不会因一点包装问题提出索赔,要求船方不要转注收货单上的批注,同时向船方出具了下列保函:"若收货人因包装破碎、货物受损为由向承运人索赔时,由我方承担责任。"船方接受了上述保函,签发了清洁提单。该货船启航后不久,接到买方M公司的指示,要求其将卸货港改为法国的马赛港,收货人变更为法国的F公司。经过一个多月的航行载货船到达马赛港,船舶卸货时法国收货人F公司发现该批货物有40多箱包装严重破碎,内部货物不同程度受损,于是以货物与清洁提单不符为由,向承运人提出索赔。后经裁定,向法国收货人赔偿20多万美元。此后,承运人凭保函向卖方T公司要求偿还该20多万美元的损失,但T公司以装船时仅有28箱包破碎为由,拒绝偿还其他的十几箱的损失。于是承运人与卖方之间又发生了争执 。

【分析】 这是一个典型的托运人(卖方)与承运人一起隐瞒装船货物不清洁的事实,承运人凭保函发清洁提单的案件。承运人提单上对货物的不良包装加以批注,从而导致丧失了公约或法律赋予的可能免除责任的权利;也没有履行其应尽的义务,对本该加批注的不作任何批注。这不仅造成对收货人的损害,使受蒙蔽的买方持付款赎回不洁货物,同时也给承运人自己带来了风险。卖方在货物装船时就提供了一部分包装破碎的货物,这本身就是一种违约行为;不仅如此,还同承运人一起隐瞒事实真相,从而构成对买方的欺骗。如果买方获悉这一真相后,不仅可以起诉承运人,还可以卖方严重违约甚至以欺诈为由提出终止买卖合同,要求退回货款,同时要求卖方给予损害赔偿。因此,以保函换清洁提单的做法实不可取。

习惯上的变通办法是由托运人出具保函,要求承运人不要将大副收据上所作的有关货物外表状况不良的批注转批到提单上,而根据保函签发清洁提单,以使出口商能顺利完成结汇。但是,承运人因未将大副收据上的批注转移提单上,承运人可能承担对收货人的赔偿责任,承运人因此遭受损失,应由托运人赔偿。那么,托运人是否能够赔偿? 在向托运人追偿时,往往难以得到法律的保护,而承担很大的风险。承运人与收货人之间的权利义务是提单条款规定的,而不是保函保证的。所以,承运人不能凭保函拒赔,保函对收货人是无效的,如果承、托双方的做法损害了第三者收货人的利益,有违民事活动的诚实信用的基本原则。

由于保函换取提单的做法,有时确实能起到变通的作用,故在实践中难以完全拒绝。中国最高人民法院在《关于保函是否具有法律效力问题的批复》中指出:“海上货物运输的托运人为换取清洁提单而向承运人出具的保函,对收货人不具有约束力。不论保函如何约定,都不影响收货人向承运人或托运人索赔;对托运人和承运人出于善意而由一方出具另一方接受的保函,双方均有履行之义务。”承运人应当清楚自己在接受保函后所处的地位,切不可掉以轻心。

3. 按提单收货人的抬头分类

(1)记名提单(Straight B/L)

记名提单又称收货人抬头提单,是指提单上的收货人栏中具体填写收货人名称的提单。提单所记载的货物只能由提单上特定的收货人提取,或者说承运人在卸货港只能把货物交给提单上所指定的收货人。即使该提单非收货人凭提单收货,承运人也不能将货物交给提单指定的以外的人。否则承运人要付负责。《海商法》第七十九条规定:“记名提单不得转让。”这种提单虽然可以避免提单遗失的风险,但是提单不可转让流通,所以在国际贸易中较少使用。一般认为:由于记名提单不能通过背书转让,因此从国际贸易的角度看,记名提单不具有物权凭证的性质。

使用记名提单,如果货物的交付不涉及贸易合同下的义务,则可不通过银行而由托运人将其邮寄收货人,或由船长随船带交。这样,提单就可以及时送达收货人,而不致延误。因此,记名提单一般只适用于运输展览品或贵重物品,特别是短途运输中使用较有优势。

(2)不记名提单(Bearer B/L, or Open B/L, or Blank B/L)

提单上收货人一栏内没有指明任何收货人,而注明“提单持有人”(Bearer)字样或将这一栏空白,不填写任何人的名称的提单。这种提单不需要任何背书手续即可转让并提取货物。谁持有提单,谁就可以提货,承运人交付货物只凭单,不凭人。这种提单丢失或被窃的风险极大,故国际上较少使用这种提单。另外,根据有些班轮公会的规定,凡使用不记名提单,在给大副的提单副本中必须注明卸货港通知人的名称和地址。

(3)指示提单(Order B/L)

在提单正面“收货人”一栏内填上“凭指示”(To order)或“凭某人指示”(To order of……)字样的提单。这种提单按照表示指示人的方法不同,指示提单又分为托运人指示提单、记名指示人提单和选择指示人提单。如果在收货人栏内只填写“指示”字样,则称为托运人指示提单。这种提单在托运人未指定收货人或受让人之前,货物所有权仍属于卖方,在跟单信用证支付方式下,托运人就是以议付银行或收货人为受让人,通过转让提单而取得议付货款的。如果收货人栏内填写“某某指示”,则称为记名指示提单,如果在收货人栏内填写“某某或指示”,则称为选择指示人提单。记名指示提单或选择指示人提单中指名的“某某”既可以是银行的名称,也可以是托运人。

指示提单是一种可转让提单。提单的持有人可以通过背书的方式把它转让给第三者,而不须经过承运人认可,所以这种提单为买方所欢迎。指示提单在国际海运业务中使用较广泛。

指示提单可以通过背书转让,适应了正常贸易需要,所以在实践中被广泛应用。背书分为记名背书(SpeciaL Endorsement)和空白背书(Endorsement in Blank):前者是指背书人(指示人)在提单背面写上被背书人的名称,并由背书人签名;后者是指背书人在提单背面不写明被背书人的名称。在记名背书的场合,承运人应将货物交给被背书人。反之,则只需将货物交给提单持有人。

4.根据运输方式不同划分

(1)直达提单(Direct B/L)

直达提单,又称直运提单,是指货物从装货港装船后,中途不经转船,直接运至目的港卸船交与收货人的提单。直达提单上不得有“转船”或“在某港转船”的批注。凡信用证规定不准转船者,必须使用这种直达提单。使用直达提单,货物由同一船舶直运目的港,对买方来说比中途转船有利得多,它既可以节省费用、减少风险,又可以节省时间、及早到货。因此,通常买方只有在无直达船时才同意转船。在贸易实务中,如信用证规定不准转船,则买方必须取得直达提单才能结汇。

(2)转船提单(Transhipment B/L)

转船提单是指货物从起运港装载的船舶不直接驶往目的港,需要在中途港口换装其他船舶转运至目的港卸货,承运人签发这种提单称为转船提单。在提单上注明“转运”或在“某某港转船”字样,转船提单往往由第一程船的承运人签发。由于货物中途转船,增加了转船费用和风险,并影响到货时间,故一般信用证内均规定不允许转船,但直达船少或没有直达船的港口,买方也只好同意可以转船。

按照海牙规则,如船舶不能直达货物目的港,非中转不可,一定要事先征得托运人同意。船舶承运转船货物,主要是为了扩大营业、获取运费。转运的货物,一般均属零星杂货,如果是大宗货物,托运人可以租船直航目的港,也就不发生转船问题。转运货物船方的责任可分下列3种情况:

①第一航程与第二航程的承运人对货物的责任各自负责,互不牵连;

②第一航程的承运人在货物转运后承担费用,但不负责任;

③第一航程的承运人对货物负责到底。

上述 3 项不同责任，须根据转运的过程和措施不同而定。

(3)联运提单(Through B/L)

联运提单是指货物运输需经两种或两种以上的运输方式来完成，如海陆、海空或海海等联合运输所使用的提单。联运的范围超过了海上运输界限，货物由船舶运送经水域运到一个港口，再经其他运输工具将货物送至目的港，先海运后陆运或空运，或者先空运、陆运后海运。当船舶承运由陆路或飞机运来的货物继续运至目的港时，货方一般选择使用船方所签发的联运提单。

(4)多式联运提单(MultimodaL Transport B/L or Intermodal Transport B/L)

这种提单主要用于集装箱运输。是指一批货物需要经过两种以上不同运输方式，其中一种是海上运输方式，由一个承运人负责全程运输，将货物从接收地运至目的地交付收货人，并收取全程运费所签发的提单。提单内的项目不仅包括起运港和目的港，而且列明不同路程的运输路线，以及收货地和交货地。

第三节　其他运输方式

国际贸易运输其他的运输方式有铁路运输、公路运输、航空运输、集装箱运输等。

一、铁路运输

在国际货物运输中，铁路运输(Rail Transport)是一种仅次于海洋运输的主要运输方式，海洋运输的进出口货物也大多是靠铁路进行货物的集中和分散的。

铁路运输可分为国际铁路货物联运和国内铁路货物联运两种。

1. 国际铁路货物联运

凡是使用一份统一的国际联运票据，用铁路负责经过两国或两国以上铁路的全程运送，并由一国铁路向另一国移交货物时，不需要发货人和收货人参加，这种运输称为国际铁路货物联运。如近年来，由我国连云港至荷兰鹿特丹的新亚欧大陆桥的国际铁路联运业务。

2. 国内铁路联运

国内铁路联运是指仅在本国范围内按《国内铁路货物运输规程》的规定办理的货物运输。我国出口货物经铁路运至港口装船及进口货物卸船后经铁路运往各地，均属国内铁路运输的范畴。

(1)铁路运输的优点

①运输能力大，这使它适合于大批量低价值产品的长距离运输；

②单车装载量大，加上有多种类型的车辆，使它几乎能承运任何商品，几乎可以不受重量和容积的限制；

③车速较高，平均车速在五种基本运输方式中排在第二位，仅次于航空运输；

④铁路运输受气候和自然条件影响较小，在运输的经常性方面占优势；

⑤可以方便地实现驮背运输、集装箱运输及多式联运。

(2)铁路运输的缺点

①铁路线路是专用的，固定成本很高，原始投资较大，建设周期较长；

②铁路按列车组织运行，在运输过程中需要有列车的编组、解挂和中转改编等作业环节，

占用时间较长，因而增加了货物在途中的时间；

③铁路运输中的货损率较高，而且由于装卸次数多，货物损毁或丢失事故通常比其他运输方式多；

④不能实现“门对门”的运输，通常要依靠其他运输方式配合，才能完成运输任务，除非托运人和收货人均处于连通的铁路沿线

二、航空运输

航空运输（Air Transport）是一种现代化的运输方式，它与海洋运输、铁路运输相比，具有运输速度较快、货运质量高、且不受地面条件的限制等优点。因此，它最适宜运送急需物资、鲜活商品、精密仪器和贵重物品。

三、公路运输

公路运输是19世纪末随着现代汽车的诞生而产生的。初期主要承担短途运输业务。第一次世界大战结束后，基于汽车工业的发展和公路里程的增加，公路运输走向发展的阶段，不仅是短途运输的主力，并进入长途运输的领域。第二次世界大战结束后，公路运输发展迅速。欧洲许多国家以及美国、日本等国已建成比较发达的公路网，汽车工业又提供了雄厚的物质基础，促使公路运输在运输业中跃至主导地位。发达国家公路运输完成的客货周转量占各种运输方式总周转量的90%左右。

目前公路运输在国际货物运输中是不可缺少的一个重要组成部分，具有机动灵活、简捷方便、应急性强、投资少、收效快等优点，适应集装箱货运方式发展，但同时有载量小、运行中震动大易造成货损事故、费用成本高等缺点。

四、集装箱运输

集装箱是一种有一定强度和钢度能长期反复使用，外形像箱子，可以集装成组货物而专供周转使用并便于机械操作和运输的大型货物容器。集装箱运输就是以集装箱作为运输单位进行货物运输的一种先进的现代化运输方式。

集装箱运输具有如下特点：①在全程运输中，可以将集装箱从一种运输工具直接方便地换装到另一种运输工具，而无须接触或移动箱内所装货物；②货物从发货人的工厂或仓库装箱后，可经由海陆空不同运输方式一直运至收货人的工厂或仓库，实现“门到门”运输而中途无须开箱倒载和检验；③集装箱由专门设备的运输工具装运，装卸快，效率高，质量有保证；④一般由一个承运人负责全程运输。其优越性是：①提高装卸效率，加速车船周转；②提高运输质量，减少货损货差；③便于货物运输，简化货运手续，加快货运速度，缩短货运时间；④节省包装用料，减少运杂费，节省装卸费用，减少营运费用，降低运输成本；⑤节约劳动力，改善劳动条件；⑥节约仓容，压缩库存量，加速资金周转。

五、国际多式联运

1. 国际多式联运的概念

国际多式联运（International Multimodal Transport 或 International Combined Transport，美国

称为 International Intermodal Transport)是在集装箱运输的基础上产生和发展起来的一种综合性的连贯运输方式,它一般是以集装箱为媒介,把海、陆、空各种传统的单一运输方式有机的结合起来,组成一种国际间的连贯运输。《联合国国际货物多式联运公约》对国际多式联运所下的定义是:“国际多式联运是指按照多式联运合同,以至少两种不同的运输方式,由多式联运经营人把货物从一国境内接运货物的地点运至另一国境内指定交货的地点。”

货运“提单”样例如下。

<table>
<tr><td colspan="2">托运人
Shipper</td><td colspan="4" rowspan="3">中国对外贸易运输总公司
CHINA NATIONAL FOREIGN TRADE TRANSPORTATION CORP

直运或转船提单
DIRECT OR WITH TRANSSHIPMENT</td></tr>
<tr><td colspan="2">收货人或提示
Consignee or order</td></tr>
<tr><td colspan="2">通知地址
Notify address</td></tr>
<tr><td></td><td>转运港
Port of transshipment</td><td colspan="4" rowspan="3">Cable　Telex
SINOTRANS BEIJING
Guangzhou 44464 Cgtrs CN　Huangpu 44797 Tcahp CN
Shanghai 33040 Cnccs CN　Foshan 44775 Fatrs CN
Qingdao 32134 Chtqd CN　Zhanjiang 45237 CN
Tianjin 23141 Tjftt CN　Shantou 45404 Cnccs CN
Dalian PG 165 Cnccd CN　Yantai 32603 Cftyt CN
Xiamen 93011 Xmftb CN　Jiangsu 34003 Njfft CN
Fuzhou 92129 Cftf CN　Ningbo 37034 Ntran CN</td></tr>
<tr><td>船名
Vessel</td><td>装货港
Port of loading</td></tr>
<tr><td>卸货港
Port of discharge</td><td>最后目的地
Final destination</td></tr>
<tr><td rowspan="2">标志和号码
Marks and Nos</td><td>件数和包装种类
Number and kind of packages</td><td>货名
Description of Goods</td><td>毛重（公斤）
Gross weight (kgs)</td><td colspan="2">尺码（立方米）
Measurement(m³)</td></tr>
<tr><td colspan="5">以上细目由托运人提供
ABOVE PARTICULARS FURNISHED BY SHIPPER</td></tr>
<tr><td colspan="2" rowspan="3">运费和费用
Freigh and charges</td><td colspan="4">SHIPPED on board in apparent good order and condition (unless otherwise indicated)the goods or packages specified herein and to be discharged at the mentioned port of discharge or as near thereto as the vessel may safely get and be always afoat.
The weight measure .marks and numbers .quality contents and value being particulars furnished by the Shipper are not checked by the Carrier on boarding
The Shipper. Consignee and the Holder of this Bill of loading hereby expressly accept and agree to all printed. written or stamped provisions .exceptions and conditions of this Bill of loading including those on the back hereof.
IN WITNESS whereof the number of original Bills of Loading stated below have been signed .one of which being accomplished .the other(s)to be void.</td></tr>
<tr><td colspan="2">运费支付地
Freight payable at</td><td colspan="2">正本提单份数
Number of original Bs/L</td></tr>
<tr><td colspan="2">货单地点和日期
Place and the ofissue</td><td colspan="2">代表船长签字
Signed for or on behalf of the Master
代理
as Agent</td></tr>
</table>

2. 构成多式联运应具备的条件

①有一个多式联运合同，合同中明确规定多式联运经营人和托运人之间的权利、义务、责任和豁免。

②必须是国际间两种或两种以上不同运输方式的连贯运输。

③使用一份包括全程的多式联运单据，并由多式联运经营人对全程运输负总的责任。

④必须是全程单一运费率，其中包括全程各段运费的总和、经营管理费用和合理利润。

3. 国际多式联运的优点

开展国际多式联运是实现"门到门"运输的有效途径，它简化了手续，减少了中间环节，加快了货运速度，降低了运输成本，并提高了货运质量。

4. 开展国际多式联运应注意的事项

①要考虑货价和货物性质是否适宜装集装箱。

②要注意装运港和目的港有无集装箱航线、有无装卸及搬运集装箱的机械

③设备、铁路、公路沿途桥梁、隧道、涵洞的负荷能力如何。

④装箱点和起运点能否办理海关手续。

♨ 课后习题 ♨

一、案例分析

1. 出口某商品10公吨，箱装，每箱毛重25公斤，体积20厘米×30厘米×40厘米，查表知该货为8级，计费标准为W/M，每吨运费80美元，另征收转船附加费20%，燃油附加费10%，计算该批商品的运费。

2. 出口箱装货物共100箱，报价为每箱4 000美元FOB上海，基本费率为每吨26美元或从价费率1.5%，以W/M or Ad Val选择法计算，每箱体积为1.4米×1.3米×1.1米，毛重为每箱2公吨，并加收燃油附加费10%，货币贬值附加费20%，转船附加费40%，求总运费。

3. 我国大连运往某港口一批货物，计收运费标准W/M，共200箱，每箱毛重25公斤，每箱体积为长49厘米×宽32厘米×高19厘米，基本运费率每吨60美元，燃油附加费5%，港口拥挤费为10%，试计算200箱应付多少运费？

3. 国内服装公司A与国外贸易商B公司签订了面料进口合同，采用CIF术语成交，如果采用信用证之外的付款方式，问：谁来办理运输？A公司在合同中对于提单有何要求？

二、简答题

1. 海运提单的作用。

2. 班轮运输的特点。

3. 谈一下国际贸易运输的发展趋势。

第五章　国际海洋运输货物保险

在国际贸易中由于货运路途遥远,周期长、风险大,所以货运保险是贸易实务中一项重要的内容。国际货运保险是以对外贸易货物运输过程中的各种货物作为保险标的的保险。外贸货物的运送有海运、陆运、空运以及通过邮政送递等多种途径。国际货物运输保险的种类以其保险标的的运输工具种类相应分为四类:海洋运输货物保险、陆上运输货物保险、航空运输货物保险、邮包保险。由于海洋运输是国际贸易的主要运输方式,所以这一章主要介绍海洋运输保险。

第一节　保险的基本原则

一、保险的当事人

1. 保险人

保险人,又称承保人,是经营保险业务收取保险费和在保险事故发生后负责给付保险金的人,以法人经营为主,通常称为保险公司。

2. 投保人

投保人是对可保标的具有可保利益,向保险人申请订立保险合同,并负有交付保险费义务的人。投保人可以是自然人,也可以是法人。当投保人为自己的利益投保,且保险人接受了投保时,投保人转化为被保险人。

3. 被保险人

被保险人是受保险合同保障的人。他们以其财产、生命或身体为保险标的,在保险事故发生后,享有保险金请求权。被保险人可以与投保人为同一人。

二、保险应遵循的基本原则

海上运输保险是对海上发生的损失进行分散和转嫁,以使受害人的损失降到最低的限度。这种补偿是以达到或接近达到受害人的损失范围,投保人或被保险人不会因此而得利。因此,保险的当事人除了要遵守保险合同各自义务外,还要共同遵守保险利益原则、诚信原则、损失补偿原则。

1. 保险利益原则

保险利益指被保险人对保险标的所具有的合法的利害关系。依我国保险法第 12 条的规定,投保人对保险标的应当具有保险利益,投保人对保险标的不具有保险利益的,保险合同无效。投保人对保险标的必须具有可保利益，将与自己无关的项目投保，企图在事故发生后获得赔偿，是违背保险损失补偿原则的，对此法律不予保护。

海上货物运输保险的保险利益原则要求在投保时可不存在保险利益，但在发生保险事故时保险利益一定要存在。同时，由于运输货物处于流动状态，为了便于国际贸易的快速顺利进行，海上货物运输保险的保险单可以自由转让，无须征得保险人同意。

【案例 1】 贸易双方签订的是一份价格条件为 FOB 的合同，买方向保险公司购买了“仓至仓条款的海洋货物运输一切险”，但是货物从卖方仓库运往码头的途中因意外而全损。买方以保险单含有“仓至仓”条款为由，向保险公司要求赔偿，但是遭到拒绝。

【分析】 保险公司的拒绝赔偿是有道理的。这是因为尽管保险人的保险责任从卖方仓库起运时开始，但由于保险事故发生在货物交付第一承运人或货交船上之前，买方并未承担该货物的风险，也没有取得该货物的所有权，在保险事故发生时，买方对该货物不具有保险利益。因此，买方作为被保险人与保险人订立的保险合同因买方在货物出险时对货物不具有保险利益而无效，买方不能获得保险赔偿。总之，在 FOB 和 CFR 价格条件下，在货物交付第一承运人或货交船上之前，买方依照“仓至仓”条款已经获得保险这一事实，并不能改变买方没有保险利益的状况。如所保货物在卖方仓库至交付第一承运人或货交船上这一段时间内发生保险事故，保险人可以以买方没有保险利益为由宣布保险合同无效，也即该“仓至仓”条款的实际有效范围为“舷（装运港船舷）至仓（卸货港买方仓库）”。所以卖方为自己的利益起见，应另外加保自己仓库至装运港船舷这一段的保险。

2. 最大诚实信用原则

指国际货物运输保险合同的当事人应以诚实信用为基础订立和履行保险合同，主要体现在订立合同时的告知义务和在履行合同时的保证义务上。诚实信用原则规定在我国民法通则的第 4 条。我国有关诚实信用原则的规定具体体现在告知义务上。在被保险人的告知义务上，我国保险法第 17 条与海商法第 222 条的规定不同，保脸法采用的是有限告知主义，而海商法则采用了无限告知主义与有限告知的结合。海商法第 222 条第 1 款涉及的是无限告知，要求合同订立前，被保险人应当将其知道的或者在通常业务中应当知道的有关影响保险人据以确定保险费率或确定是否同意承保的重要情况，如实告知保险人。第 2 款涉及的是有限告知的情况，规定保险人知道或者在通常业务中应当知道的情况，保险人没有询问的，被保险人无需告知。依海商法第 223 条的规定，被保险人故意未将重要情况如实告知保险人的，保险人有权解除合同，并不退还保险费。合同解除前发生事故造成损失的，保险人不负赔偿责任。

3. 损失补偿原则

指在保险事故发生而使被保险人遭受损失时，保险人必须在责任范围内对被保险人所受的实际损失进行补偿。国际货物运输保险合同属于补偿性的财产保险合同，因此，在发生超额保险和重复保险的情况下，保险人只赔偿实际损失，因为保险的目的是补偿，而不能通过保险得利。

其包括两层含义：

①以保险责任范围内的损失发生为前提，有损失，有补偿；无损失，无补偿.

②损失补偿以被保险人的实际损失为限，不能使其获得额外的利益。

【案例2】　某公司对某批货物分别向甲、乙、丙三家保险公司投保，三家公司承保的保险金额分别为20万元、80万元和100万元。若在保险有效期内出险导致损失80万元，假定三家公司的出单顺序为甲、乙、丙，则甲公司先赔偿20万元；乙公司再赔偿超过甲公司承保金额以外的损失60万元；丙公司不需承担赔偿责任。

第二节　海洋运输保险承保的责任范围

国际海上货物运输保险是国际货物运输保险的一种，对经由海路在不同国家的港口之间运输货物所进行的保险，是为了弥补货物在此运输过程中，因遭受危险造成经济损失而采取的一种经济补偿手段，属于财产保险范围，是当今国际贸易中不可缺少的一个环节。风险是造成损失的原因，保险公司把海上货物运输的风险分成海上风险和外来风险。

一、风险

1. 海上风险

海上风险包括自然灾害和意外事故。

(1)自然灾害(Natural Calamities)

自然灾害是指不以人的意志为转移的自然界力量所引起的灾害，在海上保险业务中，自然灾害并不泛指一切自然力量所引起的灾害，而是包括恶劣气候、雷电、海啸、地震以及火山爆发等人力不可抗拒的灾害。

(2)意外事故(Fortuitous Accidents)

意外事故是指由于偶然的非意料中的原因所造成的事故，同样的，在海上保险业务中，意外事故也并不包括所有的海上意外事故，在海运保险中，意外事故仅指搁浅、触礁、沉没、碰撞、火灾、爆炸和失踪等。

搁浅是指船舶与海底、浅滩、堤岸在事先无法预料到的意外情况下发生触礁，并搁置一段时间，使船舶无法继续行进而完成运输任务。但规律性的潮汛涨落所造成的搁浅则不属于保险搁浅的范畴。

触礁是指载货船舶触及水中岩礁或其它阻碍物(包括沉船)。

沉没是指船体全部或大部分已经没入水面以下，并已失去继续航行能力。若船体部分入水，但仍具航行能力，则不视作沉没。

碰撞是指船舶与船或其它固定的、流动的固体物猛力接触。如船舶与冰山、桥梁、码头、灯标等相撞等。

火灾是指船舶本身，船上设备以及载运的货物失火燃烧。

爆炸是指船上锅炉或其它机器设备发生爆炸和船上货物因气候条件(如温度)影响产生化学反应引起的爆炸。

失踪是指船舶在航行中失去联络，音讯全无，并且超过了一定期限后，仍无下落和消息，即被认为是失踪。

2. 外来风险

外来风险是指海上风险以外的各种风险，但不包括货物的自然损耗和本质缺陷。分为一般外来风险和特殊外来风险。

一般外来风险指偷窃、破碎、渗漏、玷污、受潮受热、串味、生锈、钩损、短量、淡水雨淋等。其含义分述如下：

①偷窃，一般是指暗中的窃取，不包括公开的劫夺。

②玷污，是指货物在运输途中受到其他物质的污染所造成的损失。

③渗漏，是指流质或半流质的物质因为容器的破漏引起的损失。

④破碎，是指易碎物品遭受碰压造成破裂、碎块的损失。

⑤受热受潮，是指由于气温的骤然变化或者船上的通风设备失灵，使船舱内的水汽凝结，引起发潮发热导致货物的损失。

⑥串味，是指货物受到其他异味物品的影响而引起串味导致的损失。

⑦生锈，是指货物在运输过程中发生锈损现象。

⑧钩损，是指货物在装卸搬运的操作过程中，由于挂钩或用手钩不当而导致货物的损失。

⑨淡水雨淋，是指由于淡水、雨水或融雪而导致的货物的损失。

⑩短少和提货不着，是指货物在运输途中被遗失而未能运到目的地，或运抵目的地交货收货人的数量短缺，未能交给收货人。

⑪短量，是指货物在运输过程中发生重量短少。

⑫碰损，主要是指金属及其制品在运输途中因受震动、受挤压而造成变形等损失。

特殊外来风险主要是指由于军事、政治及行政法令等原因造成的风险，从而引起货物损失。如战争、罢工、拒收等。

二、损失

海上损失按损失的程度可以分成全部损失和部分损失。

1. 全部损失

全部损失又称全损，是指整批或不可分割的一批保险货物全部灭失或可视同全部灭失的损害，有实际全损和推定全损之分。

(1)实际全损(Absolute Total Loss)

实际全损也称绝对全损是指保险标的发生保险事故后灭失，或者受到严重损坏完全失去原有形体、效用，或者不能再归被保险人所有。构成实际全损一般有以下几种情况。

①保险标的灭失。例如，保险货物被大火焚烧，全部烧成灰烬。

②保险标的受损严重，已完全丧失原有的形态和使用价值。例如，水泥被海水浸湿后结成硬块而失去原有的属性和用途。

③保险标的的丧失已无法挽回，即被保险人无可弥补地失去对保险标的的实际占有、使用、受益和处分等权利。例如，战时货物被敌对国捕获并作为战利品分发。

④船舶航行失踪，相当长时间内杳无音信。

(2)推定全损(Constructive Total Loss)

推定全损是指货物遭受风险后受损，尽管未达实际全损的程度，但实际全损已不可避免，或者为避免实际全损所支付的费用和继续将货物运抵目的地的费用之和超过了保险价值。推定全损需经保险人核查后认定。发生推定全损的情况有下列几种：

①保险货物受损后，修理费用估计要超过货物修复后的价值。

②保险货物受损后,整理和发运到目的地的费用,将超过货物到达目的地的价值。

③保险货物的实际全损已经无法避免,或者为了避免实际全损需要施救等所花费用,超过获救后的标的价值。

④保险标的遭受保险责任范围内的事故,使被保险人失去标的所有权,而收回这一所有权所需花的费用,将超过收回后的标的价值。

【案例 3】 有一批出口服装,在海上运输途中,因船体触礁导致服装严重受损,若将这批服装漂洗后运至目的地所用的费用已超过服装保险价值,那么这种损失属于推定全损。

2. 部分损失

不属于实际全损和推定全损的损失,为部分损失。部分损失按照造成损失的程度可分为共同海损和单独海损 。

(1)共同海损

定义:共同海损是为了使船舶或船上货物避免共同危险,而有意地、合理地作出的特殊牺牲或支付的特殊费用。共同海损损失应由船、货(包括不同的货主)各方共同负担。所采取的共同海损措施称共同海损行为。例如在船航行过程中,由于某种原因突然起火,船长为了救火引海水入舱的行为称为共同海损行为。但在船舶遇难时,为灭火而引海水入舱、为减轻船舶负荷而将全部或部分货物抛入大海或为进行船舶紧急修理而自动搁浅等这些行为在正常航行中都不得进行。构成共同海损的要素包括:

①船舶在航行中遇到危险或已遭遇海难,情况急迫,船长为维护船货安全而必须采取的抢救措施。

②海难与危险必须是真实存在的而不是推测的。

③共同海损行为一定是人为的、故意采取的抢救措施。

④损失和开支必须是特殊的。例如船舶顶强风开船,机器因超过负荷受损,不属于共同海损;而若船已搁浅,为脱浅而使机器超过负荷受损,则属于共同海损。

⑤所采取的抢救措施必须是合理的、有效的。如果采取的行为不能挽救船货的共同安全,也不属于共同海损。

⑥为了船货共同的安全而不是船方或某一货主货物单独的安全。

⑦属于共同海损后果直接造成的损失。例如引海水灭火,凡有烧痕的货物再被海水浸坏不算共同海损,原来完好而被海水浸坏的货物的损失应计入共同海损。

【案例 4】 船舶在航行途中因触礁,导致船底出现裂痕海水入侵严重把 10 吨小麦浸湿,因为船裂口大,船长为了解除船货的共同危险,让船舶浮起来,把同船的 100 吨大理石货物抛下海。因为船触礁使船底出现裂缝吧小麦浸湿,这个货物损失属于单独海损。为了使船舶漂起来,把大理石货物抛下海造成的损失属于共同海损。

共同海损分摊的前提条件是船、货由于采取了共同海损措施而没有全部损失,即有财产被保全下来,并抵达航程终止地。其基本原则是按照各自的获救的价值比例分摊损失。共同海损分摊价值,是指由于共同海损措施而收益的财产价值与因遭受共同海损损失而获得补偿的财产金额的总和。

(2)单独海损

单独海损(Particular Average)是指保险标的物在海上遭受承保范围内的风险所造成的部分灭失或损害,即指除共同海损以外的部分损失。这种损失只能由标的物所有人单独负担。

单独海损的特点是:

①它不是人为有意造成的部分损失。

②它是保险标的物本身的损失

③单独海损由受损失的被保险人单独承担,但其可根据损失情况从保险人那里获得赔偿。单独海损是指仅涉及船舶或货物所有人单方面的利益的损失,它与共同海损的主要区别是:

a. 造成海损的原因不同。单独海损是承保风险所直接导致的船、货损失;共同海损,则不是承保风险所直接导致的损失,而是为了解除或减轻共同危险人为地造成的一种损失。

b. 承担损失的责任不同。单独海损的损失一般由受损方自行承担;而共同海损的损失,则应由受益的各方按照受益大小的比例共同分摊。

【案例5】 一货轮在航行中碰撞礁石致使部分货舱、部分油舱进水,导致部分货舱内货物被海水浸湿,部分油舱燃油也进水。打捞局出动打捞船,将此船紧急救助回港口,这个救助费属于共同海损应该由:船东、货主、租家分摊。因为船是船东财产,货属于货主,油属于租家,所以进水的燃油及浸水的货物损失都属于单独海损。打捞费根据抢救回来的价值分摊。

【案例6】 某货轮从天津新港驶往新加坡,在航行途中船舶货舱起火,大火蔓延至机舱,船长为了船货的共同安全决定采取往舱中灌水灭火紧急措施。火虽被扑灭,但由于主机受损,无法继续航行,于是船长决定雇佣拖轮将货船拖回新港修理,检修后重新驶往新加坡。其中的损失与费用有:①1000 箱货被火烧毁;②600 箱货由于灌水受到损失;③主机和部分甲板被烧坏;④拖轮费用;⑤额外增加的燃料费、船长及船员的工资。请指出这些损失中哪些是单独海损,哪些是共同海损?

【分析】 ①1000 箱货被火烧毁,属单独海损;②600 箱货由于灌水造成损失属共同海损;③主机和部分甲板被烧坏,属单独海损;④拖轮费用、额外增加的燃料费、船长及船员的工资都属共同海损。

三、费用

海上风险还会造成费用支出,主要有施救费用和救助费用。

施救费用:亦称营救费用,是指被保险货物在遭遇承保的灾害事故时,被保险人或其代理人、雇用人为避免、减少损失采取各种抢救、防护措施时所支付的合理费用。保险人对施救费用的赔偿金额不得超过保险合同所载明的保险标的的受损保险金额,经被保险人进行施救,花了费用但并未奏效,保险标的仍然全损,保险人对施救费用仍予负责。但保险人对保险标的本身的赔偿和施救费用的责任最多各为一个保额,即两者之和不能超过两个保额。

救助费用:是指被保险标的遭遇保险责任范围以内的灾害事故时,由保险人和被保险人以外的第三者采取的救助行为。对于此种救助行为,按照国际法规规定,获救方应向救助方支付相应的报酬,所支付的该项费用,被称为救助费用,它属于保险赔付范围。

第三节　海运保险的险别

保险险别是保险人对各种风险及损失进行划分从而确定要承担的责任的范围。保险险别是确定保险费用与保险金额的依据,也是保险人据此承担赔偿责任的依据。

根据能否单独投保,我国海运货物保险险别可分为基本险和附加险两类。基本险也称主险可以单独投保,承保的主要是自然灾害和意外事故所造成的损失或费用;附加险不能单独投保只能在投保基本险后加保,其承保的主要是其他外来风险所造成的损失或费用。

一、基本险

我国海运货物保险的基本险险别同国际保险市场的做法一样,分为平安险、水渍险和一切险三种,其责任范围、除外责任、责任起讫、被保险人义务及索赔期限都在中国人民保险公司1981 年 1 月 1 日修订的《海洋运输货物保险条款》中分节予以明确规定。

1. 平安险(Free from Particular Average,简称 FPA)

平安险这一名称在我国保险行业中沿用甚久,其英文原意是指单独海损不负责赔偿。根据国际保险界对单独海损的解释,它是指保险标的物在海上运输途中遭受保险范围内的风险直接造成的船舶或货物的灭失或损害。因此,平安险的原来保障范围只赔全部损失。

平安险的承保责任范围是:

①被保险货物在运输途中由于恶劣气候、雷电、海啸、地震、洪水等自然灾害造成整批货物的全部损失或推定全损;

②由于运输工具遭受搁浅、触礁、沉没、互撞、与水流或其它物体碰撞以及失火、爆炸等意外事故造成货物的全部或部分损失;

③在运输工具已经发生搁浅、触礁、沉没、焚毁意外事故的情况下,货物在此前后又在海上遭受恶劣气候、雷电、海啸等自然灾害所造成的部分损失;

④在装卸或转运时由于一件或数件货物整件落海造成的全部或部分损失;

⑤被保险人对遭受承保责任内危险的货物采取抢救、防止或减少货损的措施而支付的合理费用,但以不超过该批被救货物的保险金额为限;

⑥运输工具遭遇海难后,在避难港由于卸货所引起的损失以及在中途港、避难港由于卸货、存仓和运送货物所产生的特别费用;

⑦共同海损的牺牲、分摊和救助费用;

⑧运输契约订有"船舶互撞责任"条款,根据该条款规定应由货方偿还船方的损失。船舶互撞责任指的是船舶在运行当中发生的相互碰撞责任事故,并且不是单方责任而是双方责任,这要由海事机构的交通事故调查结论书中认定。

根据美国法律规定,碰撞船舶双方互有过失,各付对半责任。货主可以就承运货物因船舶互撞所导致损失,向任何一方或双方船舶索赔。由于一般提单均订有承运人对船长、船员在航行或管理船舶上的行为或疏忽免责条款,货主不能向其承运人索赔,促使货主向对方船只索取百分之百的赔偿。对方船在赔付货主百分之百损失后,按 1910 年《同一船舶碰撞若干法律规定的国际公约》的规定:船舶碰撞互有责任时,两船上的货物损失由过失船舶各按过失程度比例赔偿,向承运船摊回一部分损失金额。承运人为了维持自身的利益,在提单中加进了船舶互撞责任条款,规定货主应向承运人退还他从对方船获得承运过失比例的赔款。伦敦保险协会保险单的这一条款规定对于货物所有人(被保险人)应该向承运人退回的损失,可由保险人负责赔偿。

平安险不负责赔偿由于自然灾害造成的单独海损。在三个基本险别中,平安险的承保责任范围最窄,多用于大宗、低值的散装或裸装货,如矿石、非金属材料等。

【案例7】 某公司向欧洲出口一批器材,投保海运货物平安险。载货轮船在航行中发生碰撞事故,部分器材受损。另外,公司还向美国出口一批器材,由另外一船装运,投保了海运货物水渍险。船舶在运送途中,由于遭受暴风雨的袭击,船身颠簸,货物相互碰撞,发生部分损失。后船舶又不幸搁浅,经拖救脱险。试分析上述货物是否该由保险公司承担赔偿责任。

【分析】 出口欧洲的器材的部分损失是运输工具发生碰撞造成的意外事故。根据平安险的承保责任,保险公司负责"由于运输工具遭受搁浅、触礁、沉没、互撞、与流冰或其他物体碰撞以及失火爆炸等意外事故而引起的部分损失"。上述货物损失显然属于承保的意外事故引起的损失,理应由保险人负责赔偿。而向美国出口货物的损失,由于是船舶遭受自然恶劣气候全部损失,而不负责部分损失。但是平安险承保责任又规定,对于运输工具曾经遭受搁浅、触礁、沉没、焚毁等意外事故的,在这之前或之后因恶劣气候等自然灾害造成的部分损失,保险公司予以补偿。所以,出口美国的货物虽然是由于自然灾害造成的部分损失,但因载货船舶在该航行中遭受搁浅,且船舶搁浅时货物仍在船上,因而保险公司对美国的货物所遭受的损失应予以赔偿。

【案例8】 某年2月,中国某纺织进出口公司与大连某海运公司签订了运输1 000件丝绸衬衫到马赛的协议。合同签订后,进出口公司又向保险公司就该批货物的运输投保了平安险单。2月20日,该批货物装船完毕后启航,2月25日,装载该批货物的轮船在海上突遇罕见大风暴,船体严重受损,于2月26日沉没,3月20日.纺织品进出口公司向保险公司就该批货物索赔,保险公司以该批货物由自然灾害造成损失为由拒绝赔偿,于是,进出口公司向法院起诉,要求保险公司偿付保险金。问题:本案中保险公司是否应负赔偿责任?

【分析】 保险公司应负赔偿责任。根据中国人民保险公司海洋运输货物保险条款的规定,海运货物保险的险别分为基本险和附加险两大类,基本险是可以单独投保的险种.主要承保海上风险造成的货物损失,包括平安险、水渍险与一切险。平安险对由于自然灾害造成的部分损失一般不予负责,除非运输途中曾发生搁浅、触礁、沉没及焚毁等意外事故。平安险虽然对自然灾害造成的部分损失不负赔偿责任,但对自然灾害造成的全部损失应负赔偿责任,本案中,进出口公司投保的是平安险,而所保的货物在船因风暴沉没时全部灭失,发生了实际全损,故保险公司应负赔偿责任,保险公司提出的拒赔理由是不能成立的。

2. 水渍险(With Particular Average,简称WA或WPA)

水渍险又称"单独海损险",英文原意是指单独海损负责赔偿,是海洋运输货物保险的主要险别之一。这里的"海损"是自然灾害及意外事故导致货物被水淹没,引起货物的损失。水渍险的责任范围除了包括上列"平安险"的各项责任外,还负责被保险货物由于恶劣气候、雷电、海啸、地震、洪水等自然灾害所造成的部分损失。具体来说还分为是海水浸渍还是雨水浸渍,有的是不赔雨水浸渍的。就算有水浸渍,还要看那水是引起货物损害的直接原因还是间接原因,是间接原因的话,保险公司是不赔的。水渍险不包括锈损、一般外来原因造成的碰损、破碎、以及散装货物的部分损失,故常用于不易损坏的货物或生锈并不影响使用价值的货物,如钢管、铁材等。

【案例9】 我国某公司以CIF术语出口一批化肥,装运前按合同规定已向保险公司投保水渍险,货物装妥后顺利开航。载货船舶起航后不久在海上遭遇暴风雨,海水涌入舱内,至使部分化肥遭到水渍,损失价值达1 000美元,数日后,又发现部分化肥袋包装破裂,估计损失达1 500美元,问:该损失应由谁承担?

【分析】 ①1 000美元的损失应由保险公司承担赔偿责任,1 500美元的损失应由买方自己承担。

②本案例涉及保险理赔及CIF的风险界点问题,根据中国人民保险公司《海洋货物运输保险条款》规定的水渍险的承保责任范围:除包括平安险的各项责任外,还负责被保险货物由于恶劣气候、雷电、海啸、地震、洪水等自然灾害所造成的部分损失。另外,本案中交货条件为CIF,根据《2000年国际贸易术语解释通则》中的解释,按CIF条件成交,买卖双方交货的风险界点在装运港的船舷,货物越过装运港船舷以前的风险由卖方承担,货物越过装运港船舷以后的风险由买方承担;CIF是象征性交货,卖方凭单交货、买方凭单付款,即使货物在运输途中全部灭失,买方仍需付款。

③结合本案例,1 000美元的损失是由于自然灾害导致的意外损失,属于保险公司水渍险的承保责任范围,故保险公司应该赔偿。1 500美元的损失,是由于包装破裂引起的,它不属于水渍险的承保责任范围,而属于一般附加险中包装破裂险的责任范围,故保险公司是不负赔偿责任的,另:根据CIF风险界点问题,此项损失应由买方自行承担。

3. 一切险(All Risks)

一切险的承包责任范围是平安险、水渍险和一般附加险的总和,适用于价值较高、致损原因较多的货物,如棉毛及其制品等。

二、附加险

附加险是相对于主险(基本险)而言的,顾名思义是指附加在主险合同下的附加合同。它不可以单独投保,要购买附加险必须先购买主险。一般来说,附加险所交的保险费比较少,但它的存在是以主险存在为前提的,不能脱离主险,形成一个比较全面的险种。海洋货物运输的附加险分为一般附加险、特别附加险及特殊附加险三种。

1. 一般附加险

(1)偷窃、提货不着险

本保险对保险货物遭受下列损失承保:①偷窃行为所致的损失;②整件提货不着。根据运输契约规定船东和其他责任方免除赔偿的部分,保险人按保险价值负责赔偿。

被保险人必须及时提货,遇有第①项所列的损失,必须在提货后十日内申请检验;遇有第②项损失,必须向责任方取得整件提货不着的证明;否则,保险公司不负赔偿责任并有权收回被保险人向船东或其他有关责任方面追偿到的任何赔款,但其金额以下超过保险公司支付的赔款为限。

(2)淡水雨淋险

被保险货物在保险有效期内,直接由于淡水、雨淋所造成的全部损失或部分损失,保险人负责赔偿,但包装外部应有淡水或雨水痕迹或其它适当证明;同时,被保险人必须及时提货,并在提货后十日内向保险人或保险单载明的检验理赔代理人申请检验,否则保险人不负责赔偿。淡水是与咸水(即海水)相对而言的,淡水包括船上淡水舱、水管漏水等。由于平安险和水渍险只负咸水不负淡水所致的损失,因此,这一险种是在此基础上的扩大。

(3)短量险

本险种负责被保险货物在运输过程中发生的数量短少及重量的损失。对有包装货物的短少,必须有外包装发生异常的现象,如破口、裂袋、扯缝等。对散装的货物则往往以装船重量和卸船重量之间的差额作为计算短量的依据,但不包括正常的途耗。如提单载明的重量为发货人提供的重量,与船方水尺重量不一致时,则以船方水尺重量为装船重量。对某些大量的不合理的短少现象,被保险人必须提供被保险货物装船前的重量证明。

(4)混杂玷污险

被保险货物在运输途中,因混进了杂质致损,如矿砂、矿石等混进了泥土、草屑等因而使质量受到影响,以及被保险货物因为和其他物质接触而被玷污致损,如布匹、纸张、食物、服装等被油类或带色的物质污染而引起的损失,保险人负责赔偿。

(5)渗漏险

本险中一般是指流质、半流质的液体物质和油类物质,在运输过程中因为容器损坏而引起的渗漏损失,以及用液体装存的物质,如湿肠衣、酱渍菜等因为液体渗漏而使肠衣、酱菜等发生腐烂、变质所致的损失,保险人负赔偿责任。

(6)碰损、破碎险

碰损主要是对金属、木质等货物来说的。例如,搪瓷、钢精器皿、大理石等在运输途中,因为受到震动、颠簸、挤压等造成货物本身的凹瘪、脱漆、划痕等损失。破碎则主要是对易碎物质来说的,例如,陶器、瓷器、玻璃器皿、大理石等在运输途中由于装卸粗鲁、运输工具的震颠等造成货物本身的破裂、断碎等损失。鉴于水渍险责任范围对自然灾害或运输工具遭遇意外事故所引起被保险货物的碰撞和破碎损失均已负责,本保险扩大承保自然灾害或意外事故之外的一切外来原因所致的碰损、破碎损失。

(7)串味险

被保险货物,如食用物品、中药材、化妆品原料等在运输过程中,因为受到其他物品的气味影响而造成的串味损失,保险人负责赔偿。例如茶叶、香料、药材在运输途中受到一起堆储的皮张、樟脑等异味的影响使品质受到损失,或因装载在未清洗干净的船舱里受到船舱中遗留的异味的影响使品质受到损失。

(8)受潮受热险

被保险货物的损失必须在运输过程中发生的,直接致损原因是运输过程中气温突然变化或由于船上通风设备失灵导致的船舱内水气凝结、发潮、发热,而船舱内水气凝结、发潮、发热必须是在运输过程中,因气温突然变化,或由于船上通风设备失灵导致的。如果不是因气温突然变化或船上通风设备失灵导致的货物的损失,保险人不负赔偿责任。

(9)钩损险

被保险货物在装卸过程中因为使用手钩、吊钩等钩类工具造成的损失,以及对包装进行重新更换、修补所支付的合理费用,保险人负责赔偿。例如,捆装棉布因使用手钩钩破,包装粮食因吊钩钩坏麻袋而粮食外漏。

(10)包装破裂险

本险种承保被保险货物在运输过程中因搬运或装卸不慎致包装破裂所造成的损失,以及为继续安全运输的需要,对包装进行修补或重新更换包装所支付的合理费用,保险人负责赔偿。如果是因包装不良等其他原因,致包装破裂所造成的被保险货物损失,保险人不负责赔偿。

(11)锈损险

被保险货物在运输过程中因为生锈造成的损失,保险人负责赔偿,但这种生锈必须是在保险有效期内发生的。如果被保险货物在保险有效期发生以前就已存在,则保险人不负赔偿责任。一般来说,对裸装的金属板、块、条、管等是不保此险的,因为这些裸装货物几乎必然生锈。

2. 特殊附加险

特殊附加险是指承保由于军事、政治、国家政策法令以及行政措施等特殊外来原因所引起的风险与损失的险别。一般为战争险和罢工险两类。

3. 特别附加险

特别附加险包括交货不到险、进口关税险、舱面险、拒收险、黄曲霉素险、出口货物到香港

三、除外责任

除外责任是保险人不负赔偿责任的范围包括:

①被保险人的故意行为或过失所造成的损失。

②属于发货人责任所引起的损失。

③在保险责任开始前,被保险货物已存在的品质不良和数量短差所造成的损失或费用。

④被保险货物的自然损耗、本质缺陷、特性以及市场价格跌落、运输延迟所造成的损失或费用。

⑤战争险和罢工险条款规定的责任范围和除外责任。

【案例7】 国内某地进出口公司以CIF价格出口欧洲某地鲜桔一批,投保一切险加战争险。由于载货轮船逾龄,机器设备陈旧,速度慢,以致在途时间长。抵目的港后,收货人发现这批鲜桔已腐烂35%。轮船超龄速度慢是客观存在,不能构成船方过失,而且该批货物已投保一切险。试问,这一损失是否由保险公司负责赔偿?

【分析】 保险公司是不赔的,由货物本身原因造成的损失不在保险条款内。

【案例8】 我国以CIF价格向中东地区出口货物一批,共5 000公吨。进口商要求我方投保一切险加战争险,我方照办。该批货物顺利抵达对方港口,开始卸货不久,当地发生了武装冲突,船上3 000公吨货物及已经卸到岸上的2 000公吨货物被炮弹击毁。根据中国人民财产保险公司《海洋运输货物保险条款》,保险公司应该如何处理这些损失?

【分析】 保险公司赔3 000公吨的货物损失,因为在附加的战争险中,保险公司不负责赔偿卸货到岸上的损失2 000公吨,战争险只对海面上发生的损失进行赔偿。

四、责任起讫

①责任起讫是保险人承担保险责任的起始与终止,也称保险期间或保险期限。出于运输险的特点,保险业务中对责任起讫不规定具体的日期,而是采用"仓至仓"(Warehouse to Warehouse,简称 W/W)原则,即保险人对被保险货物所承担的保险责任,从运离保险单所载明的发货人仓库或储存处所时开始生效,在正常运输过程中(包括海上、陆上、内河、和驳船运输在内)继续有效,直至该项货物到达保险所载明的目的地收货人的仓库或储存处所或被保险人用作分配、分派或非正常运输的其他储存处所为止。如未抵达上述仓库或储存所,则以被保险货物在最后卸港全部卸离海轮后满 60 天为止;如在上述 60 天内被保险货物需转运到非保险单所载明目的地时,则以该项货物开始转运时终止。

②由于被保险人无法控制的运输延迟、绕道、被迫卸货、转载或承运人运用运输契约赋予的权限所作的任何航海上的变更或终止运输契约,致使被保险货物运到非保险单所载明目的地时,在被保险人及时将获知的情况通知保险人,并在必要时加缴保险费的情况下,保险仍继续有效,保险责任按下列规定终止。

③被保险货物如在非保险单所载明的目的地出售,保险责任至交货时为止,但不论任何情况,均以被保险货物在卸载港全部卸离海轮后满 60 天为止。

④被保险货物如在上述 60 天期限内继续运往保险单所载原目的地或其他目的地时,保险责任仍按规定终止。

五、索赔期限

索赔期限也称索赔时效,是被保险货物发生承保范围内的风险与损失时,被保险人向保险人提出索赔要求的有效期。逾期则被保险人丧失索赔的权力。我国海商法规定,从保险事故发生之日起计算,最多不超过两年。

第四节　海洋运输保险合同

在国际贸易中,由于买卖双方间隔距离遥远,运输周期长,所以及时合理的投保对于买卖双方的利益起到很大的保障的作用。

贸易企业在进行货运投保时,总是希望在保险范围和保险费之间寻找平衡点。在控制保险费的前提下取得尽可能大的利益保障,要做到这一点,首先要对所面临的风险做出评估,辨别哪种风险最大可能发生,并结合不同险种的保险费率来加以权衡。

一、选择投保险别应注意的问题

1. 货物的种类、性质和特点

在国际贸易中投保时要首先考虑货物的性质与特点及在运输途中可能发生的风险。例如,玻璃制品、陶瓷类的日用品或工艺品等产品,会因破碎造成损失,投保时可在平安险或水渍险的基础上加保破碎险;麻类商品,受潮后会发热、引起霉变、自燃等带来损失,应在平安险或水渍险的基础上加保受热受潮险;石棉瓦(板)、水泥板、大理石等建筑材料类商品,主要损失因破碎导致,应该在平安险的基础上加保破碎险。

2. 货物的包装情况

如果采用集装箱运输，货物在运输途中遭遇各类风险而致损失的可能性相对较小。但也可能因集装箱本身未清理干净而使货物玷污受损，或是箱内货物堆放不妥而致运输途中出现碰损、混杂等损失，往往需要在平安险或水渍险的基础上加保碰损、破碎险或混杂、玷污险。但应注意，若因货物包装不足或不当，以致不能适应国际货物运输的一般要求而使货物遭受损失，则属于发货人责任，保险人一般不予负责。

3. 货物的运输情况(包括运输方式、运输工具、运输路线)

海运中船舶的航行路线和停靠的港口不同，货物可能遭受的风险和损失也有很大的不同。某些航线途经气候炎热地区，如果载货船舶通风不良，就会增大货损；而在政局动荡不定或在已经发生战争的海域内航行，货物遭受意外损失的可能性自然增大；同时，由于不同停靠港口在设备、装卸能力以及安全等方面有很大差异，进出口货物在港口装卸时发生货损、货差的情况也就不同。因此，在投保前应做好调查了解工作，以便选择适当的险别。

4. 运输季节

货物运输季节不同，也会对运输货物带来不同风险和损失。例如，载货船舶冬季在寒冷海域航行，极易发生与流动冰山碰撞的风险；夏季装运粮食、果品，极易出现发霉腐烂或生虫的现象。

5. 各国的贸易习惯和国际惯例

如果货物按 CIF 条件出口，卖方应负责投保何种险别，须在贸易合同中加以明确规定。合同订立后，一方有不同的保险要求，就只能向对方提出修改合同或信用证。如果合同中对此没有规定，便须按照国际贸易惯例及有关国家的法律规定办理。例如，按照《2000 年通则》的规定，CIF 条件下的卖方应负责投保最低限度的保险险别；按美国《1941 年美国对外贸易定义修正本》的规定，CIF 条件下卖方有义务代买方投保战争险，费用由买方负担；在比利时，CIF 下卖方常负责投保水渍险；在澳大利亚，按许多行业习惯，CIF 条件下卖方须负责投保水渍险和战争险等。

6. 目的地的政治局势

如果投保战争险，出口商就不必为货物的社会安全问题担心了。

二、如何选用一切险

一切险是最常用的一个险种。买家开立的信用证也多是要求出口方投保一切险。投保一切险最方便，因为它的责任范围包括了平安险、水渍险和 11 种一般附加险，投保人不用费心思去考虑选择什么附加险。但是，往往最方便的服务需要付出的代价也最大。就保险费率而言，水渍险的费率约相当于一切险的 1/2，平安险约相当于一切险的 1/3。

是否选择一切险作为主险要视实际情况而定。例如，毛、棉、麻、丝、绸、服装类和化学纤维类商品遭受损失的可能性较大，如玷污、钩损、偷窃、短少、雨淋等，有必要投保一切险。有的货品则确实没有必要投保一切险，像低值、裸装的大宗货物如矿砂、钢材、铸铁制品，主险投保平安险就可以了；另外，也可根据实际情况再投保舱面险作为附加险。对于不大可能发生碰损、破碎或容易生锈但不影响使用的货物，如铁钉、铁丝、螺丝等小五金类商品，以及旧汽车、旧机床等二手货，可以投保水渍险作为主险。

有的货物投保了一切险作为主险可能还不够，还需投保特别附加险。某些含有黄曲霉素的食物，如花生、油菜籽、大米等食品往往含有这种毒素，进口国会因超过对该毒素的限制标准而被拒绝进口、没收或强制改变用途从而造成损失，那么，在出口这类货物的时候，就应将黄曲霉素险作为特别附加险予以承保。

三、签订合同中的保险条款应注意的问题

①努力争取出口贸易以 CIF、CIP 贸易术语成交，在出口货物从卖方运到买方的长途运输和装卸过程中，常常会由于自然灾害、意外事故或其他外来原因遭受损失，为了在货物受损后获得经济补偿，货主在货物出运前就必须及时向保险公司办理投保。采用不同的贸易方式出口，办理投保的人就不同。凡采用 FOB 及 CFR 条件成交时，在买卖合同中，应订明由进口方投保(to be effected/covered by the buyers)；凡以 CIF 条件成交的出口合同，均需向保险公司按保险金额、险别和适用的条款投保，并订明由卖方投保。国际贸易价格条件是买卖双方协商决定。争取以 CIF 或 CIP 贸易术语成交不仅可为国家多收外汇，扩大我国的保险业务，而且有利于出口商。

②海洋运输货物保险的责任范围是仓至仓，EXW 术语由进口商投保，货物从仓库出口开始，保险公司就承担责任。相反，以 CFR、FOB 术语成交，保险由进口商自行购买，由于买卖双方的风险划分是以货物在发货港装到船上为界，所以保险责任也就从这一点开始，这样，从仓库到装上海轮前这一段风险由出口商自负。

③以 CFR 或 CPT 成交，出口商在发货装船时，应向进口商发出"装船通知"，以便进口商及时办理保险手续。如果出口商由于疏忽或其他原因漏发、迟发通知，以致使进口商未能及时办理投保手续，那么根据国际贸易惯例，在此期间发生的一切风险损失，应由出口商承担责任。因此，按 CFR 或 CPT 条件成交明显增加了出口商的费用和责任。

④在采用 D/P、D/A 付款方式的出口交易时，则更应以 CIF 或 CIP 成交。由于已在国内买了保险，即使出口货物在运输途中遭到重大损失，进口商拒绝付款或承兑，出口商也能从保险人手中获得相应的经济补偿。

四、保险金额和保险费

1. 确定保险金额

保险金额是投保人对保险标的的实际投保金额，是计算保险费的基础，也是在保险标的受损时，保险人承担赔偿责任的最高限额。在国际货物运输业务中，保险金额一般是以被保险货物的发票金额为基础确定的。从买方的进口成本来看，无论以何种贸易条件成交，除去 FOB 价外，还须承担运费和保险费，所以，保险金额一般是以货物的 CIF 或 CIP 价发票金额为基础确定的。

但是，在国际贸易中，若货物全部损失，而被保险人得到的补偿却只是 CIF 或 CIP 发票金额，那么，他已经支付的经营费用和预期利润仍然无法得到补偿。因此，各国保险法和相关国际惯例均规定，国际货物运输保险的保险金额，可以在 CIF 或 CIP 货价的基础上适当地加成，一般加一成(10%)，加成的多少应视实际需要而定

保险金额的计算可采用下面的公式：保险金额 = CIF(或 CIP)发票金额 ×(1 + 加成率)

2. 保险费

保险费 = 保险金额 × 保险费率 = CIF(或 CIP)发票金额 ×(1 + 加成率)× 保险费率

我国保险公司的运输货物的保险费率分成二大类,即一般货物费率和特殊货物费率。凡是损失率高的货物名称列为一类,为特殊货物费率。除指明货物以外的其他所有货物都属于一般货物费率。一般附加险属于一切险范围内,所以投保一般附加险不另加费,特别附加险则加费。投保货物运输战争险和罢工险任何一项时,要另收保险费。如果两者同时投保,只收一项,两者不重复收。

3. 出口业务

在我国出口业务中,CFR 和 CIF 是两种常用的术语。鉴于保险费是按 CIF 货值为基础的保险额计算的,两种术语价格应按下述方式换算。

由 CIF 换算成 CFR 价:CFR = CIF × [1 − 保险费率 × (1 + 加成率)]

由 CFR 换算成 CIF 价:CIF = CFR/[1 − 保险费率 × (1 + 加成率)]

在进口业务中,按双方签订的预约保险合同承担,保险金额按进口货物的 CIF 货值计算,不另加成,保费率按"特约费率表"规定的平均费率计算;如果 FOB 进口货物,则按平均运费率换算为 CFR 货值后再计算保险金额,其计算公式如下:

FOB 进口货物:保险金额 = [FOB 价 × (1 + 平均运费率)]/(1 − 平均保险费率)

CFR 进口货物:保险金额 = CFR 价/(1 − 平均保险费率)

【例题 12】 A 公司对外出售商品一批,报价 CIF 香港 20 000 美元(按发票金额 110% 投保一切险和战争险,两者费率合计 5%),客户要求改报 CFR 伦敦,试问:正确的 CFR 价应报多少?

保险费:20 000 × 110% × 5% = 1 100(美元)

CFR:20 000 − 1 100 = 18 900(美元)

五、合同中的保险条款主要内容

货物买卖合同的保险条款主要内容包括确定投保人、支付保险费、投保险别和保险期限等。

①保险条款主要内容包括确定投保人、支付保险费、投保险别和保险期限等。投保人、保险责任与保险费用的负担往往由当事人选择的贸易术语所决定,如 FOB 合同中,买方自行投保、自负费用、承担货物在指定装运港装上船之后的一切风险和费用,卖方承担货物装上船之前的风险和费用。关于保险险别和保险期限双方应在合同中订明。

②有关保险险别。当事人可以根据不同情况,只投保平安险,也可以加保水渍险、战争险或罢工险,或者投保一切险。如"由卖方按发票金额的百分之多少投保一切险""由卖方按发票金额的百分之多少投保平安险和战争险"等。

③有关保险期限。当事人可以约定延长保险期限,如约定延长目的港保险期限的:"由卖方按发票金额的百分之多少投保××险,包括目的港 90 天期限";或约定保险责任延长到内陆最后目的地:"由卖方按发票金额××% 投保××险,保险责任到××(内陆地名)为止。"

④按 CFR 或 FOB 价格条件成交,保险由买方委托卖方办理的,卖方在替买方投保后,应把保单及时交给买方,以便买方日后据此向保险公司索赔。条款可以规定如下:"保险由买方委托卖方按发票金额的××% 代为投保××险,保险费由买方负担。"

♨ 课后练习 ♨

一、案例分析

1. 卖方以 CFR 贸易术语出口货物一批，在从出口公司仓库运到码头待运过程中，货物发生损失，该损失应该由何方负责？如果买方已经向保险公司办理了货物运输保险，保险公司对该项损失是否给予赔偿？并说明理由。

2. 某轮载货后，在航行途中不慎发生搁浅，事后反复开倒船，强行起浮，船上轮机受损并且船底划破，致使海水渗入货舱造成货物部分损失。该船行驶至邻近的一个港口船坞修理，暂时卸下大部分货物，前后花费了 10 天时间，增加了各项费用支出，包括员工工资。当船修复后装上原货启航后不久，A 舱起火，船长下令对该舱灌水灭火。A 舱原载文具用品、茶叶等，在灭火后发现文具用品一部分被焚毁，另一部分文具用品和全部茶叶被水浸湿。试分别说明以上各项损失的性质，并指出在投保 CIC(1981.1.1 条款)何种险别的情况下，保险公司才负责赔偿？

3. 外贸公司进口散装化肥一批，曾向保险公司投保海运一切险。货抵目的港后，全部卸至港务公司仓库。在卸货过程中，外贸公司与装卸公司签订了一份灌装协议，并立即开始灌装。某日，由装卸公司根据协议将已灌装成包的半数货物堆放在港区内铁路边堆场，等待铁路转运至他地以交付不同买主。另一半留在仓库尚待灌装的散货因受台风袭击，遭受严重湿损。外贸企业逐就遭受湿损部分向保险公司索赔被保险公司拒绝，对此，试予以评论。

4. 远洋运输公司的“东风”号轮在 4 月 28 日满载货物起航，出公海后由于风浪过大偏离航线而触礁，船底划破长 2 米的裂缝，海水不断渗入。为了船货的共同安全，船长下令抛掉一部分货物并组织人员抢修裂缝，船只修复以后继续航行。不久，又遇船舱失火，船长下令灌水灭火。在火被扑灭后发现 2 000 箱货物中一部分被火烧毁，一部分被水浸湿。在船抵达目的港后清点共有以下损失：①抛入海中的 200 箱货物；②组织抢修船只而额外支付的人员工资；③被火烧毁的 500 箱货物；④船只部分船体被火烧毁；⑤被水浸湿的 100 箱货物。试问：

(1)以上的损失各属什么性质的损失？说明原因。

(2)投保什么险别的情况下，保险公司给予赔偿？为什么？(指 CIC 的最小险别)

5. 某货轮从天津新港驶往新加坡，在航行途中船舶货舱起火，大火蔓延到机舱，船长为了船、货的共同安全，下令往舱内灌水，火很快被扑灭。但由于主机受损，无法继续航行，于是船长雇用拖轮将船拖回新港修理，修好后重新驶往新加坡。这次造成的损失共有：①1 000 箱货被火烧毁；②600 箱货被水浇湿；③主机和部分甲板被烧坏；④拖轮费用；⑤额外增加的燃料和船上人员的工资。问：①从损失的性质看，上述损失各属何种损失？为什么？②根据 CIC 条款规定，在投保何种险别时(最小险别)保险公司应负责赔偿上述损失？

6. 我某外贸公司按 CIF 条件进口一批货物，卖方向我国保险公司按 CIC 条款办理了货运保险。载货船舶经苏伊士运河曾一度搁浅，后经拖轮施救起浮继续航行，至马六甲海峡又遇暴风巨浪，卖方交运的 2 000 箱货物中有 400 箱货物遭不同程度的海水浸湿。试问：①拖轮费用和 400 箱货损属于何种损失？②在投保何种险别时，保险公司才承担赔偿责任？为什么？③如果在苏伊士运河未发生搁浅，在投保何种险别时，保险公司才对马六甲海峡发生的损失负责赔偿？为什么？(指 CIC 的最小险别)

7. 我国 G 公司以 CIF 价格条件引进一套英国产检测仪器，因合同金额不大，合同采用简式标准格式，保险条款一项只简单规定“保险由卖方负责”。到货后，G 公司发现其中一个部件变形影响其正常使用。G 公司向外商反映要求索赔，外商答复仪器出厂经严格检验，有质量合格证书,非他们责任。后经商检局检验认为是运输途中部件受到振动、挤压造成的。

G公司于是向保险代理索赔,保险公司认为此情况属"碰损、破碎险"承保范围,但G公司提供的保单上只保了"协会货物条款"(C),没保"碰损、破碎险",所以无法赔付。G公司无奈只好重新购买此部件。即浪费了金钱,又耽误了时间。试分析造成G公司损失的原因是什么?订立保险条款时应考虑哪些因素?

8. 新加A公司与中国C公司订立CIF(上海)合同,销售白糖500吨,由A公司保一切险。2000年7月21日,货到上海港,C公司检验出10%的脏包,遂申请上海海事法院扣留承运人的船舶并要求追究其签发不清洁提单的责任。当日货物被卸下,港口管理部门将货物存放在其所属的仓库中,C公司开始委托他人办理报关和提货的手续,7月24日晚,港口遭遇特大海潮,共计200吨白糖受到浸泡,全部损失。C公司向保险公司办理理赔手续时被保险公司拒绝,理由是C公司已将提单转让,且港口仓库就是C公司在目的港的最后仓库,故保险责任已终止。问:保险公司的保险责任是否在货物进入港口仓库或C公司委托他人提货时终止?

9. 我国A公司以CIF汉堡出口食品1 000箱,即期信用证付款。货物装运后,A公司凭已装船清洁提单和已投保一切险及战争险的保险单,向银行收妥货款,货到目的港后经进口人复验发现下列情况:

①该批货物共有10个批号,抽查20箱,发现其中2个批号涉及200箱食品细菌含量超过进口国标准;

②收货人只实收995箱,短少5箱;

③有10箱货物外表状况良好,但箱内货物共短少60千克。

试分析上述情况,进口人应分别向谁索赔?

10. 中国A公司与美国B公司签定出口合同一份,贸易术语CFR NEWYORK,A公司按合同规定在2003年5月20日将货物运至码头装船,在运输过程中车辆遇险翻覆,货物受损,A公司电告B公司事故,由于CFR系买方投保,A提出按保险惯例,承包范围为仓至仓,所以要求B公司向保险公司索赔,保险公司是否应做出赔偿呢?

11. 某外贸公司按CIF术语出口一批货物,装运前已向保险公司按发票总值110%投保平安险,6月初货物装妥顺利开航。载货船舶于6月13日在海上遇到暴风雨,致使一部分货物受到水渍,损失价值2 100美元。数日后,该轮又突然触礁,致使该批货物又遭到部分损失,价值为8 000美元。问:保险公司对该批货物的损失是否赔偿?为什么?

12. 我某外贸公司以CFR条件进口4 000吨钢管,我方为此批货物向某保险公司投保我国海运保险条款水渍险。钢管在上海港卸下时发现有500吨生锈,经查其中200吨钢管在装船时就已生锈,但由于钢管外表有包装,装船时没有被船方检查出来。还有200吨钢管因船舶在途中搁浅,船底出现裂缝,海水浸湿而致生锈,另有100吨钢管因为航行途中曾遇雨天,通风窗没有及时关闭而被淋湿致生锈。分析导致上述损失的原因,保险人是否应予赔偿,为什么?

二、计算题

1. 有一批出口货物,发票单价金额为USD 1 200M/T CIF LONDON,共100公吨,合同规定按发票金额的110%投保一切险和战争险,一切险和战争险的保险费率分别为0.5%和0.02%,求这批货物的保险费是多少?

2. 某出口商按CIF条件出口一批货物,发票金额为12 000美元,客户要求按130%投保,保险费率为0.6%,超成保险费是多少?

第六章　国际商品价格条款

价格条款是指与货物有关的合同规定，是买卖双方交易磋商的主要内容，也是国际货物买卖的主要条件。价格条款包括价格的计量单位、计价货币的名称、价格基础（交货条件、价格构成、价格术语）、定价方法、单价和总金额等内容。

第一节　价格条款的规定方法

一、合同中价格条款的作价方法

在国际货物买卖中，确定货物的价格（单价）是至关重要的，根据不同的交易情况，作价方法通常有：

1. 固定作价

这种做法在国际货物买卖中采用普遍，交易双方通过协商就计量单位、计价货币、单位价格金额和使用的贸易术语，达成一致后在合同中以单价条款的形式规定下来，即买卖双方根据订约时规定的价格结算、交货，不论市价是否有变化，双方都不得更改。例如：

USD 68.50 Per Dozen ClF NewYork（每箱 68.50 美元 CIF 纽约）

其中 USD（美元）为计价货币，68.50 为单位价格金额，“Per Dozen”为计量单位，“CIF，NewYork”为贸易术语。

采用这种方法时，合同价格一经确定，就要严格执行，不经双方当事人一致同意，任何一方不得擅自更改。固定价格的做法具有明确具体、便于核算的优点。但是，在这种方式下，当事人要承担从签约到交货付款乃至转卖时价格波动的风险。

2. 非固定价格

对于双方都难以预测的市场价格趋势，为避免双方承担风险，对价格暂不固定，而只约定将来确定价格的方法；习惯上又称“活价”。具体做法上分为：

①合同中只规定作价方式，具体作价等以后确定。如规定“在装船月份前几天，参照当地及国际市场价格水平，协商议定正式价格”或“按照提单日期的国际市场价格计算”。

②在合同中暂定一个初步价格，作为买方开立信用证和初步付款的依据，待以后双方确定最终价格后再进行清算，多退少补。

③规定滑动价格的做法。这主要是在一些机械设备的交易中采用，由于加工周期较长，为了避免原料、工资等变动带来的风险，可由交易双方在合同中规定基础价格的同时，规定如交货时原料、工资发生变化，并超过一定比例，卖方可对价格进行调整。

二、合同中价格条款应该注意的问题

为了使价格条款的规定明确合理,必须注意下列事项:

①及时充分地了解对方的市场行情,掌握价格走势。合理地确定商品的单价,防止偏高或偏低。

②根据船源、货源等实际情况,选择适当的贸易术语。例如:离海近的货源地尽量选择FOB、CFR、CIF。

③灵活运用各种不同的作价办法,尽可能避免承担价格变动的风险。

④参照国际贸易的习惯做法,注意佣金与折扣的合理运用。

⑤单价中的计量单位、计价货币和装运地或卸货地名称,必须表示明确、完整。

⑥如果包装材料和包装费用另行计算,对其计价方法也应一并规定。

⑦单价中涉及的计价数量单位、计价货币、装卸地名称等必须书写正确、清楚,以利合同的履行。

三、进出口商品的价格构成

1. 进口商品的价格构成

进口货物的FOB价、运费、保险费、进口税费、目的港码头捐税、卸货费、检验费、仓储费、国内运杂费、其他杂费、佣金和预期利润等。

2. 出口商品的价格构成

收购成本、包装费、国内运费、仓储费、检验费、运费、出口税费、启运港码头捐税、装货费(驳船费)、其他杂费、佣金和预期利润等。

例如一个进口玩具的价格构成:

一个售价699元的玩具产品为例,代理商139.8元(20%)、人工成本125.8元(18%)、ABS原材料118.8元(17%)、物流及营销成本104.85元(15%)、净利润97.3元(13.9%)、税收39.1元(5.6%)、店员工资35元(5%)、生产线折旧21元(3%)、授权费用17.5元(2.5%)。

四、计价货币的选择

在计算货物价款时,必须首先明确计量单位采用何种度量衡制度,并且在价格条款中予以注明。在国际货款结算时.还必须确定结算采用何种货币单位。货币可以分为可自由兑换货币和不可自由兑换货币,所以交易双方必须根据具体情况来协议用何种货币结算。反映价格构成的价格术语的表示要准确、完整,并按照国际惯例使用价格术语。

在国际贸易中,买卖双方使用何种货币主要依据双方自愿进行选择,在选择货币时应根据国家的方针政策,外汇市场的变动,以及使用的货币本身可否兑换、是否稳定等因素综合考虑而决定。

1. 计价货币的概念

计价货币(Money of Account)是指合同中规定的用来计算价格的货币.这些货币可以是出口国或进口国的货币,也可以是第三国的货币,但必须是自由兑换货币.具体采用哪种货币由双方协定。如合同中的价格是用一种双方当事人约定的货币(如美元)来表示的,没有规定用其他货币支付，则合同中规定的货币，既是计价货币，又是支付货币(Money of Payment)。如在计价货币之外，还规定了其他货币(如英镑)支付，则英镑就是支付货币。

在国内，支付货币经常翻译成结算货币。

2. 选择计价货币应注意的问题

对任何一方来说，使用本国货币，承担的风险较小，但如果使用外币则可能要承担外汇汇率变动所带来的风险，因为当今国际金融市场普遍实行浮动汇率制，汇率上下浮动是必然的，任何一方都有可能因汇率浮动造成损失。

如果我国与对方国家之间有贸易支付协定，则应使用协定中的货币。如果我国与对方国家无支付协定，一般应选用"可兑换性货币"，即可以在国际外汇市场上自由买卖的货币，也称自由外汇。可兑换性货币根据币值是否稳定，也有软、硬之分。所谓硬货币，是指币值比较稳定且呈上浮趋势；软货币是指币值比较疲软且呈下浮趋势。我国出口商品原则上应选用硬货币，而进口商原则上应争取用软货币支付。当然在选用货币问题上，我国还是应遵循平等互利的原则，双方协商，按照促进出口或进口交易的实际情况全盘考虑，灵活机动。

3. 货币风险的防范

目前，国际金融业务已相当发达，为货币风险的防范提供了多种途径。结合我国的实际情况，比较实用和简单易行的方法主要有以下几种：

(1)选择适当的货币

选择何种货币计价和结算是产生外汇风险的开始，我们应在选择货币时就尽量避免产生外汇风险。

①争取以本币作为结算货币。

②进口选择软货币，出口选择硬货币。理论上进口选择软货币，出口选择硬货币，经营者可以从中获利，但应注意的是，货币的软硬是相对而言的，且有一定的时间性。在某一时期是软货币，而过一时期可能会变成硬货币，这种变化是难以预料的，因此，经营者在正确选择了货币之后还应在有利时机通过金融交易将汇率固定下来，才能达到最终避免外汇风险的目的。

③如果出口时使用了软货币，应相应提高报价；进口时使用硬货币，应相应压价。

④进口选择高利率货币，出口选择低利率货币。

⑤以多种外币软硬搭配报价。

(2)通过金融交易进行保值

金融交易是指通过银行做外汇买卖，以减少外汇变动所带来的风险。目前银行为进出口商提供的用于保值的外汇交易主要有即期、远期和期权交易。

(3)通过业务分散化来减少汇率风险

经营者可通过业务分散化，如在扩大出口业务的同时兼营进口业务、进出口国和地区分散、增加高附加值产品出口以及资产和负债货币币种分散化等措施来减少汇率变动的风险。

(4)通过支付时间的"提前错后"减少汇率风险

在进口业务操作中，如企业预计外币对本币汇率将上升时，则应设法加速支付货款的时间，这样，在外币正式升值前，企业就可以以较少的本币换成外币支付货款，这就叫"提前"。在出口业务操作中，如一出口商预计本币的汇率将上升时，他就设法将收款期限延长，诸如以承兑交单(D/A)或远期信用证方式代替原先的付款交单(D/P)或即期信用证方式下办理出口。这样，待外汇汇率正式上升时，企业按新的汇价结算，每一单位外币，就可换算到比原先多的本币,这就是所谓的“错后”。

第二节　常用术语的价格换算

FOB、CFR 和 CIF 三种价格的基本构成

FOB:成本 + 国内费用 + 预期利润

CFR:成本 + 国内费用 + 出口运费 + 预期利润

CIF:成本 + 国内费用 + 出口运费 + 出口保险费 + 预期利润

FCA、CPT 和 CIP 这三种贸易术语适用于任何运输方式,包括国际多式联运。计算公式如下:

FCA 价格 = 进货成本价 + 国内费用 + 净利润

CPT 价格 = 进货成本价 + 国内费用 + 国外运费 + 净利润

CIP 价格 = 进货成本价 + 国内费用 + 国外运费 + 国外保险费 + 净利润

一、FOB、CFR 和 CIF 三种术语的换算

(1)FOB 价换算为其他价

CFR 价 = FOB 价 + 国外运费 CIF 价 =(FOB 价 + 国外运费)/(1 - 投保加成 × 保险费率)

(2)CFR 价换算为其他价

FOB 价 = CFR 价 - 国外运费 CIF 价 = CFR 价 /(1 - 投保加成 × 保险费率)

(3)CIF 价换算为其他价

FOB 价 = CIF 价 ×(1 - 投保加成 × 保险费率) - 国外运费 CFR 价 = CIF 价 ×(1 - 投保加成 × 保险费率)

【案例 1】计算题 1:进口货物以 CFR 价成交,计发票金额 20000 美元,国外出口商电告货已发运,应即向我保险公司按 CIF 价投保,保险费率为 0.6%。则 CIF 价为:

$$20000/1-(0.6\%\times110\%)=20000/0.9934=20132.88(\text{美元})$$

【案例 2】某公司出口货物一批,单价为每公吨 1200 美元 CIF 纽约。按发票金额的 110% 投保,投保一切险,保险费率为 0.8%。现在客户要求改报 CFR 价。试计算在不影响我收汇的前提下应报价多少。

解:
$$\begin{aligned}CFR&=CIF[1-(1+\text{投保加成率})\times\text{保险费率}]\\&=1200[1-(1.1\times0.8\%)]=1189.44(\text{美元})\end{aligned}$$

二、FCA、CPT 和 CIP 三种术语的换算

(1)FCA 价换算为其他价

CPT 价 = FCA 价 + 国外运费

CIP 价 =(FCA 价 + 国外运费)/(1 - 保险加成 × 保险费率)

(2)CPT 价换算为其他价

FCA价 = CPT价 - 国外运费

CIP价 = CPT价 /(1 - 保险加成 × 保险费率)

(3)CIP价换算为其他价

FCA价 = CIP价 ×(1 - 保险加成 × 保险费率) - 国外运费 CPT价 = CIP价 ×(1 - 保险加成 × 保险费率)

第三节　佣金与折扣

在磋商价格条款时,还往往涉及到佣金和价格折扣。佣金是经纪人和代理商等中介商对有关货物销售或其他事项提供劳务的所得收入,给佣金的目的是促进商品销售。根据国际贸易的习惯做法,佣金计算有的是按交易金额的百分比计算的,有的是按成交的数量计算的,也有按FOB净价为基数计算的。价格折扣是卖方按照原价比予以买方一定的减让。折扣的大小取决于双方的关系、支付条件、交易性质以及市场行情等因素。目前国际贸易中大约有二十种不同的折扣方法,主要有总(普通)折扣、交易额折扣、数量折扣或批量折扣、经销商折扣、特殊折扣、出口折扣、季节性折扣、隐蔽折扣等。

在合同价格条款中,有时会涉及佣金(Commission)和折扣(Discount,Allowance)。价格条款中所规定的价格,可分为包含有佣金或折扣的价格和不包含这类因素的净价(Net Price)。包含有佣金的价格,在业务中通常称为"含佣价"。

一、佣金

1.佣金的含义

在国际贸易中,有些交易是通过中间代理商进行的。因中间商介绍生意或代买代卖而需收取一定的酬金,此项酬金叫佣金。凡在合同价格条款中,明确规定佣金的百分比,叫做"明佣"。如不标明佣金的百分比,甚至连"佣金"字样也不标示出来,有关佣金的问题由双方当事人另行约定,这种暗中约定佣金的做法,叫做"暗佣"。凡成交价格中有需要支付给中间商的价格,即为含佣价。不含佣金的价格为净价。

佣金直接关系到商品的价格,货价中是否包括佣金和佣金比例的大小,都影响商品的价格。显然,含佣价比净价要高。正确运用佣金,有利于调动中间商的积极性和扩大交易。

2.佣金的表示方法

佣金的支付一般有两种做法:一种是由中间代理商直接从货价中扣除佣金;另一种是在委托人收清货款之后,再按事先约定的期限和佣金比率,另行付给中间代理商。在支付佣金时,应防止错付、漏付和重付等事故发生。佣金可以有以下表示方法:

(1)文字说明

在商品价格中包括佣金时,通常应以文字来说明。例如:"每公吨200美元CIF旧金山,包括2%佣金"(US $ 200 Per Metric Ton/TCIF San Francisco including 2% commission)。其中2%是佣金率。

(2)在价格中用C来表示

在贸易术语上加注佣金的缩写英文字母"C"和佣金的百分比来表示。例如:"每公吨200

美元 CIFC2% 旧金山”（US ＄ 200 Per MT/TCIF San Francisco including 2% commission）。

（3）用绝对数来表示

商品价格中所包含的佣金，除用百分比表示外，也可以用绝对数来表示。例如：“每公吨付佣金 25 美元。

如中间商为了从买卖双方获取“双头佣金”或为了逃税，有时要求在合同中不规定佣金，而另按双方暗中达成的协议支付。佣金的规定应合理，其比率一般掌握在 1% 至 5% 之间，不宜偏高。

3. 佣金的计算

在国际贸易中，计算佣金的方法不一，有的按成交金额约定的百分比计算，也有的按成交商品的数量来计算，即按每一单位数量收取若干佣金计算。在我国进出口业务中，计算方法也不一致，按成交金额和成交商品的数量计算的都有。在按成交金额计算时，有的以发票总金额作为计算佣金的基数，有的则以 FOB 总值为基数来计算佣金。如按 CIFC 成交，而以 FOB 值为基数计算佣金时，则应从 CIF 价中减去运费和保险费，求出 FOB 值，然后以 FOB 值乘佣金率，即得出佣金额。

关于计算佣金的公式如下：

$$佣金额 = 含佣价 \times 佣金率$$

$$净价 = 含佣价 - 佣金额$$

上述公式也可写成：

$$净价 = 含佣价 \times (1 — 佣金率)$$

假如已知净价，则含佣价的计算公式应为：

$$含佣价 = 净价/(1 - 佣金率)$$

【案例 3】　某商品原报价 FOB 天津每公吨 1500 美元，现客户要求报价中含 2% 的佣金，为使净收入不变，应报价多少？

解：含佣价 = 净价/（1 - 佣金率）= 1500/（1 - 2%）= 1530.61 美元

【案例 4】　某商品原报价 CIFC2 New York USD2000/MT，外商要求将佣金率提高至 4%，为使净收入不变，应报价多少

解：含佣价 = 净价/（1 - 佣金率）

我方净收入 = 2000 ×（1 - 2%）= 1960 美元

新的含佣价 = 1960/（1 - 4%）= 2041.67 美元

二、折扣

1. 折扣的含义

折扣是指卖方按原价给予买方一定百分比的减让，即在价格上给予适当的优惠。国际贸易中使用的折扣，名目很多，除一般折扣外，还有为扩大销售而使用的数量折扣（Quantity Discount）、为实现某种特殊目的而给予的特别折扣（Special Discount）以及年终回扣（Turnover Bonus）等。凡在价格条款中明确规定折扣率的，叫做“明扣”；凡交易双方就折扣问题已达成协议，而在价格条款中却不明示折扣率的，叫做“暗扣”。折扣直接关系到商品的价格，货价中是否包括折扣和折扣率的大小，都影响商品价格，折扣率越高，则价格越低。折扣如同佣金一

样，都是市场经济的必然产物，正确运用折扣，有利于调动采购商的积极性和扩大销路，在国际贸易中，它是加强对外竞销的一种手段

2. 折扣的规定办法

在国际贸易中，折扣通常在合同价格条款中用文字明确表示出来。例如："CIF 伦敦每公吨 200 美元，折扣 3%"（US $ 200 Per Metricton CIF London including 3% discount）。此例也可这样表示："CIF 伦敦每公吨 200 美元，减 3% 折扣"（US $ 200 Per Metric Ton CIF 伦敦 Less 3% discount）。此外，折扣也可以用绝对数来表示。例如："每公吨折扣 6 美元"在实际业务中，也有用"CIFD"或"CIFR"来表示 CIF 价格中包含折扣。这里的"D"和"R"是"Discount"和"Rebate"的缩写。鉴于在贸易往来中加注的"D"或"R"含义不清，可能引起误解，故最好不使用此缩写语。

交易双方采取"暗扣"的做法时，则在合同价格中不予规定。有关折扣的问题，按交易双方暗中达成的协议处理，这种做法属于不公平竞争。公职人员或企业雇佣人员拿"暗扣"，应属贪污受贿行为。

3. 折扣的计算与支付方法

折扣通常是以成交额或发票金额为基础计算出来的。例如，CIF 伦敦，每公吨 2000 美元，折扣 2%，卖方的实际净收入为每公吨 1960 美元。其计算方法如下：

$$单位货物折扣额 = 原价（或含折扣价）\times 折扣率$$

$$卖方实际净收入 = 原价 - 单位货物折扣额$$

折扣一般是在买方支付货款时预先予以扣除。也有的折扣金额不直接从货价中扣除，而按暗中达成的协议另行支付给买方，这种做法通常在给"暗扣"或"回扣"时采用。

【案例 5】：某商品出口价格为 CIF 香港每吨 7500 美元，折扣 2%，可写成 CIF HONGKONG USD7500 Per M/T less 2% Discount。其净价和折扣金额是多少？

解：折扣金额 $=7500 \times 2\% = 150$（美元/吨）

商品出口净价：$7500 \times (1-2\%) = 7350$（美元/吨）

♨ 课后练习 ♨

一、计算题

1. 我国 A 公司出口某商品，对外报价为 FOB 上海，每箱 60 美元。外商要求我方改报 CIF 某港价。已知该商品每箱体积 0.075 立方米，每箱毛重 50 公斤，运费计收标准为 W/M，上海港至某港运费为每运费吨 95 美元，燃油附加费为 15%，该商品按发票金额的 110% 投保，保险费率为 0.5%。计算 CIF 某港价。

2. 某公司向西欧推销箱装货，原报价每箱 50 元，FOB 上海，现客户要求改报 CFRC 3% Hamburg。问在不减少收汇的条件下，应报多少（该商品每箱毛重 40 公斤，体积 0.05 立方米，在计费标准为 W/M，每运费吨基本运费率为 200 美元，另加收燃油附加费 10%）。

3. 某出口公司对外报价某商品每公吨 2000 美元，CIF 纽约，外商要求 4% 佣金。在保持我方净收入不变的情况下，应该报含佣价为多少？

4. 某出口公司对外报价某商品每公吨 2000 美元 CIFC2% 纽约，外商要求将佣金率提高到 4%。在保持我方净收入不变的情况下，应该报含佣价为多少？

5. 某出口公司对外报价某商品每箱 800 美元,FOBC2% 上海,外商要求将佣金率提高到 5% 佣金。在保持我方净收入不变的情况下,应该报含佣价为多少?

6. 某出口公司对外报 CIF 纽约价为 1000 美元,对方提出要 3% 佣金,在保证我方净收入不变的前提下,请计算含佣价应为多少美元?

7. 某外贸公司出口一种商品至日本,出口价格条件为每公吨 9850 美元,CIF 横滨。其中中国口岸至横滨海上运输费和保险费共计占 15%。结汇时中国银行外汇牌价为 1 美元折合人民币 8.25 元。试计算每公吨出口销售人民币净收入金额。

8. 假设某商品的国内进价为 8270 元,加工整理费支出为 900 元,商品流通费支出为 700 元,税金为 30 元。该商品的出口销售外汇净收入为 3000 美元。试计算:①该商品的出口总成本;② 该商品每美元换汇成本。

9 原报价每箱 100 美元,净价 FOB SHANGHAI,如外商要求该报 FOBC 5% ,为保持我方净收入不变,我对外报价应为多少?

10 我对外出售商品一批,报价 CIFXX 港,23500 英镑(按发票金额 110% 投保一切险和战争险、两者费率合计为 0.7%),客户要求改报 CFR 价。试问,在不影响收汇额的前提下,正确的 CFR 价应报多少?

二、下列出口单价的写法是否正确

1. USD3.68CIFC HONGKONG

2. 300 英镑每箱 CFR USA

3. USD Per Ton FOB London

4. CIFC2% Shanghai

三、问答题

1. 请谈一谈进出口商品的作价原则,在确定进出口商品价格时应考虑哪些因素?

2. 在进出口贸易中为什么要正确选择计价货币?

3. 在国际贸易中如何正确使用佣金与折扣?

4. 进出口合同中的价格条款包括哪些内容? 规定此条款时应注意什么问题?

第七章　国际货款的收付

国际贸易货款的收付是买卖双方的基本权利和义务。货款的收付直接影响双方的资金周转和融通，以及各种金融风险和费用的负担，因而这是关系到买卖双方切身利益的问题。因此，买卖双方在洽商交易时，都力争规定对自己有利的支付条件。

我国对外贸易货款的收付，通常都是通过外汇来结算的。货款的结算，主要涉及支付工具、付款时间、地点及支付方式等问题，买卖双方洽商交易时，必须对此取得一致的意见，并在合同中具体订明。

【案例1】 2009年11月底，内地卖方A公司与中国台湾B公司签订了一份出口合同，总价值10118.00美元，规定从上海运往基隆港，到港时间不得晚于同年12月17日，支付方式为B公司收到目的港代理的接货通知书后48小时内将全部货款办理电汇（T/T）给A公司。由于装运期较为迫切，卖方立即准备货物，并预定了12月10日船期（预计整个航程共需7天）。货物如期装船后，正本提单寄B公司。但因货物途经高雄时多停靠了2天，于12月19日才抵达目的港，客户于次日提货后，提出暂时拒付全部货款，待货物销完后再付，原因是货物未能如期到港，致使这批货物无法赶上当地圣诞节的销售高潮，其部分客户已纷纷取消订单，造成此批货物大量积压，给他带来巨大经济损失。A公司多次电告B公司，告知货物未能如期到港（延误2天），卖方是无法预料与控制的，再者，因备货时间短，卖方已尽力将货物装上最早船期。A公司多次要求B公司办理付款，B公司均不予以理睬。2个月后，A公司只好请中国台湾某一友好客户C与B公司协商，B公司才开始有所松口，条件是要求我方降价30%后才同意给予付款（客户称约有价值30%货物积压仓库）。经A公司方一再努力与之协商，最终才以A公司降价15%告终，此案中A公司方直接损失1500多美元。

【分析】 在本案中，A公司方接受了货物到港后对方付款（电汇），实属赊销，是卖方收汇风险最大的一种方式，因A公司方已先行发货，且正本提单已寄客户，完全丧失物权，客户若借故拒付，是相当容易的。因此，可以这样说，我方选择了这一方式，为客户的日后拒付创造了条件。所以，在不了解对方资信或大宗交易的情况下，应尽量避免用赊销方式，最好采用预付款（即先收款后发货）或信用证，或两者并用，这样在一定程度上都可避免收汇风险。

这一案例表明在进出口贸易中，选取合适、恰当的支付方式才能安全、迅速地收回货款；然而，在进出口贸易中，货款的收付还不只是支付方式选择的问题，还包括支付工具的选择，各种支付方式的结合使用等内容，这些共同构成了支付条件，关系到买卖双方的利益，因此应当在合同中加以明确。

第一节 支付工具

在进出口贸易中，有货币和金融票据两种支付工具。但是，在实际操作中，采用现金结算非常不方便，而且风险大、周转慢，所以国际货款的收付一般都是使用信用工具或支付凭证来结算国际间的债权债务，即采用非现金结算的票据方式。在现代大多数欧洲国家以及日本和一些拉丁美洲国家已经以一些公约为基础修订了本国票据法及支票法，也就是说属于大陆法的法国法系与德国法系各国自此以后，其票据法已大致趋于一致。但是英美等国则从开始起就拒绝参加日内瓦公约，结果历来的三大法系变成日内瓦统一法系与英美法系的两大法系。

票据(Bills)是指以支付一定金额为标的，而依票据法发行的，可以转让流通的证券(Transferable and negotiable instrument)，狭义的票据是指汇票、本票及支票。在国际贸易结算中，一般都使用一定的票据作为支付工具，通过银行进行非现金的结算。票据虽然具有代替现金作为流通手段和支付手段的作用，但它本身毕竟不是货币，它只是在法定特殊范围和条件下才可以发挥作用。

票据与法定货币的主要区别在于票据所凭借的是发票人、承兑人或背书人的私人信用，它不具有法定货币的强制通用效力。因此，当债务人以法定货币清偿债务时，在法律上称为法偿(Iegal Tender)，债权人必须予以接受。但如债务人拟以票据清偿债务时，则必须征得债权人的同意，或在契约中予以规定，否则债权人可拒绝接受。金融票据主要包括汇票、本票和支票。出口贸易中，汇票的使用最为广泛。

一、汇票

汇票(Bill of Exchange/Postal Order/Draft/Money Order)是最常见的票据类型之一，也是国际结算中使用最广泛的一种信用工具。

1. 汇票的含义

我国《票据法》第19条明文规定："汇票是出票人签发的，委托付款人在见票时或者在指定日期无条件支付确定的金额给收款人或者持票人的票据。"

英国《票据法》规定："汇票是一人向另一人出具的无条件支付的书面命令，要求对方见票时或在某一规定的时间或可以确定的时间，向某一特定人或其指定人或持票人支付一定的金额。"

在国际贸易中，由于缺乏信任，买方在获得货物之前必须支付货款或者做出支付的承诺。因此使用以支付金钱为目的并且可以流通转让的债权凭证——票据为主要的结算工具。依照国际惯例，人们使用汇票来对交易进行结算，它是由出口商开出的、要求进口商或者它的代理在特定时间支付特定金额的命令。

2. 汇票的当事人

汇票是一种无条件支付的委托，有三个当事人：出票人、受票人和收款人。

出票人(Drawer)：是开立票据并将其交付给其他的法人、组织或者个人。出票人有对收款人及正当持票人承担票据在提示付款或承兑时必须付款或者承兑的保证责任。

受票人(Drawee/Payer)：就是"付款人"，即接受支付命令的人。进出口业务中，通常为进口人或银行。在托收支付方式下,付款人一般为买方或债务人;在信用证支付方式下,一般为开证行或其指定的银行。

收款人(Payee):又叫"汇票的抬头人",是指受领汇票所规定的金额的人。进出口业务中,一般填写出票人提交单据的银行。收款人是汇票的债权人,一般是卖方,是收钱的人。

3. 汇票的内容

由于汇票是具有法律约束的票据,所以各国票据法对汇票记载事项都有一定要求,虽然各有不同,但是主要内容一般包含以下几项:

①记载表明"汇票"的字样。

②无条件支付命令,也就是不能以其他行为的履行或事件的发生为执行命令的先决条件,是不受任何限制的无条件支付的命令。

③确定的金额,例如,汇票上不允许出现"付人民币拾万元左右"等不确定的记载。

④付款人姓名,在国际贸易中,通常是进口方或其指定银行。

⑤收款人姓名,在国际贸易中,通常是出口方或其指定银行。

⑥出票日期,是指汇票上记载的开立日期。

⑦出票人签章,指汇票必须有出票人的签名、盖章或签名加盖章方能生效。

⑧出票地,汇票的出票地点以票面记载为准,如票面没有记载,以出票人的工作(营业)场所为准。

⑨付款地,我国票据法第二十三条:汇票上记载付款日期、付款地、出票地等事项的,应当清楚、明确;汇票上未记载付款地的,付款人的营业场所、住所或者经常居住地为付款地。

⑩到期日,汇票到期日即汇票付款日,是指汇票上记载的付款人应当履行付款义务的日期。

我国《票据法》规定,上述前7条是我国汇票的绝对必要记载事项,只要汇票欠缺此类事项之一,则该汇票归于无效。汇票的票样如下。

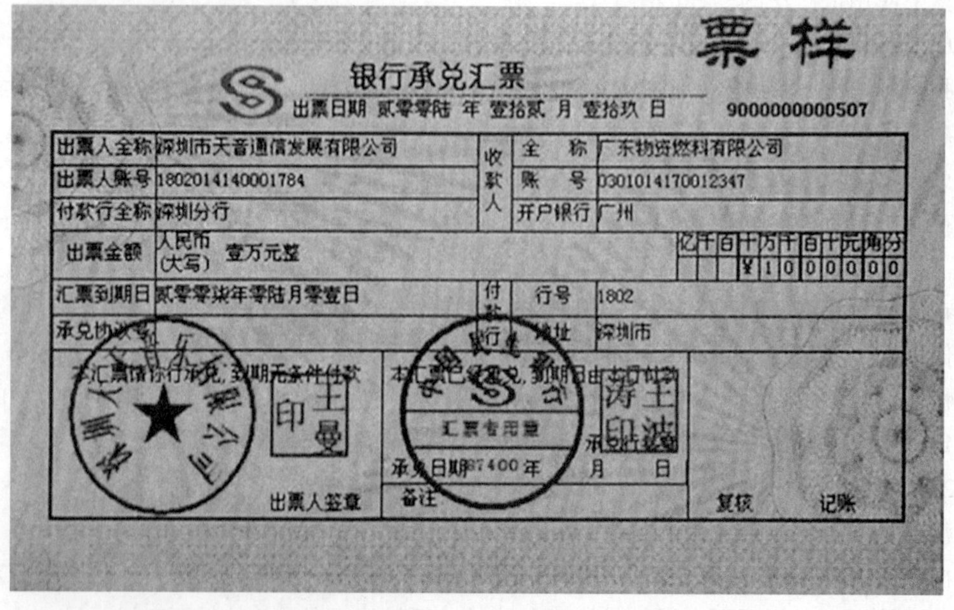

票样

银行承兑汇票

出票日期 贰零零陆 年 壹拾贰 月 壹拾玖 日　　9000000000507

出票人全称	深圳市天音通信发展有限公司	收款人	全　称	广东物资燃料有限公司
出票人账号	1802014140001784		账　号	0301014170012347
付款行全称	深圳分行		开户银行	广州
出票金额	人民币(大写) 壹万元整		亿千百十万千百十元角分	¥1000000
汇票到期日	贰零零柒年零陆月零壹日	付款行	行号	1802
承兑协议号			地址	深圳市
本汇票请你行承兑,到期无条件付款 出票人签章		本汇票已经承兑,到期日由本行付款 承兑日期 年 月 日 备注		复核　记账

4. 汇票的种类

汇票从不同角度可分为以下几类：

(1) 按出票人的不同，可分为银行汇票和商业汇票

①银行汇票(Banker's Draft)是指汇款人将款项交存当地银行，由银行签发给汇款人持有往异地办理转帐结算或支取现金的票据。出票人和付款人都是银行的汇票。适用于先收款后发货或钱货两清的商品交易。银行汇票可以用于转帐，填明"现金"字样的银行汇票还可以用于支取现金。

②商业汇票(Commercial Draft)。根据我国支付结算办法第72条规定，商业汇票是收款人或付款人签发，由承兑人承兑，并于到期日向收款人或被背书人支付款项的票据。商业汇票又分为"银行承兑汇票"和"商业承兑汇票"。商业汇票出票人是企业或个人，付款人可以是企业、个人也可以是银行的汇票。

商业承兑汇票：商业承兑汇票是由银行以外的付款人承兑。商业承兑汇票按交易双方约定，由销货企业或购货企业签发，但由购货企业承兑。

银行承兑汇票：是商业汇票的一种。是由在承兑银行开立存款账户的存款人出票，向开户银行申请并经银行审查同意承兑的，保证在指定日期无条件支付确定的金额给收款人或持票人的票据。

(2) 按付款时间不同，可分为即期汇票和远期汇票

①即期汇票(Sight Draft)，指在提示或见票时立即付款的汇票。这种汇票的持票人可以随时行使自己的票据权利，在此之前无须提前通知付款人准备履行义务。

②远期汇票(Time Bill)，指付款人在一定期限内或指定日期付款的汇票。对远期汇票的付款时间有四种规定：见票后若干天付款(At XX days after sight)，出票后若干天付款(At XX days after date of draft)，提单签发后若干天付款(At XX days after date of Bill of Lading)，货物到达后若干天付款(At XX days after date of arrival of goods)。这四种方法如果是同一天出票，相同的若干天，用"出票后若干天付款"的方式所间隔的时间最短。在实际业务中，是用什么办法计算付款日期，需由双方洽商决定，并在合同中加以明确规定。

(3) 按有无附商业单据，可分为光票汇票和跟单汇票。

①光票汇票(Clean Bill)，本身不附带货运单据，付款人仅凭汇票付款，不得要求附带商业单据的汇票。银行汇票多为光票。

②跟单汇票(Documentary Bill)，指付款人凭票付款时，不仅要求受款人提交汇票，还要求其按约定条件，提交其他相关单据如提单、仓单、保险单、装箱单、商业发票等的汇票。

5. 汇票的使用流程

汇票的使用一般经过出票、提示、承兑、付款环节，如需转让，还要背书。当汇票遭到拒付，还会涉及到拒绝证书和行使追索等法律问题。

(1) 出票(Issue)

出票是指出票人填写汇票，经签字交给受票人的行为。出票包括两个行为：①由出票人制作汇票并在其上签名。②将汇票交给受款人。合法完成的出票行为具有下列效力：①对于出票人来说，出票使其成为票据的第二债务人，如果票据被拒绝承兑或被拒付，则出票人应承担对受款人及正当持票人支付汇票金额的义务。②对受款人来说，出票使其可以享受汇票的权利，他可以依法要求支付汇票金额或将汇票转让。③对于受票人或付款人来说，在受票人承兑

以前汇票对其无约束力,受票人没有义务付款,受票人承兑以后则要受其约束。买卖合同付款人有义务付款,那是合同的效力,而非票据本身的效力。汇票的出票人必须与付款人具有真实的委托付款关系,并且具有支付汇票金额的可靠资金来源,不得签发无对价的汇票用以骗取银行或者其他票据当事人的资金。

(2)提示(Presentation)

提示是指持票人将汇票提交给付款人要求承兑或付款的行为。付款人见到汇票叫见票(Sight)。提示可以分为两种:付款提示和承兑提示。前者是指持票人向付款人提交汇票,要求立即付款的行为;后者是指持票人向付款人提交远期汇票,要求付款人见票后办理承兑手续、到期付款的行为。

(3)承兑(Acceptance)

承兑是指付款人对远期汇票表示承担到期付款责任的行为。承兑行为是针对汇票而言的,并且只是远期汇票才可能承兑。办理承兑时,付款人应在汇票上写明"承兑"字样,注明承兑日期并签字,交还持票人。承兑后,付款人即成为汇票的第一债务人,而出票人处于从债务人的地位。

(4)付款(Payment)

汇票到期,付款人付给持票人票面金额。对即期汇票,在持票人提示汇票时,付款人即应付款;对远期汇票,付款人经过承兑后,在汇票到期日付款。付款后,汇票上的一切债务即告解除。

(5)背书(Endorsement)

背书就是由汇票持有人在汇票背面签字,或再加上受让人(被背书人)的名字,并把汇票交给受让人的行为。汇票持有人为了在汇票到期前先取得票款,可经过背书转让汇票,即将汇票进行"贴现",受让人在受让时按汇票的票面金额扣除一定贴现利息后,将票款余额付给出让人。一张票据可以多次背书、多次转让。背书的样式如下所示。

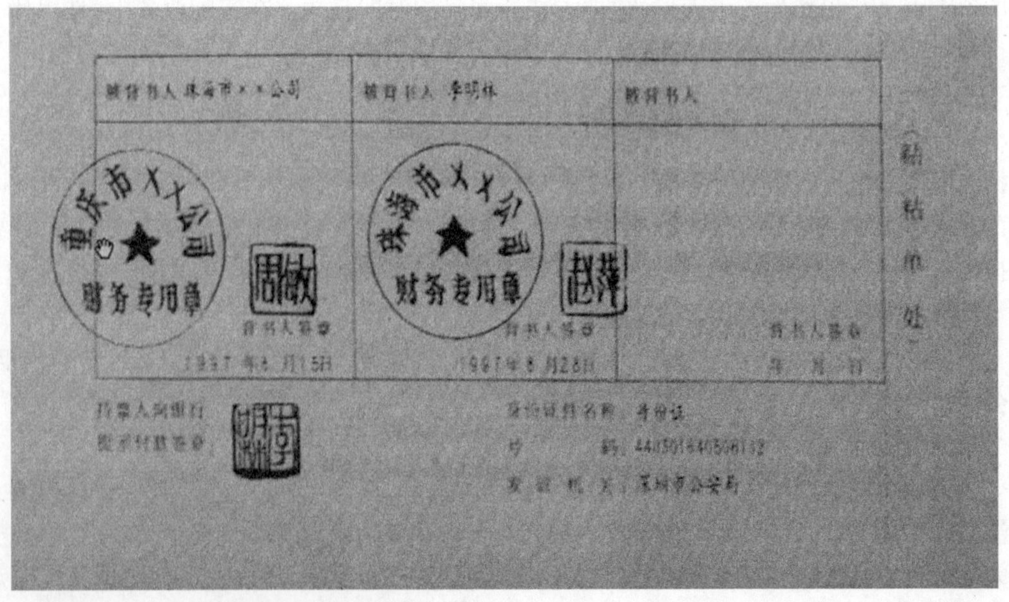

在国际市场上,汇票是一种流通工具,可以在票据市场上流通转让。背书是转让汇票权利的一种法定手续。经背书后,汇票的收款权利便转移给受让人。汇票可以经过背书不断转让下去。对于受让人来说,所有在他以前的背书人以及原出票人都是他的"前手";而对于出让人来说,所有在他以后的受让人都是他的"后手"。前手对后手负有担保汇票必然会被承兑或付款的责任。

【案例2】 甲为汇票的出票人,指定乙为持票人,丙为受票人。乙将该汇票背书转让给丁,丁在到期日前向受票人丙提示汇票并获承兑。但至汇票到期日,丙以资金周转困难为由,拒绝向丁付款。问:丁此时有何权利?如何行使?

【分析】 丁此时有追索权。丁应及时做出拒付证书,保全追索权;并可向出票人(甲)、前手(乙)、承兑人(丙)中的任何一人、数人或全体行使追索权。

(6)拒付(Dishonour)

拒付,也称退票,是持票人提示汇票时,遭到拒绝承兑或付款的统称。除此之外,付款人拒不见票、死亡或宣告破产,以致事实上不可能付款,也称为拒付。持票人提示承兑或提示付款被拒绝的,承兑人或付款人必须出具拒绝证明,或出具退票理由。拒付证书是由付款地的法定公证人或其他依法有权做出证书的机构如法院、银行、邮局等,做出证明拒付事实的文件,是持票人凭以向其前手进行追索的法律依据。如拒付的汇票已经承兑,出票人可凭此向法院起诉,要求承兑汇票的承兑人付款。

如果汇票在合理时间内提示,遭到拒绝承兑,或在到期日提示,遭到拒绝付款,持票人可立即行使追索权。所谓追索权(Right of Recourse),是指汇票遭到拒付,持票人有对其前手(背书人、出票人)进行票款追索的权利。

关于汇票的持有者对其前手追索权的时效,各国票据法都有明确的规定。我国《票据法》规定,持票人对前手的追索权,自被拒绝承兑或被拒绝付款之日起6个月内不行使则归于失效。可见,持票人对其前手追索权的失效日为自被拒绝承兑或被拒绝付款日起6个月。

【案例3】 1997年8月,我国某A公司与新加坡B商签订了一份进口胶合板的合同。合同总金额为700万美元,支付方式为托收项下付款交单。合同写明,允许分批装运胶合板。按照合同规定,第一批价值为60万美元的胶合板准时到货。经检验,A公司认为质量良好,对双方合作很满意。但在第二批交货期前,新加坡B商向A公司提出:"鉴于A公司资金周转困难,允许A公司对B商开出的汇票远期付款,汇票的支付条款为:见票后一年付款700万美元。但要求该汇票要请中国某国有商业银行的某市分行承兑。承兑后,B商保证将700万美元的胶合板在一年内交货。A公司全部收货后,再付B商700万美元货款。A公司对此建议欣然接受。A公司认为只要承兑了一张远期汇票,就可以得到货物,并在国内市场销售。这是一笔无本生意,而且货款还可以投资。但A公司始料不及的是,B商将这张由中国某国有商业银行某市分行承兑的远期汇票在新加坡的一家美国银行贴现了600万美元,从此B商一张胶合板都不交给A公司了。事实上,B商将这笔巨款骗到手后就无影无踪了。一年后,新加坡美国银行将这张承兑了的远期票据请中国某国有商业银行某市分行付款。尽管B商没有交货,承兑银行却不得以此为理由拒绝向善意持票人美国银行支付票据金额。本票金额巨大,中国某国有商业银行报请上级批准,由我方承兑银行付给美国银行600万美元而结案。

【分析】 对于这张由新加坡B商做为出票人和收款人的汇票,中国某国有商业银行的某市分行经承兑后成为汇票的付款人。A公司与B公司之间的胶合板买卖合同是该票据的原因关系。因此B商向A公司开出远期付款命令。而A公司在某国有商业银行某市分行有账户往来关系,即存款于该银行。它们之间的这种资金关系使得该行某市分行愿意向A公司提供信用,承兑了这张远期汇票。美国银行与B商之间有对价关系,美国银行善意地付了600万美元的对价而成为受让,从而成为这张汇票的善意持票人。但票据的最大特点就是,票据法律关系一经形成,即与基础关系相分离。票据基础关系的存在和有效与否并不对善意持票人的票据权利而产生影响。所以,B商实际上没有交货,或者A公司没有足够的美元存在银行,都不影响美国银行对承兑人的付款请求权。对美国银行来说,这张票据上并没有写什么胶合板,只有一句话:"见票后一年付700万美元"。票据法律关系应依票据法的规定加以解决,票据基础关系则应以民法规定加以解决。B商正是利用了票据的特性才行骗得逞的。如果这张票据没有在市场流通,那么情况就不一样了。因为各国票据法都认为,票据在未投入流通前,票据的基础关系与由此而产生的法律关系便没有分离,两者是有联系的。也就是说,当票据的原因关系与票据法律关系存在于同一当事人之间时,债务人可以利用原因关系对抗法律关系。在该案中,如果是B商来中国某国有商业银行某市分行要求付款,某分行可提出:既然卖方不交货,买方也拒绝付款。这就是买方可向卖方提出同时履约的抗辨理由。

二、本票

1. 本票的含义和内容

我国《票据法》第73条规定:"本票是出票人签发的,承诺自己在见票时无条件支付确定的金额给收款人或者持票人的票据。"

英国《票据法》关于本票的规定是:"本票是指一人向另一人签发的,保证即期或定期或在可以确定的将来的时间,对某人或其指定人或持票人支付一定金额的无条件书面承诺。"

各国票据法对本票所含事项的规定各有不同。我国《票据法》第76条规定本票必须记载下事项,否则无效:

①表明"本票"的字样;

②无条件支付的承诺;

③确定的金额;

④收款人的名称;

⑤出票日期。

2. 本票的特点

①自付票据。本票是由出票人本人对持票人付款的票据。

②基本当事人少。本票的基本当事人只有出票人和收款人两个。

③无须承兑。

3. 本票的种类

本票按其出票人不同,可分为商业本票和银行本票。

①商业本票,又称一般本票,是工商企业或个人所签发的本票,主要用于清偿出票人自身的债务。商业本票有即期和远期之分。

②银行本票，是指由银行签发的本票，都是即期的。根据我国《票据法》的规定，银行本票仅限于由中国人民银行审定的银行或其他金融机构签发。

4. 本票与汇票的区别

本票和汇票都属于票据的范畴，但两者之间又有较大的不同，主要区别如下：

①本票是一项付款承诺；而汇票是一项支付命令。

②本票只有两个基本当事人：出票人和收款人；而汇票则有三个基本当事人：出票人、付款人和收款人。

③本票的出票人始终是第一债务人，一旦拒付，持票人可以立即要求法院裁定，要求出票人付款；而汇票在承兑前，其出票人为第一债务人，在承兑后，承兑人为第一债务人，出票人处于从债务人的地位。

④本票签发的份数只能是一式一份；而汇票可以开出一套，即一式两份或一式多份。

⑤付款期限不同。本票付款期为 2 个月，逾期兑付银行不予受理；中国汇票必须承兑，因此承兑到期，持票人方能兑付。商业承兑汇票到期日付款人账户不足支付时，其开户银行应将商业承兑汇票退给收款人或被背书人，由其自行处理。银行承兑汇票到期日付款，但承兑到期日已过，持票人没有要求兑付的如何处理？《银行结算办法》没有规定，各商业银行都自行作了一些补充规定。如中国工商银行规定超过承兑期日 1 个月持票人没有要求兑付的，承兑失效。

三、支票

1. 支票的含义和内容

我国《票据法》第 82 条规定："支票是出票人签发的，委托办理支票存款业务的银行或者其他金融机构在见票时无条件支付确定的金额给收款人或者持票人的票据。"支票有两个主要特点：一是付款人有资格限制；二是见票即付。

支票的出票人必须在付款银行有存款，其签发支票的票面金额不得超过其在银行的存款。凡票面金额高于其在银行存款的支票，称为空头支票。空头支票的持有人向付款银行提示支票要求兑付时会遭到拒绝，支票的出票人也要负法律责任。

各国票据法对支票所含事项规定不同，一般来说，应当记载以下事项：

①表明"支票"的字样；②无条件支付的委托；③确定的金额；④付款人的名称；⑤出票日期；⑥出票人签章；⑦收款人名称；⑧出票地；⑨付款地。

我国《票据法》把以上前 6 条定为绝对应记事项，缺少任意一项，支票无效。

2. 支票的种类

支票按抬头的不同，可分为记名支票和不记名支票；按支票出票人的不同，可分为银行支票和商业支票；按支票本身的基本特征可分为保付支票、空头支票等。

我国《票据法》规定，支票分为现金支票和转帐支票两种，用以支取现金或转帐，并应当分别在支票正面注明。现金支票只能用于支取现金。转帐支票只能用于通过银行或其他金融机构转帐结算。但在许多国家，支取现金或转帐，通常可由持票人或收款人自主选择。若选择转帐，则可由出票人或收款人或代收银行在支票的左上角划两道平行线，那么这种支票只能通过银行转帐，此类支票称为"划线支票"；对于"未划线支票"，收款人既可通过自己的往来银行代向付款银行收款，存入自己的帐户，也可亲自到付款银行提现。

第二节 汇付与托收

国际贸易支付方式(Payment Modes of International Trade):国际间因商品交换而发生的、以货款为主要内容的债权债务的清算方式。不同的支付方式包含着不同的支付时间、支付地点和支付方法。汇付和托收是进出口贸易中常用的货款支付的方式。

一、汇付

汇付(Remittance)是国际贸易中最简单的结汇方式,简称汇款。

1. 汇付的含义

汇付是指付款人主动通过银行或其他途径将款项汇交收款人的支付方式。汇付属于商业信用,采用的是顺汇法,即资金的流动方向与支付工具的传递方向相同。汇付的优点在于手续简便、费用低廉。

2. 汇付的当事人

汇付方式的基本当事人有四个:

①汇款人(Remitter),是指汇出款项的人,在进出口业务中,通常是合同的买方。

②收款人或受益人(Payee of Beneficiary),是指汇款人指定接受汇款的人,在进出口业务中,通常是合同的卖方。

③汇出行或汇款行(Remitting Bank),是指接受汇款人委托汇出款项的银行,通常是汇款人所在地或进口地银行。

④汇入行或解付行(Paying Bank),是指接受汇出行委托,解付款项给收款人的银行,通常是收款人所在地或出口地银行。

3. 汇付的一般业务流程

在进出口贸易中,买卖双方签订合同后,卖方将货物发运至买方,买方通过银行将应付款项汇给卖方,这就发生了汇付。

4. 汇付的种类

按汇兑工具的不同,汇付可分为电汇、信汇、票汇三种。

(1)电汇(Telegraphic Transfer,简称 T/T)

电汇是汇出行应汇款人的申请用电报或电传委托国外汇入行向指定收款人解付货款的汇付方式。采用电汇方式的费用较高,但收款人收汇迅速。

使用电汇的前提条件是双方都需在有开通电汇服务的银行开有账户。

电汇操作流程:

①电汇时,由汇款人填写汇款申请书,并在申请书中注明采用电汇 T/T 方式。同时,将所汇款项及所需费用交汇出行,取得电汇回执。

②汇出行办理电汇时,根据汇款申请书内容以电报或电传向汇入行发出解付指示。

③汇入行收到电报或电传后,即核对密押是不是相符,若不符,应立即拟电文向汇出行查询。

(2)信汇(Mail Transfer,简称 M/T)

信汇是汇出行应汇款人的指示,用银行信件邮寄国外汇入行,授权其向收款人解付货款的方式。这种汇付方式比电汇慢,但费用比较低廉。

在进出口贸易合同中,如果规定凭商业汇票“见票即付”,则由预付行把商业汇票和各种单据用信函寄往国外收款人,进口商所在地银行见汇票后,用信汇(航邮)向预付行拨付外汇,这就是信汇方式在进出口结算中的运用。进口商有时为了推迟支付贷款的时间,常在信用证中加注“单到国内,信汇付款”条款。这不仅可避免本身的资金积压,并可在国内验单后付款,保证进口商品的质量。

(3)票汇(Demand Draft, 简称 D/D)

票汇是汇出行应汇款人的申请,代汇款人开立以其分行或代理行为解付行的银行的即期汇票(Banker's Demand Draft D/D),支付一定金额给收款人的一种汇款方式;也是进口人向进口地银行购买银行汇票寄给出口人,出口人凭此向汇票上指定的银行取款的一种方式。汇出银行在开出银行汇票的同时,对汇入行寄发“付款通知书”,汇入行凭此验对汇票后付款。票汇以银行即期汇票作为结算工具。其寄送方向与资金流动方向相同,故也是顺汇的一种。票汇与电、信汇的不同在于票汇的传送不通过银行,汇入行无须通知收款人,而由收款人持票登门取款。其使用流程:

①汇款人填写票汇申请书,并交款付费给汇出行;

②汇出行开立银行即期汇票交给汇款人,由汇款人寄给受款人;

③同时,汇出行将汇票通知书寄给汇入行;

④受款人持汇票向汇入行取款时,汇入行将汇票与原根(汇票通知书)核对无误后,解付票款给受款人。

票汇与电汇、信汇有两点不同。一是票汇的汇入行无须通知收款人取款,而由收款人持票登门取款;二是票汇使用的是银行汇票,经过收款人背书可以转让,而电汇和信汇的收款人则不能将收款权转让。

采用汇付方式结算货款时,卖方将货物直接交付给买方,由买方径自通过银行将贷款交给卖方。货运单据由卖方自行寄送买方,以票汇方式汇付时,银行不处理票据。

二、托收

1. 托收的含义

托收(Collection)是出口商(债权人)为向国外进口商(债务人)收取货款,开具汇票委托出口地银行通过其在进口地银行分行或代理行向进口商收款的结算方式。其基本做法是出口方先行发货,然后备妥包括运输单据(通常是海运提单)在内的货运单据并开出汇票,把全套跟单汇票交出口地银行(托收行),委托其通过进口地的分行或代理行(代收行)向进口方收取货款。托收也属于商业信用,采用的是逆汇法,即资金的流动方向与支付工具的传递方向相反。

2. 托收当事人

在进出口贸易中,托收方式的基本当事人有委托人、托收行、代收行和付款人。

①委托人(Principal),是指委托银行办理托收业务的人。由于委托人通常开出汇票委托银行向国外付款人代收货款,因此,也称为出票人,在进出口贸易中,通常为出口商。委托人运送货物并提供符合合同要求的单据,并填写托收申请书,再将申请书和金融单据、商业单据一并交给托收行。

②托收行(Remitting Bank),指接受委托人的委托,代为收取货款的银行,又称为寄单行,一般为出口地银行。托收行需审查委托申请书和核对单据,并选择代收行,缮制托收指示。

③代收行(Collecting Bank),指接受托收行的委托代向付款人收取票款的银行,一般为进口地银行,且通常是委托行在进口地的分行或代理行。代收行需要审查委托书与核对单据,妥善保管单据,并及时反馈托收情况。

④付款人(Drawee),指汇票中的付款人,也就是代收行向其提示汇票要求付款的债务人,通常为进口商。付款人审核单据后,付款赎单。

除上述基本当事人外,托收业务有时还可能涉及到另外两个当事人:

⑤提示行(Presenting Bank),指向付款人提示汇票和单据的银行,属代收行系列。提示行可以是由代收行委托的与付款人有往来帐户关系的银行,也可以由代收行自己兼任。

⑥需要时的代理,指委托人为了防止因付款人拒付而发生无人照料货物的情形而在付款地事先指定的代理人。这种代理人一般在拒付情况下负责照料货物存仓、转售、运回等事宜。

3. 托收特点

(1)托收是商业信用

在托收业务中,银行只提供服务,不提供信用。即没有检查货运单据正确与否或是否完整的义务,托收行和代收行都只是按照委托人的指示办事,及时向付款人提示汇票,将收到的货款及时转交给委托人;若发生拒付情况,及时通知委托人等;但不保证付款人必须付款,对货运单据和到港货物也无审查和看管责任。委托人发货后能否安全及时收回货款,完全取决于进口商的信用。

【案例4】 我方的一笔出口货款申请银行按D/P即期托收,在托收申请书中,我方没有增加银行责任,该项托收货款被买方拒付,银行即告知我方。时隔数周,我方向银行交代货物处理方法,此时,货物已有部分被盗,我方认为银行没有保管好货物,并要求赔偿,银行断然拒绝。

问:银行这样做是否有道理?

【分析】 银行这样做有道理。因为,在托收业务中,银行只是按照委托人(即我方)的指示办事,在我方填写的托收申请书中,我方并未增加银行责任,委托银行对到达目的地的货物代为保管,因此,银行对于货物的灭失不负任何责任。

(2)托收方式对出口商风险较大

采用托收方式是先发货、后收款,这种方式给买方带来了极大的方便,但是对于卖方来说货款是否能按时全部收回,则完全依赖于进口商的信誉,这在一定程度上失去了对货物和货款的主动权,因此对出口商来说风险较大。

(3)托收方式对进口商非常有利

通过这种结算方式,进口方可减少费用,有利于资金融通和周转,因此,有利于调动进口商的积极性,从而有利于促进成交和扩大出口。

4. 托收的种类

根据托收中是否使用商业单据,托收可分为光票托收和跟单托收两种。

(1)光票托收(Clean Collection)

指出口商只凭金融票据、不附有商业票据的托收。它通常用于小额款项收复,例如信用证的余额结算，也用于代垫费用、佣金、样品费等的结算。

(2)跟单托收(Documentary Collection)

指银行受出口商委托，凭汇票、发票、提单、保险单等商业单据向进口商收取货款的结算方式，卖方以买方为付款人开立汇票，委托银行代其向买方收取货款。在进出口贸易的托收业务中，大多采用跟单托收。跟单托收根据商业票据交单条件的不同，又可以分为付款交单和承兑交单两种。

①付款交单(Documents against Payment，简称 D/P)，指出口商发货后取得货运单据，委托银行代收货款，指示银行只有在进口商付清货款后才能将商业单据交给进口商。可见，在付款交单托收业务中，出口商的交单是以进口商的付款为条件的。付款交单，按照货款支付的时间不同，可分为即期付款交单和远期付款交单。

即期付款交单(D/P at sight)，是指出口商发货后，开具即期汇票，连同商业单据通过银行向进口商做出提示，进口商审单无误，见票即付后才能领取货运单据，付款交单方式的交易流程如下：

a. 进出口双方签订合同，在合同中规定采用即期付款交单方式支付货款。

b. 出口方按合同规定装运货物后，填写托收申请书，开出即期汇票，连同全套货运单据交托收行，委托其收取货款。

c. 托收行填写托收委托书，连同汇票和货运单据寄送代收行由其代收货款。

d. 代收行收到汇票和货运单据后，向进口方做付款提示。

e. 进口商见票后立即付清货款，赎走全套单据，并凭单据提货。

f. 代收行通知托收行款项已收妥，并转账给托收行。

g. 托收行将货款交付给出口方。

【案例 5】 我出口公司以 CIF 术语与某日商成交出口货物一批，合同规定以即期付款交单托收方式结算。我方按合同规定发运货物后及时办理托收手续。单据寄到国外代收行向日商提示汇票。要求付款时，正好当地该商品市场价格暴跌。日商为了寻找借口拒收货物，以我方开立的商业发票错把日元写成美元为由拒绝付款，这个案例给我们的教训是什么？

【分析】 ①单证的缮制，单证缮制一定要清洁完整无误，特别是要进行单单的检查是否相符，因为现在的国际贸易一般是进行单证的交易行为。②此案例中由于使用的是托收的方式，风险比较大，所以在使用托收之前一定要充分了解对方的信用。在现代的交易中，应该尽力使用信用证进行交易。这对于卖买双方来说都是有益的。③案例中我方在商业发票中错把日元写成美元是极其严重的错误行为，根据《UCP600》的相关条款这是可以拒绝付款的。

远期付款交单(D/P after sight)是指出口商发货后，开具远期汇票，连同商业单据通过银行向进口商做出提示，进口商审单无误后在远期汇票上办理承兑手续，于汇票到期日付清货款后再领取商业单据。

远期付款交单进口方是要在付款以后才能拿到提货单据，也就是说在远期付款交单的情况下，进口商在收到银行首次通知的时候拿不到单据，而是承兑，在远期汇票到期付款以后才能拿到单据，远期付款交单流程如下：

a. 进出口双方签订合同，在合同中规定采用远期付款交单方式支付货款。

b. 出口方按合同规定装运货物后，填写托收申请书，开出远期汇票，连同全套货运单据交托收行，委托其收取货款。

c. 托收行填写托收委托书，连同汇票和货运单据寄送代收行由其代收货款。

d. 代收行收到汇票和货运单据后，向进口方做承兑提示。进口方见票后立即承兑。

e. f. 进口商于汇票到期后付清货款，赎走全套单据，提货。

g. 代收行通知托收行款项已收妥，并转账托收行。

h. 托收行将货款交付给出口方。

在远期付款交单条件下，若付款日晚于到货日，进口商为了抓住有利时机转售货物，可采取两种方法：一是在付款到期日之前付款赎单，扣除提前付款日至原付款到期日之间的利息，作为买方享受的一种提前付款的现金折扣；另一种做法是代收行对于资信较好的进口商，允许其凭信托收据（Trust Receipt）借取货运单据，先行提货，于汇票到期时再付清货款。

所谓信托收据，就是进口商借单时提供的一种书面信用担保文件，用来表示愿意以代收行受托人的身份代为提货、报关、存仓、保险或出售，并承认货物所有权仍属银行。货物出售后所得的货款，应于汇票到期时交于银行。这是代收行向进口商提供的一种短期融资业务，与出口商无关。因此，若到期不能收回货款，则应由代收行负责。

②承兑交单（Documents against Acceptance，简称 D/A），是指出口商发货后，开具远期汇票，连同商业单据通过银行向进口商做出提示，进口商审单无误后立即作承兑手续，便可领取商业单据、提取货物，待远期汇票到期时再付清货款。使用承兑交单方式，出口商的交单是以进口商承兑远期汇票为条件的，这是它与远期付款交单条件下进口商承兑远期汇票后仍不能领取商业单据的不同之处。承兑交单的流程如下：

使用承兑交单方式，进口商承兑汇票后即可取得货运单据，有利于进口商利用出口商的资金进行买卖，但却使出口商处于可能货、款两失的风险下，因此，采用这种方式，必须慎重。

a. 进出口双方签订合同，在合同中规定采用承兑交单方式支付货款。

b. 出口方按合同规定装运货物后，填写托收申请书，开出远期汇票，连同全套货运单据交托收行，委托其收取货款。

c. 托收行填写托收委托书，连同汇票和货运单据寄送代收行由其代收货款。

d. 代收行收到汇票和货运单据后，向进口方做承兑提示。进口方见票后立即承兑，代收行交单并保留承兑后的汇票。

e. 进口商于汇票到期后付清货款。

f. 代收行通知托收行款项已收妥。

g. 托收行将货款交付给出口方。

5. 托收的注意事项

由于托收方式属于商业信用，出口方要承担较大的风险，因此，在出口合同中规定使用托收作为支付方式时，应注意以下问题：

①事先应认真考察进口商的资信状况和经营作风，据此，针对客户的具体情况掌握授信额度和交单条件。

②对于进口管制和外汇管制较严的国家的出口交易，不宜使用托收方式，以免货到目的地后，由于不准进口或收不到外汇而蒙受损失。

③要了解进口国家的商业惯例，以免由于这些习惯做法可能给出口商带来损失。例如，有

些欧洲和拉美国家的银行，基于当地的法律和习惯，在进口商承兑远期汇票后立即把单据交给进口商，即把远期付款交单改为承兑交单处理，这就会使出口商的风险大为增加。

④出口合同应争取按照 CIF 或 CIP 条件成交，由出口商办理货运保险，或投保出口信用险。在采用 FOB/FCA 或 CFR/CPT 等价格条件成交时，要注意投保卖方利益险。

⑤要建立健全的管理制度，注意定期检查，及时催收清理，发现问题迅速采取适当措施，以避免或减少可能发生的损失。

第三节　信用证付款

国际贸易的买卖双方相距遥远，所用货币各异，不能像国内贸易那样方便地进行结算。从出口方发运货物到进口方收到货物，中间有一个较长的过程。在这段时间一定有一方向另一方提供信用，不是进口商提供货款，就是出口商赊销货物。若没有强有力中介方担保，进口商怕付了款收不到货，出口商怕发了货收不到款，这样国际贸易就难以顺利进行。后来银行参与国际贸易，作为进出口双方的中介方，进口商通过开证行向出口商开出信用证，向出口商担保：货物运出后，只要出口商按时向议付行提交全套信用证单据就可以收到货款；议付行开出以开证行为付款人的汇票发到开证行，开证行保证见到议付行汇票及全套信用证单据后付款，同时又向进口商担保，能及时收到他们所进口的货物单据，到港口提货。

一、信用证的定义

信用证是开证银行根据开证申请人的请求或以其自身的名义向受益人开立的承诺，在一定期限内凭规定的单据支付一定金额的书面文件。简而言之，信用证是一种银行开立的有条件的付款凭证。银行付款的条件就是受益人必须提交符合信用证规定的各种单据。在符合条件的情况下，银行将向受益人付款或承兑其出具的远期汇票并到期付款。

与前面所述托收和汇付两种支付手段不同，信用证支付方式属于银行信用。信用证指一项不可撤销的安排，无论其名称或描述如何，该项安排构成开证行对相符交单予以交付的确定承诺。使用前两种支付方式，进出口双方都会担心对方不履行合同义务而使自己遭受损失，不利于进出口贸易的发展；而在信用证业务中，只要出口人按照信用证的要求提交单据，银行即保证付款。因此，建立在银行信用基础之上的信用证支付方式在国际货物买卖中被广泛应用，成为进出口贸易中普遍采用的一种主要的支付方式。目前，我国在进出口贸易中也以信用证为主要支付方式。

二、特点

信用证支付方式的特点主要表现在以下三个方面：

1. 开证行负第一付款责任

信用证支付方式是一种银行信用。在信用证业务中，开证行以自己的信用做出付款承诺，因此，开证行处于第一付款人的地位。当受益人提交的单据与信用证规定相符时，不管进口商是否破产或拒付等情况的发生，开证行必须向受益人或其指定人付款、承兑或议付。

【案例6】 某出口公司收到一份国外开来的L/C,出口公司按L/C规定将货物装出,但在尚未将单据送交当地银行议付之前,突然接到开证行通知,称开证申请人已经倒闭,因此开证行不再承担付款责任。问:出口公司如何处理?

【分析】 只要单证相符、单单相符,开证行也必须向受益人付款。本题中的出口公司可直接向开证行提出付款请求。

2. 信用证是一种自足文件

信用证的开立是以买卖合同为依据的,在内容上反映买卖合同的内容。但是信用证一经开立,就成为独立于合同以外的另一种契约,不受合同的约束。因此,开证行和参与信用证业务的其他银行只按信用证的规定办事。假如受益人提交的单据与合同条款相符,却与信用证条款不一致,仍会遭到银行拒付。

【案例7】 中东某商人从西欧购买一项商品,买卖双方约定以信用证为付款方式,并说明分两批交货和分两批开信用证。第一张信用证开出之后,已经顺利结汇。第二张信用证升出后,买方因第一批货质量问题与卖方产生纠纷,便通知银行停止使用已开出的第二张信用证,但此时卖方已发货并备齐所有单据去银行赎单,银行审核无误后付款。银行的做法是否合理?

【分析】 银行的做法合理。本案合同规定按信用证付款方式成交,而信用证是独立于合同之外的一种自足的文件,在信用证付款条件下,银行处于第一付款人的地位,他对受益人承担独立的责任。由于银行开出的是不可撤消信用证,而且按一般惯例规定,银行只管单证,不管货物,只要单证一致,银行会负起第一付款人的责任。

3. 信用证业务是一种单据买卖

根据《UCP600》第五条的规定,银行处理的是单据,而不是单据可能涉及的货物、服务或履约行为。所以,信用证业务是一种纯粹的凭单据付款的单据业务。也就是说,只要受益人提交的单据表面上符合信用证的规定,开证行就应承担付款或承兑的责任,而不管单据的真实性、完整性和准确性,不管货物是否和合同条款相符。因此,单据成为银行付款的唯一依据。

三、信用证的作用

采用信用证支付方式,给进出口双方以及银行都带来一定的益处,同时信用证的使用解决了国际贸易中预付与迟付的矛盾,信用证在国际结算中的作用主要表现在以下几个方面:

1. 对出口商的作用

(1)保证出口商及时得到货款

信用证支付所遵循的原则是单证相符,出口商提交的单据只要做到与信用证相符,银行就保证支付货款。在信用证支付方式下,出口商交货后不必担心进口商到时不付款,而是由银行承担付款责任,这种银行信用要比商业信用可靠。因此,信用证支付为出口商收取货款提供了较为安全的保障。

(2)对外汇收入的保障

进口商要开立信用证,首先要得到本国外汇管理当局的批准,只有使用外汇的申请得到批准后,方能向银行提出开证的申请。这样,出口商若能按时收到信用证,就说明进口商已获得相关的外汇使用的批准。因此,可以保证出口商履约后如期收到有关的外汇。

(3)可以取得资金融通

在出口商可凭进口商开来的信用证做抵押,向出口地银行申请打包贷款,用以备货装船;或出口商在收到信用证后,按规定办理货物出运,并将汇票和信用证规定的各种单据提交议付行议付及时取得货款。这是出口地银行对出口商提供的资金融通。

2. 对进口商的作用

(1)保证取得代表货物所有权的单据

在信用证方式下,银行议付货款都要对有关单据表面的真伪进行审核,只有单证相符、单单相符才履行付款义务。因此,可以保证进口商交付货款后,取得代表货物所有权的单据。

(2)保证按时收到合同货物

进口商可以通过信用证条款来控制和约束出口商交货的时间、交货的品质和数量,如在信用证中规定最迟的装运期以及要求出口商提供由信誉良好的公证机构出具的品质、数量或重量证明书等,从而保证进口商按时、按质、按量收到货物。

(3)提供资金融通

进口商在申请开证时,需要缴纳一定的押金,有些国家的银行对信誉良好的开证人还可减免押金,而全部货款待单据到达后再支付,这样就减少了资金的占用。

3. 对银行的作用

开证行接受开证申请人的开证申请后,即承担了开立信用证和履行付款的责任,这是银行以自己的信用做出的保证,是一种银行信用。因此,开证申请人在申请开证时要向银行交付一定的押金,为银行利用资金提供便利。此外,在信用证业务中,银行每提供一项服务均可取得一定的收益,如开证费、通知费、议付费、保兑费、修改费、利息、手续费等收入。

总之,信用证支付方式在进出口贸易中可起到以下两个作用:

(1)安全保证作用

信用证支付方式是一种银行信用,它把进口人商业信用转为银行信用,并通过银行的严格审单使进口方收到需要的单据,有效缓解了买卖双方互不信任的矛盾,使进出口贸易能够顺利地进行。

(2)资金融通作用

在信用证业务中,银行不仅提供信用和服务,还可以通过打包贷款、出口押汇向出口人融通资金;通过凭信托收据押汇向进口人融通资金。

四、信用证付款涉及的当事人

信用证涉及的当事人很多,且因具体情况的不同而有差异。

1. 开证申请人

开证申请人(Applicant)又称为开证人(Opener),是指向银行申请开立信用证的人,一般是进口商或中间商。开证申请人应严格遵守合同条款,在合同规定期限内,通过银行开出与合同条款内容相一致的信用证。

2. 受益人

受益人(Beneficiary)是指信用证上指明有权使用该证并享有权益的人,通常是进口商。受益人在接到信用证后,应仔细与合同条款核对,并审核信用证条款能否履行。

3. 开证行

开证行(Opening bank,Issuing Bank)指接受开证申请人(一般是贸易合同的买方、货物进口人)的要求和指示或根据其自身的需要,开立信用证的银行。开证行一般是进口人所在地银行。开证行通过开证承担了根据受益人提交的符合信用证规定的单据付款的全部责任。

4. 通知行

通知行(Advising Bank, Notifying Bank)指受开证行的委托,将信用证转交或通知受益人的银行,一般是出口商所在地的银行,且通常是开证行的代理银行。通知行除应谨慎核查信用证的表面真实性,并及时、准确地将其通知受益人外,无须承担其他义务。

一般来说,上述四方当事人是几乎所有信用证业务都会涉及的。此外,应受益人要求,还可能出现其它当事人。

5. 议付行

议付行(Negotiating Bank)是指根据开证行的授权买入或贴现受益人提交的符合信用证规定的汇票或单据的银行。议付行可以是信用证上指定的银行,也可以是非指定的银行。若议付行遭开证行拒付,可以向受益人追索。

6. 付款行

付款行(Paying Bank)是指信用证上指定的付款银行。如果信用证未指定付款银行,开证行即为付款行。

7. 偿付行

偿付行(Reimbursement Bank)是指受开证行的委托或授权,对议付行或付款行进行垫款清偿的银行,一般是开证行指定的帐户行。偿付行仅凭索汇行的索汇证明付款,而不受单、不审单,单据仍是寄给开证行。

8. 保兑行

保兑行(Confirming Bank)是指受开证行的请求在信用证上加具保兑的银行,具有与开证行相同的责任和地位。保兑行对信用证独立负责,承担必须付款或议付的责任。在付款或议付后,不论开证行倒闭或无理拒付,保兑行都不能向受益人追索。

【案例8】 1994年4月11日,内地某公司(以下称为A公司)与香港B公司达成一份出口合同:出口4950dz of 45x45/110x70 T/C yarn - dyed shirt with long sleeve(涤棉长袖衬衫),5% more or less are allowed,单价USD28.20/dz CFR Hongkong,1994年8月底之前装运,付款方式为by 100% irrevocable L/C to be available by 30 days after date of B/L(不可撤消的提单日后30天远期信用证付款)。

经催促,A公司于5月底收到由意大利商业银行那不勒斯分行(Banca Commercial Italy, Naples Branch)开来的远期信用证,信用证的开证申请人为意大利的C公司,并将目的港改为意大利的那不勒斯港,最迟装运期为1994年8月30日,同时指定承运人为Marvelous International Container Lines(以下简称MICL公司),信用证有效期为9月15日,在中国议付有效。

A公司收到信用证后,没有对信用证提出异议,并立即组织生产。由于生产衬衫的色织面料约定由香港B公司指定的北京GH色织厂提供,而此后北京GH色织厂未能按照A公司的要求及时供应生产所需面料,并且数量也短缺,导致A公司没有赶上信用证规定的8月30日的最迟装运期限。为此香港B公司出具了一份保函给A公司,保证买方在收到单据后会及时付款赎单。A公司凭此保函于9月12日通过信用证指定的MICL公司装运了4700打衬衫(总货款为USD 132 540.00),并取得了海运提单,提单日期为1994年9月12日。

9月14日,A公司备齐信用证所要求的全套单据递交议付行。不久便收到意大利商业银行那不勒斯分行的拒付通知,理由是单证不符:①数量短缺;②提单日超过了信用证的最迟装运期。此后A公司多次与香港B公司和意大利的C公司联系,但两者都无回音。

10月19日,开证行来函要求撤消信用证,A公司立即表示不同意撤证。

11月1日,A公司收到C公司的传真,声称货物质量有问题,要求降价20%。A公司据此推断C公司已经提货,接着便从MICL海运公司处得到证实。而且据MICL称,C公司是凭正本提单提取的货物。因此A公司立即通过议付行要求意大利商业银行那不勒斯分行退单。此后还多次去电催促退单事宜。

11月15日,意大利商业银行那不勒斯分行声称其早已将信用证号6753/80210项下的全套正本和副本单据寄给了A公司的议付行,但议付行仅收到了一套副本单据。

A公司了解到意大利商业银行在上海开设了办事处,并立即与该办事处的负责人交涉,严正指出作为在国际银行界有一定地位的意大利商业银行,擅自放单给买方是一种严重违反UCP500及国际惯例的行为,希望意大利商业银行尽快妥善处理这一事件,否则A公司将会采取进一步的法律行动,以维护自身的合法权益。

【分析】 A公司在遭拒付后与有关方面联系以协商解决此事时,有关当事人都避而不理。正当A公司一筹莫展之时,收货人C公司一封提出货物质量有问题并要求降价20%的传真使之露出了马脚,A公司由此推断收货人很可能已经提取了货物。接着A公司便与承运人核实货物下落,证实了的推断,而且C公司是从开证行取得的正本提单。排除了在这一环节承运人无单放货的可能性。

根据UCP500的相关规定,开证行如果决定拒收单据,则应在自收到单据次日起的七个银行工作日内通知议付行,该通知还必须叙明银行凭以拒收单据的所有理由,并必须说明银行是否留存单据听候处理。开证行无权自行处理单据。照此规定,本案中的意大利商业银行那不勒斯分行(以下称开证行)通知A公司拒付的事由后就应妥善保存好全套单据,听从受益人的指示。

既然A公司已确定了是开证行擅自将单据放给收货人,就立即通过议付行要求开证行退单。事实上开证行根本就无单可退,也就迫使开证行将收货人推出来解决这一纠纷。银行的生命在于信誉,此时的开证行再也不会冒风险与收货人串通一气。正是抓住了开证行这一擅自放单的把柄,使得本来在履约过程中也有一定失误的A公司寸步不让,将货款如数追回。

A公司在前期履约过程中主要有两点失误:一是在信用证改变了目的港后未能及时提出异议,因为目的港从香港改成了意大利的那不勒斯港,至少买方的运费成本增加了许多;二是当面料供应不及时时,没有要求客户修改信用证,而是轻信了对方的担保函。

五、信用证的主要内容

国际上各银行的信用证没有固定、统一的格式,但其内容基本相同,主要包括以下几项:

①对信用证本身的说明,如信用证的编号、种类、金额、开证日期、有效日期、交单日期和到期地点等。

②信用证的当事人，如开证申请人、受益人、开证行及其指定的通知行、议付行、付款行、偿付行、保兑行等的名称、地址。

③对运输的要求，如运输方式、装运期限、起运地、目的地、可否分批和中途转运等。

④对单据的要求。对单据的要求包括：对汇票的要求，信用证上如规定出口商提交汇票，则应列明汇票的必要项目，如出票人、受票人、期限、主要条款等；对货运单据的要求，主要是商业发票、海关发票、提单或运输单据、保险单证及其他单据。

⑤特别条款，主要是根据进口国的政治、经济、贸易情况的变化或不同业务需要规定的一些条款，如要求加具保兑、限制议付、限装某船或不许装某船、限制港口和航线等。

六、信用证的基本流程

信用证的业务流程随不同类型的信用证而有所差异，但就其基本环节而言，大体都要经过申请、开证、通知、议付、索偿、付款、赎单等环节。

1. 订立合同

进出口双方在进出口合同中规定采用信用证方式收付货款。

2. 申请开证

进口人向当地银行提出开证申请，按照合同的各项规定填写开证申请书，如果进口人在此银行开户，缴纳押金或提供其他担保即可；如果申请人在开证行没有帐号，开证行在开立信用证之前很可能要求申请人在其银行存入一笔相当于全部信用证金额的资金。开证行才会向受益人开出信用证。

3. 开立信用证

开证行根据开证申请书的内容，向出口人（受益人）开出信用证，并寄送给出口人所在地的通知行。信用证可以通过空邮、电报或电传进行传递。设在布鲁塞尔的银行结算系统（SWIFT）运用出租的线路在许多国家的银行间传递信息。大多数银行，包括中国的银行也纷纷加入了这一组织。

4. 通知

通知行在收到开证行寄送的信用证须核对印鉴和密押无误后，将信用证转交给受益人。通知行通知受益人的最大优点就是安全。通知行的责任是应合理谨慎地审核它所通知信用证的表面真实性。

5. 审证、交单

受益人收到经通知行转来的信用证后，应审核信用证条款是否和合同条款相符。如果发现信用证中的条款有差错、表述不清或不能接受等情况时，均应通知开证申请人，请求修改信用证。修改后的信用证的传递方式与信用证相同。受益人收到信用证审核无误，或需修改的经收到修改通知书后，方可按信用证规定装运货物。发货后，受益人备妥信用证规定的各项货运单据，开出汇票，在信用证的有效期和其规定的交单期内，送议付行议付。

所有信用证必须规定一个付款、承兑的交单地点，或在议付信用证的情况下须规定一个交单议付的地点。像提交单据的期限一样，信用证的到期地点也会影响受益人的处境。如果开证行将信用证的到期地点定在其本国或他自己的营业柜台，而不是受益人国家的，这对受益人的处境极为不利，因为他必须保证在信用证的有效期内在开证银行营业柜台前提交单据。

6. 审单

银行必须合理谨慎地审核信用证的所有单据，以确定其表面上是否与信用证条款相符，规定的单据在表面上与信用证条款的相符性应由在这些条文中反映的国际标准银行惯例来确定。单据表面上互不相符，应视为表面上与信用证条款不相符。银行不需亲自询问单据是否是假的，已装运的货物是否是假的，已装运的货物是否真正装运，以及单据签发后是否失效；除非银行知道所进行的是欺诈行为，否则这些实际发生的情况与银行无关。因而，如受益人制造表面上与信用证规定相符的假单据，也能得到货款。但是如受益人已经以适当的方式装运了所规定的货物，在制作单据时未能依照信用证所规定的一些条件，银行将拒绝接受单据，而受益人决不能得到货款。银行不审核信用证中未规定的单据，如果银行收到此类单据，将退还提交人或予以转交并对此不负责任。议付行按信用证条款审核单据无误后，按照汇票金额扣除利息和手续费，将货款垫付给受益人。

如果开证行确定单据表面上与信用证条款不符，它可以完全根据自己的决定与申请人联系，请其撤除不符点。

7. 议付

①受益人按信用证规定，将单据连同向信用证规定的付款人开出的即期或延期汇票送交议付银行。

②议付银行审核单据与信用证规定相符后，可买入单据和汇票。

③该议付银行如非开证行，则以事先议定的形式将单据和汇票交开证行索取货款。

8. 偿付

议付行办理完议付后，将单据和汇票以及索偿证明分次航寄开证行或其指定的付款行请求偿付。开证银行（或开证银行指定的付款银行）审核有关单据，对于认为符合信用证要求的，即向议付银行偿付、垫付款项。

9. 付款赎单

开证行履行完偿付责任后，向开证申请人提示单据，开证申请人审单无误后，付清货款取得货运提单。

10. 提货

开证申请人接到开证银行通知后，即向开证银行付款，从而获取单据凭证，以提取货物。

【案例9】 我某公司与欧洲某客户达成一笔圣诞节应季礼品的出口交易。合同规定的交货期为2005年12月1日前，但未对买方的开证时间予以规定。我方于2005年11月上旬开始向买方催开L/C，经多次催证，买方才于11月25日将L/C开抵我方，致使我方货物装运时间超过了合同规定时间，影响了我方货款的及时回收。问：此案例中，我方有哪些失误？

【分析】 我方未在合同中明确规定开证时间，在进口方拖延开证的情况下，造成我方备货时间过短，遭到开证行拒付。为了明确开证责任，开证时间应在合同中加以明确。

八、信用证的种类

在国际结算中使用的信用证种类繁多，根据用途、性质、期限、流通方式的不同可以有以下分类。

1. 按信用证项下的汇票是否附有货运单据,可分为跟单信用证和光票信用证

(1)跟单信用证(Documentary L/C)

跟单信用证是指开证行凭跟单汇票或仅凭单据付款的信用证,主要用于贸易结算,是当前进出口贸易支付的主要方式。

(2)光票信用证(Clean L/C)

光票信用证是指开证行仅凭不附单据的汇票付款的信用证。一般来讲较少使用。

2. 按有无另一家银行在信用证上加以保证兑付,可分为保兑信用证和不保兑信用证

(1)保兑信用证(Confirmed L/C)

保兑信用证是指由另一家银行接受开证行的请求,对其开立的信用证加负保证兑付责任的信用证。进行保兑的银行叫做保兑行(Confirming Bank),它通常是由通知行担任,有时也可以是出口地的其他银行或第三国银行。保兑行在信用证上加保兑,就和开证行一样承担第一付款责任,即付款后对其前手或受益人无追索权。这种信用证是由两家银行对受益人做出付款承诺,具有双重保障,对出口人安全收汇最为有利。保兑手续一般是由保兑行在信用证上加列保兑文句。

(2)不保兑信用证(Unconfirmed L/C)

不保兑信用证是指开证行开出的、未经另一家银行保兑的信用证。当开证行资信好时,一般都使用这种不保兑信用证。

3. 按付款时间的不同,可分为即期信用证和远期信用证

(1)即期信用证(Sight L/C)

即期信用证是指开证行或开证行指定的付款行收到符合信用证条款的跟单汇票或装运单据后,立即履行付款义务的信用证。其特点是出口人收汇安全迅速,因而在进出口贸易结算中使用最广。

(2)远期信用证(Usance L/C)

远期信用证是指开证行或议付行收到信用证项下的单据时,不立即付款,而是在规定的期限内履行付款义务的信用证。在国际贸易中,远期信用证因其是出口商及其银行对进口商的一种融通资金的方式,所以很受进口商的青睐,客户对远期信用证的使用也越来越多。然而由于远期信用证项下付款时间较长,出口国环境风险、资信风险、市场状况等不易预测,银行一旦承兑了汇票,那么它的责任就由信用证项下单证一致付款责任转变为票据上的无条件付款责任,这就使得远期信用证比即期信用证具有更高的风险性。

4. 按受益人对信用证的权利是否可转让,可分为可转让信用证和不可转让信用证

(1)可转让信用证(Transferable L/C)

可转让信用证是指信用证的受益人(第一受益人)可以要求授权付款、承担延期付款责任、承兑或议付的银行(统称"转让银行")或在信用证是自由议付的情况下,可以要求信用证中特别授权的银行将该信用证全部或部分转让给第二受益人使用的信用证。

可转让信用证的可转让条件十分严格,即唯有开证行在信用证中明确注明"可转让",信用证方可转让。使用诸如"可分割"(Divisible)、"可分开"(Fractionable)、"可让渡"(Assignable)和"可转移"(Transmissible)之类措辞,信用证不可转让。UCP600 规定,只要信用证允许部分支款或部分发运,信用证可以分部分转让给数名第二受益人。

第二受益人不得将信用证转让给其后的第三受益人,但第二受益人再将信用证回转让给

第一受益人,不属被禁止转让的范畴;在实际业务中,可转让信用证的第一受益人通常是中间商。他们将信用证转让给实际供货人,由其办理出运手续。但是信用证的转让不等同于买卖合同的转让,若第二受益人不能按时交货或单据与信用证条款不符,则第一受益人仍要对买卖合同负卖方责任。

(2)不可转让信用证(Non - transferable L/C)

不可转让信用证是指受益人不能将信用证的权利转让给他人的信用证。凡信用证中未注明"可转让"字样的,就是不可转让信用证。

6. 按付款方式不同,可分为付款信用证、承兑信用证和议付信用证

UCP600 规定:"所有信用证都必须清楚地表明该证适用于即期付款、延期付款、承兑或议付。"因此,根据付款方式的不同,信用证可分为以下三种:

(1)付款信用证(Payment L/C)

付款信用证是指在符合信用证条款的条件下,开证行自己或其授权其他银行凭规定的单据向受益人或其指定人进行付款的信用证,如上述的即期付款信用证和延期付款信用证。付款信用证一般不要求受益人开具汇票,仅凭受益人提交的单据付款。

(2)承兑信用证(Acceptance L/C)

承兑信用证(Acceptance Credit, Acceptance Letter of Credit)是指信用证指定的付款行在收到信用证规定的远期汇票和单据,审单无误后,先在该远期汇票上履行承兑手续,等到该远期汇票到期,付款行才进行付款的信用证。由于这种信用证规定的远期汇票是由银行承兑的,所以,也称为"银行承兑信用证"(Banker's Acceptance Credit)。因此,这种信用证业务,除了要遵循有关信用证的国际惯例外,还要遵守有关国家的票据法的各项规定。即采用此种信用证时,指定银行应承兑信托受益人向其开具的远期汇票,并于汇票到期日履行付款义务。

(3)议付信用证(Negotiation L/C)

议付信用证是指在信用证中明确指示受益人可以在某一指定的银行或任何银行议付的信用证。由于开立信用证银行与受益人一般分处两国,由受益人向开证行索款存在不便,受益人可以邀请一家本地银行(议付行)先行审单垫款,这有利于出口商资金融通。根据 UCP600 的规定,议付是指被授权议付的银行对汇票及/或单据付出对价。"议付"和"付款"的主要区别在于议付行如因开证行无力偿付等原因而未能收回款项时,可向受益人追索;而开证行或付款行一经付款,就无权向受款人及其前手进行追索。

7. 对开信用证(Reciprocal L/C)

对开信用证是指买卖双方各自开立以对方为受益人的信用证。这两个互开的信用证叫做对开信用证。对开信用证多用于易货贸易、加工贸易和补偿贸易业务,交易的双方都担心凭第一张信用证出口或进口后,另一方不履行进口或出口的义务,于是采用这种互相联系、互为条件的开证办法,用以彼此约束。

两张信用证的金额可以相等,也可以不相等。两张信用证可以同时生效,也可以先后生效。对开信用证特点有二:一是双方互为进出口贸易的买卖双方,一方的出口必以另一方的进口为条件,双方互相联系、互相约束、互为条件,常用于易货交易、来料加工和补偿贸易;二是第一张信用证的受益人和开证申请人就是第二张信用证的开证人和受益人,第一张信用证的开证行和通知行通常分别是第二张信用证的通知行和开证行。

九、跟单信用证的国际惯例

随着国际贸易的发展,跟单信用证已经成为国际结算中普遍采用的一种支付方式。但是,由于国际上对信用证各有关当事人的权利、义务以及条款的定义、术语等缺乏统一、公认的标准和解释,各国银行往往依据各自的习惯和利益办事,因此,信用证的当事人之间常常发生争议。为了调和各当事人之间的矛盾,也为了有利于国际贸易的进一步发展,国际商会于 1930 年拟订了一套《商业跟单信用证统一惯例》,并于 1933 年正式公布实施,建议各国银行采用。随着国际贸易的发展,国际商会先后于 1951 年、1962 年、1974 年对该惯例进行修改,并于 1983 年对该惯例再次进行修改,称为《跟单信用证统一惯例》(国际商会第 400 号出版物,简称 UCP400)。

UCP400 施行以来,随着国际运输工具和运输方式的发展变化,通讯工具的电子化、网络化和计算机的广泛使用,国际贸易的运输、保险、单据处理和结算工作也发生了巨大变化。为了适应时代的发展,国际商会于 1993 年又着手对 UCP400 进行修改,修改后的《跟单信用证统一惯例》即《国际商会第 500 号出版物》(UCP500),于 1994 年 1 月 1 日实行。2007 年 7 月 1 日实施的新修改的《国际商会第 600 号出版物》(UCP600)共有 39 条。

《跟单信用证统一惯例》不是一个国际性的法律规章,但是它已为各国银行普遍接受。在我国对外出口业务中,如采用信用证方式支付,国外来证绝大多数会加注:“除另有规定外,本证根据国际商会《跟单信用证统一惯例》即《国际商会第 600 号出版物》办理。”

第四节　支付条款的约定

国际贸易中支付条款是对货款支付的货币、金额、方式、支付时间的规定。按照合同规定支付货款是买方对卖方承担的基本义务。

一、约定支付条款的注意事项

各个国家对于不同的支付方式的解释会有些差异,并且每种支付方式对不同情况的当事人来说有不同的利弊,因此在具体运用的时候必须针对不同情况、不同客户、不同国家全面衡量,才能在达成交易的前提下,保证安全收取外汇、加速资金周转。在选择支付方式时,首先要考虑安全问题,其次是资金占用的问题,至于办理手续的繁简、银行费用的多少也应给予适当的注意。下面就是在选择支付方式时应当考虑的重要因素:

1. 客户信用及经营状况

在进出口贸易中,买卖合同能否顺利履行,关键在于客户的信用,它是选择支付方式时应当考虑的首要因素。因此,在外贸业务中做到安全收汇、安全用汇,就必须事先作好对外国客户的信用调查。与经过长期业务往来且信誉高的客户交易时,由于风险相应较小,可采用手续比较简单、费用较低的支付方式,比如汇付、托收等;对信用不好或不甚了解的客户,进行交易时,就应选择风险较小的支付方式,例如跟单信用证方式、预付款方式等。同时还要全面了解客户当前的经营状况,以防止客户因状况不好而拖欠货款。

2. 行业市场发展趋势

选用支付方式,还应考虑到行业市场的发展趋势。在货物畅销时,出口商不仅可以提高售价,而且可选择对他最为有利的支付方式,包括在资金占用方面对他最有利的方式;而在货物滞销时或者竞争激烈的产品,则不仅售价可能要降低,而且在结算方式上也要作必要让步,否则可能难以达成交易。

3. 运输单据

若货物通过海上运输,出口商装运货物后得到海运提单,提单是物权凭证,是凭此在目的港向船公司提取货物的凭证,在交付进口商之前,出口商尚能控制货物,因此可适用于信用证和托收结算货款。若货物通过航空、铁路或邮政运输时,出口商装运货物后得到的运输单据为航空运单、铁路运单或邮包收据,这些都不是货物所有权凭证,收货人提取货物时也不需要这些单据,因此不适宜选择托收方式。即使采用信用证方式,大多也规定必须以开证行作为运输单据的收货人,以便银行控制货物。

二、支付条款的基本内容

1. 结算货币

国际贸易引起的债权和债务关系超越了一国的范围,任何一项商品进出口业务或劳务的收支,无论是以出口方所在国的货币成交或是以进口方的货币成交,或是以第三国的货币成交,都会涉及到使用何种货币的问题。

在实践中,进出口合同以特定货币计价,基本上反映了该国在国际经济交流中的重要性和该国货币在世界货币格局中的地位,同时也取决于国际市场的习惯以及融资的便利性。为此,进出口合同如果能以本国货币计价,说明该国经济在世界经济中占有重要的地位,该国货币取得了较高的国际地位。另一方面,由于国际贸易金额通常较大,贸易结算总是以银行账户存款的转划进行,而采用现金结算一般仅限于小额的边境贸易或者违法的黑市交易中,严格地说,它并不表明其货币真正执行了国际结算职能。

2. 支付方式

选择和运用各种不同的支付方式,应在贯彻我国外贸方针政策的前提下,从保障外汇资金安全、加速资金周转、扩大贸易往来等因素来考虑。为了适应我国外贸发展的需要,必须在认真研究国际市场各种惯用的支付方式的基础上,灵活地加以运用。在出口业务中,在一般情况下,采用即期信用证,收汇比较迅速、安全。如果需要采用远期信用证,计算价格时,应将利息因素考虑在内。为了促进某些商品出口,可针对有些地区的特点,对某些资信较好的客户采用付款交单(D/P)作为竞争的手段,但采用承兑交单(D/A)应慎重从事。

3. 合同中的信用证条款

在进出口贸易中若买卖双方同意以信用证方式支付,则必须就将来所开信用证的有关事项在合同中加以明确。其主要内容包括:

(1)开证期限

在信用证业务中,按时开立信用证是买方的一项基本义务,也是卖方履约的基础。为了保证买方积极开证不耽误卖方备货,应在合同中明确规定开证期限则对卖方较为有利,如买方不按时开证,即构成违约;若合同中未规定开证时间,实际业务中,由于市场情势的变化买方可能拖延开证,则卖方处于不利地位。为了明确开证责任,开证时间应在合同中加以规定。

(2)信用证的种类

信用证的种类繁多。在我国出口业务中,一般只接受不可撤销的信用证,其他类别的信用证则视每笔交易的不同情况灵活加以选择。如专业外贸公司在货源比较分散时,可要求买方开立不可撤销的可转让信用证;对交货时间较长且分批交货的合同,可考虑使用循环信用证,这样可省去买方分批开证的手续和费用,也便于卖方安排出口。

(3)信用证的金额

信用证的金额一般都规定为发票金额的100%,若预计可能发生一些额外费用如港口拥挤费、超保险费等,可要求买方在证中规定,超过的有关费用凭受益人提交的有关费用收据,在信用证金额外给受益人。

UCP600第三十条规定信用证金额、数量与单价的伸缩度:

①"约"或"大约"用于信用证金额或信用证规定的数量或单价时,应解释为允许有关金额或数量或单价有不超过10%的增减幅度。

②在信用证未以包装单位件数或货物自身件数的方式规定货物数量时,货物数量允许有5%的增减幅度,只要总支取金额不超过信用证金额。

③如果信用证规定了货物数量,而该数量已全部发运,及如果信用证规定了单价,而该单价又未降低,或当UCP600第三十条②款不适用时,则即使不允许部分装运,也允许支取的金额有5%的减幅。若信用证规定有特定的增减幅度或使用UCP600第三十条①款提到的用语限定数量,则该减幅不适用。

(4)付款的日期

付款的日期关系到买卖双方收付货款的时间。实际业务中,卖方希望收到货款越快越好,这样一方面能加速资金的周转,另一方面减少汇率波动的风险;而买方则希望远期付款,这样便于资金的融通。因此,在合同中必须确定付款日期。在采用远期信用证情况下,卖方在报价时应考虑利息因素。

(5)信用证的有效期及到期地点

信用证的有效期是指信用证中规定的交单付款、承兑或议付的到期日。我国的出口业务中,大部分采用议付信用证,所以合同条款一般都规定"议付有效期为装运月后第15天在中国到期",迟于到期日交单的就过期了。

信用证的到期地点是指信用证有效期的终止地点。信用证的到期地点规定在何地应视信用证的具体情况而定。即期付款信用证、延期付款信用证和承兑信用证的到期地点通常在开证行或指定付款行所在地,而议付信用证(自由议付信用证与限制议付信用证)的到期地点都在议付行所在地。总之,信用证的到期地点可以规定在出口地(议付行所在地,通常也是受益人所在地)、进口地(开证行所在地)或第三国(付款行所在地)。一般有三种情况:在出口方到期;在进口方到期;在第三国到期。在我国出口业务中,基本上都要求信用证在中国到期。现将我国出口合同中信用证支付条款举例如下:

①即期信用证支付条款:例如"买方应通过卖方所接受的银行于装运月前30天开立并送达卖方不可撤销即期信用证,有效期至装运月后第15天在中国议付。"

②远期信用证支付条款:例如"买方应于X年X月X日前通过卖方可以接受的银行开立并送达卖方不可撤销的见票后X天付款的银行承兑信用证,有效期至装运月后15天在中国到期。"

♨ **课后练习** ♨

一、简答题

1. 信用证的使用流程。

2. 信用的特点是什么？

3. 汇票和本票的含义是什么？试说明汇票和本票的区别。

4. 托收分为哪几种？出口采用托收应注意哪些问题？

5. 简述信用证的含义、性质和特点。

6. 远期付款交单与承兑交单有哪些相同和不同的地方？

7. 本票需要办理承兑手续吗？

二、案例分析

1. 我某外贸公司与某国A商达成一项出口合同，付款条件为D/P 45天付款。当汇票及所附单据通过托收行寄抵进口地代收行后，A商及时在汇票上履行了承兑手续。货抵目的港时，由于用货心切，A商出具信托收据向代收行借得单据，先行提货转售。汇票到期时，A商因经营不善，失去偿付能力。代收行以汇票付款人拒付为由通知托收行，并建议由我外贸公司直接向A商索取货款。对此，你认为我外贸公司应如何处理？

2. 国内某A公司向南美B公司出口部分茶叶。合同规定的支付条款为："凭见票30天到期的汇票付款，承兑交单"。按期办理好装运后，A公司在7月2日向托收行办理D/A30天托收。8月2日A公司收到托收行来电："你第XXX号托收单据于7月13日收到，我行当天已经向付款人提示，付款人承兑后并于当时收到全套单据。我行于8月12日提示要求付款，但8月13日付款人提出拒付，其理由是：商业发票不符合有关规定，无法通关。"同一天A公司也收到了买方类似的通知。由于B公司未在来电中说明合格的商业发票格式，A公司不得不查找该地区过去的合同当中要求的发票格式，缮制新的发票补寄。8月26日买方B公司又来电："你方补寄的发票我方已经收到，但海关仍然不接受，因为发票上没有注明原产地。据了解该货物在保税仓库期间的高昂保管费，已经接近货值的四分之一。如果你方不能弥补我方损失，我方将不能接受货物。"A公司经研究，为了避免更大的损失，只好愿意就降价问题与买方谈判，损失了20%的货款。最后通过其他途径才知道货物早就被买方提走，只因该公司近期亏损严重，无力付款，才采取这种办法抵赖货款。我方应吸取什么教训？

♨ **参考资料** ♨

跟单信用证统一惯例

国际商会

跟单信用证统一惯例

1993年(修订本)

国际商会第500号出版物

A. 总则与定义

第一条 统一惯例的适用范围

《跟单信用证统一惯例,1993 年修订本》即国际商会第 500 号出版物,适用于所有在信用证文本中标明按本惯例办理的跟单信用证(包括本惯例适用范围内的备用信用证),除非信用证中另有明确规定,本惯例对一切有关当事人均具有约束力。

第二条　信用证的意义

就本惯例而言,“跟单信用证”和“备用信用证”(以下统称“信用证”)意指一项约定,不论如何命名或描述,系指一家银行(“开证行”)应客户(“申请人”)的要求和指示或以其自身的名义,在与信用证条款相符的条件下,凭规定的单据向第三者(“受益人”)或其指定人付款,或承兑并支付受益人出具的汇票,或 授权另一家银行付款,或承兑并支付该汇票,或授权另一家银行议付。

就本惯例而言,一家银行在不同国家设立的分支机构均同为另一家银行。

第三条　信用证与合同

a. 就性质而言,信用证与可能作为其依据的销售合同或其它合同,是相互独立的两种交易。即使信用证中提及该合同,银行亦与该合同完全无关,且不受其约束。因此,一家银行作出付款、承兑并支付汇票或议付及/或履行信用证项下其它义务的承诺,并不受申请人与开证行之间或与受益人之间在已有关系下产生的索偿或抗辩的制约。

b. 受益人在任何情况下,不得利用银行之间或申请人与开证行之间的契约关系。

第四条　单据与货物/服务/行为

在信用证业务中,各有关当事人处理的是单据,而不是单据所涉及的货物、服务/或其它行为。

第五条　开立或修改信用证的指示

a. 开证指示、信用证本身、对信用证的修改指示或修改书本身均必须完整和明确。

为防止混淆和误解,银行应劝阻有关方:

Ⅰ 勿在信用证或其任何修改书中,加注过多细节

Ⅱ 在指示开立、通知或保兑一个信用证时,勿引用先前开立的信用证(参照前证),而该前证受到已被接受及/或未被接受的修改所约束。

b. 有关开立信用证的一切指示和信用证本身,如有修改时,有关修改的一切指示和修改书本身都必须明确表明据以付款、承兑或议付的单据。

c. 信用证的形式与通知

第六条　可撤销信用证与不可撤销信用证

a. 信用证可以是:

Ⅰ 可撤销的;

Ⅱ 不可撤销的。

b. 因此信用证上应明确注明是可撤销的或是不可撤销的。

c. 如无此项注明,应视为不可撤销的。

第七条　通知行的责任

a. 信用证可经另一家银行(“通知行”)通知受益人,但通知行无须承担付款承诺之责任。如通知行决定通知,就应合理审慎地核验所通知的信用证的表面真实性。如通知行决定不通知,就必须不延误地告知开证行。

b. 如通知行不能确定信用证的表面真实性,就必须不延误地告知发出该指示的银行,说明本行不能确定该信用证的真实性。如通知行仍决定通知,则必须告知受益人本行不能核对信用证的真实性。

第八条　信用证的撤销

a. 可撤销的信用证可以由开证行随时修改或撤销,不必事先通知受益人。

b. 然而,开证行必须做到:

Ⅰ 对办理可撤销信用证项下即期付款、承兑或议付的另一家银行,在其收到修改或撤销通知之前已凭表面与信用证条款相符的单据作出的任何付款、承兑或议付者,予以偿付;

Ⅱ 对办理可撤销信用证项下延期付款的另一家银行,在其收到修改或撤销通知之前已接受表面与信用证条款相符的单据者,予以偿付。

第九条　开证行与保兑行的责任

a. 对不可撤销的信用证而言,在信用证规定的单据全部提交指定银行或开证行,并且这些单据又符合信用证条款的规定时,便构成开证行的确定承诺:

Ⅰ 对即期付款的信用证——开证行应即期付款;

Ⅱ 对延期付款的信用证——开证行应按信用证规定所确定的到期日付款;

Ⅲ 对承兑信用证,分两种情况:凡汇票由开证行承兑者——开证行应承兑受益人出具的以开证行为付款人的汇票,并于到期日支付票款;凡汇票由另一受票银行承兑者——如信用证上规定的受票银行对以其为付款人的汇票不予承兑时,应由开证行承兑并在到期日支付受益人出具的以开证行为付款人的汇票,或者,如受票银行对汇票已承兑,但到期不付时,则开证行应予支付。

Ⅳ 对议付信用证——开证行应根据受益人依照信用证出具的汇票及/或提交的单据向出票人及/或善意持票人履行付款,不得追索。开立信用证时不应以信用证申请人作为汇票付款人。如信用证仍规定汇票付款人为申请人,银行将视此汇票为附加的单据。

b. 根据开证行的授权或要求另一家银行("保兑行")对不可撤销信用证加具保兑,当信用证规定的单据提交到保兑行或任何另一家指定银行时,在单据符合信用证规定的情况下,则构成保兑行在开证行的承诺之外的确定承诺,即:

Ⅰ 对即期付款的信用证——保兑行应即期付款;

Ⅱ 对延期付款的信用证——保兑行应按信用证规定所确定的到期日付款;

Ⅲ 对承兑信用证,分两种情况凡汇票由保兑行承兑者——保兑行应承兑受益人出具的以保兑行为付款人的汇票,并于到期日支付票款;凡汇票由另一受票银行承兑者——如信用证规定的受票银行对于以其为付款人的汇票不予承兑,则应由保兑行承兑并在到期日支付受益人出具的以保兑行为付款人的汇票,或者,如受票银行对汇票已承兑但到期不付者,则保兑行应予支付。

Ⅳ 对议付信用证——保兑行应根据受益人依照信用证出具的汇票及/或提交的单据,对出票人及/或善意持票人予以议付,不得追索。开立信用证时不应以信用证申请人作为汇票付款人。如信用证仍规定汇票付款人为申请人,银行将视此汇票为附加的单据。

c.

Ⅰ 如开证行授权或要求另一家银行对信用证加具保兑,而该银行不准备照办时,就必须不延误地告知开证行。

Ⅱ 除非开证行在其授权或要求加具保兑的指示中另有专门规定,否则通知行可以不加保兑就把未经保兑的信用证通知给受益人。

d.

Ⅰ 除本惯例第48条另有规定外,凡未经开证行、保兑行(如有)以及受益人同意,不可撤销信用证既不能修改也不能撤销。

Ⅱ 自发出信用证修改书之时起,开证行就不可撤销地受本行发出的修改的约束。保兑行可将其保兑承诺扩展至修改内容,且自其通知该修改之时起,即不可撤销地受修改的约束。然而,保兑行可选择仅将修改通知受益人而不对其加具保兑,但必须不延误地将此情况通知开证行和受益人。

Ⅲ 在受益人向通知修改的银行表示接受该修改内容之前,原信用证(或先前已接受修改的信用证)的条款对受益人仍然有效。受益人应发出接受修改或拒绝接受修改的通知。如受益人未提供上述通知,当他提交给指定银行或开证行的单据与信用证以及尚未表示接受的修改的要求一致时,则该事实即视为受益人已作出接受修改的通知,并从此时起,该信用证已作了修改。

Ⅳ 对同一修改通知中的修改内容不允许部分接受,因而,部分接受修改内容当属无效。

第十条　信用证的种类

a. 一切信用证均须明确表示它适用于即期付款、延期付款、承兑抑或议付。

b.

Ⅰ 除非信用证规定只能由开证行办理这项业务，否则一切信用证均须指定某家银行（称："指定银行"）并授权其付款、承担延期付款责任、承兑汇票或议付。对自由议付的信用证，任何银行均可为指定银行。

单据必须提交给开证行或保兑行（如有）或其它任何指定银行。

Ⅱ 议付意指受权议付的银行对汇票及/或单据付出对价。仅审核单据而未付对价者，不构成议付。

c. 除非指定银行是保兑行，否则，指定银行对开证行指定其付款、承担延期付款责任、承兑汇票或议付并不承担责任。除非指定银行已明确同意并告知受益人，否则，它收受及/或审核及/或转交单据的行为，并不意味着它对付款、承担延期付款责任、承兑汇票或议付负有责任。

d. 如开证行指定另一家银行、或允许任何银行议付、或授权、或要求另一家银行加具保兑，开证行即据此分别授权上述银行凭表面与信用证条款相符的单据办理付款、承兑汇票或者议付，并保证依照本惯例对上述银行予以偿付。

第十一条　电讯传递的信用证与预先通知的信用证

a.

Ⅰ 当开证行使用密码证实的电讯方式指示通知行通知信用证或修改信用证时，该电讯即视为有效的信用证文件或有效的修改书，不应再寄送电报证实书。如仍寄送证实书，则该证实书当属无效，通知行也没有义务将证实书与所收到的以电讯方式传递的有效信用证文件或有效的修改书进行核对。

Ⅱ 若该电讯说明"详情后告"（或类似词语）或声明嗣后寄出的证实书将是有效的信用证文件或有效的修改，则该电讯系无效的信用证文件或修改书。开证行必须不延误地向通知行寄送有效的信用证文件或有效的修改书。

b. 如一家银行利用另一家通知行的服务将信用证通知给受益人，它也必须利用同一家银行的服务通知修改书。

c. 只有准备开立有效信用证或修改书的开证行，才可以对不可撤销信用证或修改书发出预先通知书。除非开证行在其预先通知书中另有规定，否则，发出预先通知的开证行应不可撤销地保证不延误地开出或修改信用证，且条款不能与预先通知书相矛盾。

第十二条　不完整或不清楚的指示

如所收到的有关通知、保兑或修改信用证的指示不完整或不清楚，则被要求执行该指示的银行可以给受益人一份预先通知，仅供其参考，但该行不负任何责任。该预先通知书应清楚地声明本通知书仅供参考，且通知行不承担责任。但通知行必须将所采取的行动告知开证行，并要求开证行提供必要的内容。

开证行必须不延误地提供必要的内容。只有通知行收到完整明确的指示，并准备执行时，方得通知、保兑或修改信用证。

第十三条　审核单据的标准

a. 银行必须合理小心地审核信用证上规定的一切单据，以便确定这些单据表面是否与信用证条款相符合。本惯例所体现的国际标准银行实务是确定信用证所规定的单据表面与信用证条款相符的依据。单据之间表面不一致，即视为表面与信用证条款不符。

信用证上没有规定的单据，银行不予审核。如果银行收到此类单据，应退还交单人或将其照转，但对此不承担责任。

b. 开证行、保兑行（如有），或代其行事的指定银行，应有各自的合理的审单时间——不得超过从其收到单据的翌日起算七个银行工作日，以便决定是接受或拒绝接受单据，并相应地通知寄单方。

c. 如信用证含有某些条件而未列明需提交与之相符的单据者，银行将认为未列明此条件，对此不予理会。

第十四条　有不符点的单据与通知事宜

a. 当开证行授权另一家银行依据表面符合信用证条款的单据付款、承担延期付款责任、承兑汇票或议付时，开证行和保兑行（如有），应承担下列责任：

Ⅰ 对已付款、已承担延期付款责任、已承兑汇票或已作议付的指定银行予以偿付。

Ⅱ 接受单据。

b. 开证行及/或保兑行(如有),或代其行事的指定银行,收到单据后,必须仅以单据为依据,确定这些单据是否表面与信用证条款相符。如与信用证条款不符,上述银行可以拒绝接单。

c. 如开证行已确定单据表面与信用证条款不符,它可以自行与申请人联系请其对不符点予以接受,但是,这样做不能借此延长第 13 条(b)款规定的期限。

d. 开证行拒单

Ⅰ 如开证行及/或保兑行(如有),或代其行事的指定银行,决定拒绝接单据,它必须不延误地以电讯方式通知有关方;如不可能,用电讯方式通知时则以其它快捷方式通知此事,但不得迟于收到单据的翌日起算第七个银行工作日。该通知应发给寄单银行,或者,如直接从受益人处收到单据者,则应通知受益人。

Ⅱ 该通知必须说明银行凭以拒绝接受单据的全部不符点,并说明单据已由本行代为保管听候处理,或将退还给交单人。

Ⅲ 然后,开证行及/或保兑行(如有),便有权向交单行索回已经给予该银行的任何偿付款项及利息。

e. 如开证行及/或保兑行(如有),未能按照本条的规定办理及或未能代为保管单据听候处理,或迳退交单人时,开证行及/或保兑行(如有),就无权宣称单据与信用证条款不符了。

f. 如寄单行向开证行及/或保兑行(如有)指出单据中的不符点,或通知开证行或保兑行:本行已经凭赔偿担保付款、承担延期付款责任、承兑汇票或议付,则开证行及/或保兑行(如有),并不因此而解除其在本条文项下的任何义务。此项保留或赔偿担保仅涉及寄单行与为之保留,或者为之提供或代为提供赔偿担保一方之间的关系。

第十五条　对单据有效性的免责

银行对于任何单据的形式、完整性、准确性、真伪性或法律效力,或对于单据上规定的或附加的一般性及/或特殊性条件,概不负责;银行对于任何单据中有关的货物描述、数量、重量、质量、状况、包装、交货、价值或存在与否,对于货物的发货人、承运人、运输行、收货人或保险人或其他任何人的诚信、行为及/或疏忽、清偿能力、执行能力或信誉也概不负责。

第十六条　对文电传递的免责条款

银行对由于任何文电、信函或单据在传递中发生延误及/或遗失所造成的后果,或对于任何电讯在传递过程中发生的延误、残缺或其它差错,概不负责。银行对专门性术语的翻译及/或解释上的差错,也不负责,银行保留将信用证条款原文照转而不翻译的权利。

第十七条　不可抗力

银行对于天灾、暴动、骚乱、叛乱、战争或银行本身无法控制的任何其它原因而营业中断,或对于任何罢工或停工而营业中断所引起的一切后果,概不负责。除非经特别授权,银行在恢复营业后,对于在营业中断期间已逾期的信用证,将不再进行付款、承担延期付款责任、承兑汇票或议付。

第十八条　对被指示方行为的免责条款

a. 银行为执行申请人的指示,而利用另一家银行或另几家银行的服务,是代申请人办理的,费用由申请人承付,风险由申请人承担。

b. 即使是银行主动选择其它银行办理业务,它发出的指示未被执行,对此银行亦不负责。

c. 费用负担

Ⅰ 一方指示另一方提供服务时,被指示方因执行指示而产生的一切费用,包括手续费、成本费或其它开支,均由发出指示的一方承担。

Ⅱ 当信用证规定上述费用由指示方以外的一方负担,而这些费用又未能收回时,亦不能免除最终仍由指示方支付此类费用的责任。

d. 申请人应受外国法律和惯例加诸银行的一切义务和责任的约束,并对银行承担赔偿之责。

第十九条　银行间的偿付约定

a. 开证行如欲通过另一银行(偿付行)对付款行、承兑行或议付行(均称"索偿行")履行偿付时,开证行应及时给偿付行发出对此类索偿予以偿付的适当指示或授权。

b. 开证行不应要求索偿行向偿付行提供证实单据与信用证条款相符的证明。

c. 如索偿行未能从偿付行得到偿付,开证行就不能解除自身的偿付责任。

d. 如偿付行未能在首次索偿时即行偿付,或未能按信用证规定或双方另行约定的方式进行偿付时,开证行应对索偿行的利息损失负责。

e. 偿付行的费用应由开证行承担。然而,如费用系由其它方承担,则开证行有责任在原信用证中和偿付授权书中予以注明。如偿付行的费用系由其它方承担,则该费用应在支付信用证项下款项时向索偿行收取。如未支取,开证行仍有义务承担偿付行的费用。

D. 单据

第二十条　对出单人而言的模糊用语

a. 不应使用诸如"第一流"、"著名"、"合格"、"独立"、"正式"、"有资格"、"当地"及类似意义的用语来描述信用证项下应提交的任何单据的出单人的身份。如信用证中含有此类词语,只要所提交的单据表面与信用证其它条款相符,且单据又非由受益人出具者,银行将予接受。

b. 除非信用证另有规定,只要单据注明为正本,如必要时已加签字,银行也将接受用下列方法制作或看来是按该方法制作的单据作为正本单据:

Ⅰ 影印、自动或电脑处理;

Ⅱ 复写。

单据上的签字可以手签,也可用签样印制、穿孔签字、盖章、符号表示或其它任何机械或电子证实的方法处理。

Ⅰ除非信用证另有相反规定,否则银行将接受标明副本字样或没有标明正本字样的单据作为副本单据,副本单据无须签字。

Ⅱ 如信用证要求提交多份单据,诸如"一式两份""两张""两份"等,此时可以提交一份正本,其余份数以副本来满足。但单据本身另有相反的示者除外。

d. 除非信用证另有规定,当信用证含有要求证实单据、使单据生效、使单据合法、签证单据、证明单据或对单据有类似要求的条件时,这些条件可由在单据上签字、标注、盖章或标签来满足,只要单据表面已满足上述条件即可。

第二十一条　对出单人或单据内容未作规定的情况

当信用证要求提供除运输单据、保险单据和商业发票以外的单据时,信用证中应规定该单据由何人出具,应有哪些措辞或内容。如信用证对此未做规定,只要所提交单据的内容与提交的其它单据不矛盾,银行将予接受。

第二十二条　出单日期与信用证日期

除非信用证另有相反规定,银行将接受出单日期早于信用证日期的单据,但这些单据必须在信用证和本惯例规定的期限内提交。

第二十三条　海洋运输提单

a. 如信用证要求提交港至港运输提单者,除非信用证另有规定,银行将接受下述单据,不论其称谓如何:

Ⅰ 表面注明承运人的名称,并由下列人员签字或以其它方式证实:

承运人或作为承运人的具名代理或代表,或

船长或作为船长的具名代理或代表。

承运人或船长的任何签字或证实,必须表明"承运人"或"船长"的身份。代理人代表承运人或船长签字或证实时,也必须表明他所代表的委托人的名称和身份,即注明代理人是代表承运人或船长签字或证实的。

Ⅱ 提单上注明货物已装船或已装指名船只。

已装船或已装指名船只的内容,可由提单上印就的"货物已装上指名船只"或"货物已装运指名船只"的词语来表示,在此情况下,提单的出具日期即视为装船日期与装运日期。

在所有其它情况下,装上指名船只这一内容,必须以提单上注明货物装船日期的批注来证实,在此情况下,装船批注日期即视为装运日期。

当提单上含有"预期船"字样或类似有关限定船只的词语时,装上具名船只这一内容必须由提单上的装船批注来证实。该项装船批注除注明货物已装船的日期外,还应包括实际装货的船名,即使实际装货船只的名称为"预期船",亦应如此。

如提单上注明的收货地或接受监管地与装货港不同,货已装船的批注仍须注明信用证规定的装货港和实际装货船名,即使已装货船只的名称与提单注明的船只名称一致,亦应如此。本规定还适用于任何由提单上印定的船词语来表示装船情况。

Ⅲ 注明信用证规定的装货港和卸货港,尽管提单上可能有下述情况:注明不同于装货港的货物接受监管地及/或不同于卸货港的最终目的地,及/或含有"预期"或类似有关限定装货港,及/或卸货港的标注者,只要单据上表示了信用证规定的装货港及/或卸货港,及

Ⅳ 开立全套正本提单可以是仅有一份正本提单或者是一份以上正本提单。

Ⅴ 含有全部承运条件或部分承运条件须参阅提单以外的某一出处或文件(属简式/背面空白提单)者,银行对此类承运条件的内容不予审核。

Ⅵ 未注明受租船合约约束及/或未注明承运船只仅以风帆为动力者。

Ⅶ 在所有其它方面均符合信用证规定者。

b. 就本条文而言,转运指在信用证规定的装货港到卸货港之间的海运过程中,将货物由一艘船卸下再装上另一艘船的运输。

c. 除非信用证禁止转运,否则只要同一提单包括了海运全程运输,银行将接受注明货物将转运的提单。

d. 即使信用证禁止转运,银行对下列单据仍予以接受:

Ⅰ 对注明将发生转运者,只要提单上证实有关货物已由集装箱、拖车及/或子母船运输,并且同一提单包括海运全程运输。

Ⅱ. 含有承运人声明保留转运权利条款者。

第二十四条　非转让的海运单

a. 如信用证要求提供的是港至港非转让海运单者,除非信用证另有相反规定,否则银行将接受下述单据,不论其称谓如何:

Ⅰ 表面注明承运人名称,并由下列人员签字或以其它方式证实:

承运人或作为承运人的具名代理或代表。

船长或作为船长的具名代理或代表。

承运人或船长的任何签字或证实,必须表明"承运人"或"船长"的身份。代理人代表承运人或船长签字或证实时,也必须表明他所代表的委托人的名称和身份,即注明代理人是代表承运人或船长签字或证实的。

Ⅱ 注明货物已装船或已装具名船只。

货物已装船或已装具名船只的内容,可由非转让海运单上印就的"货物已装上具名船只"或"货物已装具名船只"的词语来表示,在此情况下,非转让海运单的出具日期即视为装船日期与装运日期。

在所有其它情况下,货物装上具名船只的内容,必须以非转让海运单上注明货物装船日期的批注加以证实。在此情况下,装船批注日期即视为装运日期。

如非转让海运单含有"预期船"或类似有关限定船只的词语时,货物装上具名船只的内容必须由非转让海运单上的装船批注来证实,该项装船批注除注明货物已装船日期外,还应包括载货的船名。即使实际装货船只的名称为"预期船",亦应如此。

如果非转让海运单上注明的收货地或货物接受监管地与装货港不同,已装船批注中仍须注明信用证规定的装货港和实际装货船名,即使装货船只的名称与非转让海运单上注明的船只一致,亦应如此。本规定适用于任何由非转让海运单上印就的装船词语来表示装船情况。

Ⅲ 注明信用证规定的装货港和卸货港，尽管非转让海运单可能有下述情况：注明不同于装运港的货物接受监管地及/或不同于卸货港的最终目的地，及/或含有“预期”或类似有关限定装运港及/或卸货港的标注者，只要单据上表示了信用证规定的装运港及/或卸货港。

Ⅳ 开立全套正本运单可以是仅有一份正本或者是一份以上正本。

Ⅴ 含有全部承运条件或部分承运条件须参阅非转让海运单以外的某一出处或文件（属简式/背面空白的非转让海运单）者，银行对此类承运条件的内容不予审核。

Ⅵ 未注明受租船合约约束及/或未注明承运船只仅以风帆为动力者。

Ⅶ. 在所有其它方面均符合信用证规定者。

b. 就本条款而言，转运意指在信用证规定的装货港到卸货港之间的海运过程中，将货物由一艘船卸下再装上另一艘船的运输。

c. 除非信用证上有禁止转运的条款，否则，只要同一非转让海运单包括了海运全程运输，银行将接受注明货物将转运的非转让海运单。

d. 即使信用证禁止转运，银行将接受下列非转让海运单：

Ⅰ 对注明将发生转运者，只要非转让海运单证实有关货物已由集装箱、拖车及/或子母驳船运输，并且同一非转让海运单包括海运全程运输。

Ⅱ 含有承运人声明保留转运权利的条款者。

第二十五条　租船合约提单

a. 如果信用证要求提交或允许提交租船合约提单，除非信用证另有相反规定，否则，银行将接受下述单据，不论其称谓如何：

Ⅰ 含有受租船合约约束的任何批注。

Ⅱ 已由下列人员签字或以其它方式证实：

船长或作为船长的具名代理或代表。

船东或作为船东的具名代理或代表。

船长或船东的任何签字或证实，必须表明“船长”或“船东”的身份。代理人代表船长或船东签字或证实时，亦须表明他所代表的委托人的名称和身份，即注明代理人是代表船长或船东签字或证实的。

Ⅲ 注明或不注明承运人的名称。

Ⅳ 注明货物已装船或已装具名船只。

货物已装船或已装具名船只的内容，可由提单上印定的“货物已装上具名船只”或“货物已装运具名船只”的词语来表示，在此情况下，提单的出单日期将视为装船日期与装运日期。

在所有其它情况下，装上具名船只的内容，必须以在提单上注明的货物装船日期的批注来证实，在此情况下，装船批注日期即视为装运日期。

Ⅴ 注明信用证规定的装货港和卸货港。

Ⅵ 开立的全套正本提单可以是仅有一份正本提单或者是一份以上正本提单。

Ⅶ 未注明承运船只仅以风帆为动力者。

Ⅷ 在所有其它方面均符合信用证规定者。

b. 即使信用证要求提交与租船合约提单有关的租船合约，银行对该租船合约也不予审核，但将予以照转而不承担责任。

第二十六条　多式运输单据

a. 如信用证要求提供至少包括两种不同运输方式（即多式运输）的运输单据，除非信用证另有相反规定，否则，银行将接受下述运输单据，不论其称谓如何：

Ⅰ 表面注明承运人的名称或多式运输营运人的名称，并由下列人员签字或以其它方式证实：

承运人或多式运输营运人或作为承运人或多式运输营运人的具名代理或代表。

船长或作为船长的具名代理或代表。

承运人或多式运输营运人或船长的任何签字或证实，必须分别表明“承运人”或“多式运输营运人”或“船长”的身份。代理人代表承运人或多式运输营运人或船长签字或证实时，也必须注明他所代表的委托人的名称和身份，即注明代理人是代表承运人或多式运输营运人或船长签字或证实的。

Ⅱ 注明货物已发运、已接受监管或已装载者。

发运、接受监管或装载，可在多式运输单据上以文字表明，且出单日期即视为发运、接受监管或装载日期及装运日期。然而，如果单据以盖章或其它方式标明发运、接受监管或装载日期，则此类日期即视为装运日期。

Ⅲ 注明信用证规定的货物接受监管地，该接受监管地可以不同于装货港、装货机场和装货地，及/或注明信用证规定的最终目的，该最终目的地可以与卸货港、卸货机场或卸货地不同，及/或含有“预期”或类似限定有关船只及/或装货港及/或卸货港的批注。

Ⅳ 开立的全套正本提单可以是仅有一份正本提单或者是一份以上正本提单。

Ⅴ 含有全部承运条件或部分承运条件须参阅多式运输单据以外的某一出处或文件（属简式/背面空白的多式运输单据）者，银行对此类承运条件的内容不予审核。

Ⅵ 未注明受租船合约约束及/或未注明承运船只仅以风帆为动力者。

Ⅶ 在所有其它方面均符合信用证规定者。

b. 即使信用证禁止转运，银行也将接受注明转运将发生或可能发生的多式运输单据，只要同一多式运输单据包括运输全程即可。

第二十七条　空运单据

a. 如果信用证要求提供空运单据，除非信用证另有相反规定，否则，银行将接受下列单据，不论其称谓如何：

Ⅰ 表面注明承运人名称并由下列人员签字或以其它方式证实：

承运人。

作为承运人的具名代理或代表。

承运人的任何签字或证实，亦须表明他承运人的身份。代理人代表承运人签字或证实亦须表明所代表的委托人的名称和身份，即表明代理人是代表承运人签字或证实者。

Ⅱ 注明货物已收妥待运。

Ⅲ 如信用证要求注明实际发运日期，则应对此日期作出专项批注。在空运单据上如此表示的发运日期，即视为装运日期。

就本条款而言，在空运单据的方格（标明“仅供承运人使用”或类似说明）内所表示的有关航班号和起飞日的信息不能视为发运日期的专项批注。

在所有其它情况下，空运单据的签发日期即视为装运日期。

Ⅳ 空运单上注明信用证规定的发运机场及目的地机场。

Ⅴ 空运单上开给委托人/发货人的正本空运单据，即使信用证规定全套正本，或有类似意义的词语。

Ⅵ 空运单上含有全部承运条件或其中某些承运条件须参阅空运单以外的某一出处或文件，银行对此类承运条件的内容将不予审核。

Ⅶ 所有其它方面均符合信用证规定。

b. 就本条款而言，转运指在信用证规定的起飞机场到目的地机场的运输过程中，将货物从一架飞机上卸下再装到另一架飞机上的运输。

c. 即使信用证禁止转运，银行也将接受上面注明将发生或可能发生转运的空运单据，只要是同一空运单据包括运输全程即可。

第二十八条　公路、铁路或内河运输单据

a. 如果信用证要求提供公路、铁路或内河运输单据，除非信用证另有相反规定，否则银行将接受所要求的类型的运输单据，不认其称谓如何：

Ⅰ 单上注明承运人的名称并且已由承运人或作为承运人的具名代理或代表签字或以其它方式证实,及/或载有承运人或作为承运人的具名代理或代表的货物收妥印章或其它收妥的标志。

承运人的任何签字、证实、收妥印章或其它收妥标志,表面须表明承运人的身份。代表承运人签字或证实,亦须表明其所代表的委托人的名称和身份,即注明代理人是代表承运人签字或证实的。

Ⅱ 单上注明货物已收妥待运、发运或承运或类似意义的词语,除非运输单据上盖有收妥印章,否则运输单据的出具日期即视为装运日期。在加盖收妥印章的情况下,盖章的日期即视为装运日期。

Ⅲ 单上注明信用证规定的装运地和目的地。

Ⅳ 所有其它方面均符合信用证规定。

b. 如运输单据未注明出具份数,银行将接受所提交的运输单据,并视之为全套正本。不论运输单据上是否注明为正本,银行将作为正本予以接受。

c. 就本条款而言,转运指在信用证规定的装运地到目的地之间的运输过程中,以不同的运输方式,从一种运输工具卸下再装至另一种运输工具的运输。

d. 即使信用证禁止转运,银行也将接受单据上注明货物将转运或可能发生转运的公路、铁路或内河运输单据,只要运输的全过程包括在同一运输单据内,并使用同一运输方式即可。

第二十九条　专递及邮政收据

a. 如果信用证要求提供邮政收据或投递证明,除非信用证另有相反规定,银行将接受下述邮政收据或投邮证明:

Ⅰ 正面有信用证规定的装运地或发运地戳记或以其它方式证实并加注日期者,该日期即视为装运日期或发运日期。

Ⅱ 所有其它各方面均符合信用证规定。

b. 如信用证要求由专递或快递机构出具证明收到待运货物的单据,除非信用证另有相反规定,否则银行将接受下列单据,不论其称谓如何:

Ⅰ 正面注明专递/快递机构的名称,并由该具名的专递/快递机构盖戳、签字或以其它方式证实的单据(除非信用证特别规定由指定的专递/快递机构出具单据,否则银行将接受由任何专递/快递机构出具的单据)。

Ⅱ 上面注明取件或收件日期或同义词语者,此日期即视为装运或发运日期。

Ⅲ 所有其它各方面均符合信用证规定。

第三十条　运输行出具的运输单据

除非信用证另有授权,否则银行仅接受运输行出具的具有注明下列内容的运输单据:

Ⅰ 注明作为承运人或多式运输营运人的运输行的名称,并由作为承运人或多式运输营运人的运输行签字或以其它方式证实。

Ⅱ 注明承运人或多式运输营运人的名称并由作为承运人或多式运输营运人的具名代理或代表的运输行签字或以其它方式证实。

第三十一条　“货装舱面”“发货人装载并计数”“发货人名称”

除非信用证另有相反规定,否则银行将接受下列运输单据:

Ⅰ 海运或包括海运在内的一种以上运输方式,未注明货物已装舱面或将装于舱面。然而,运输单据内有货物可能装于舱面的规定,但未特别注明货物已装舱面或将装舱面,银行对该种运输单据予以接受。

Ⅱ 含有“发货人装载并计数”或“内容据发货人报称”或类似文字的条款的运输单据。

Ⅲ 表明以信用证受益人以外的一方为发货人的运输单据。

第三十二条　洁净运输单据

a. 洁净运输单据系指未载有明确宣称货物及/或包装状况有缺陷的条款或批注的运输单据。

b. 除非信用证明确规定可以接受上述条款或批注,否则银行将不接受会有此类条款或批注的运输单据。

c. 运输单据如符合本条款和第二十三、二十四、二十五、二十六、二十七、二十八或三十条的规定,银行即视为符合信用证中规定在运输单据上载明“洁净已装船”的要求。

第三十三条 运费到付/运费顶付的运输单据

a. 除非信用证另有规定,或与信用证项下所提交的任何单据相抵触,否则,银行将接受表明运费或运输费用(以下统称“运费”)待付的运输单据。

b. 如信用证规定运输单据中必须表明运费付讫或已预付,银行将接受以戳记或以其它方式清楚地表明运费付讫或已预付的词语,或用其它方法表明运费付讫的运输单据。如信用证要求专递费用付讫或预付时,银行也将接受专递或快递机构出具的注明专递费用由收货人以外的一方承担的运输单据。

c. 运输单据上如出现“运费可预付”或“运费应预付”或类似意义的词句,不能视为运费付讫的证明,这种单据将不予接受。

d. 银行将接受以戳记或其它方式提及运费以外的附加费用,诸如有关装卸或其它类似作业所发生的费用或开支的运输单据,除非信用证条款明确禁止接受此类运输单据,则不能接受。

第三十四条 保险单据

a. 保险单据从其字面上看,必须是由保险公司或承保人或他们的代理人开立并签署的。

b. 除非信用证另有授权,如保险单据上表明所出具的正本系一份以上者,则必须提交全部正本保险单据。

c. 除非信用证有特别授权,否则银行不接受由保险经纪人签发的暂保单。

d. 除非信用证另有相反规定,否则银行将接受由保险公司或承保人或他们的代理人预签的保险证明或预保单项下的保险声明。尽管信用证特别要求提供保险证明或预保单项下的保险声明,但银行仍可接受保险单以取代保险证明或和保险声明。

e. 除非信用证另有规定,或除非保险单据表明保险责任最迟于装船或发运或接受监管日起生效,否则银行对载明签发日期迟于运输单据上注明的装船或发运或接受监管日期的保险单据将不予接受。

f. 除非信用证另有规定,否则保险单据上的货币,必须与信用证上的货币相同。

g. 除非信用证另有规定,保险单据必须表明的最低投保金额,应为货物的 CIF 价[成本、保费和运费(……“指定的目的港”)]或 CIP 价[运费和保险费付至(……“指定目的地”)]之金额加 10%。但这仅限于能从货运单据上确定 CIF 或 CIP 价值的情况。否则,银行将接受的最低投保金额为信用证要求付款、承兑或议付的金额的 110%,或发票毛值的 110%,两者之中取金额较大者。

第三十五条 投保险别

a. 信用证应规定需要投保的险别,以及必要的附加险别。诸如“通常险别”或“惯常险别”一类意义不明确的用语不应使用。如已使用,银行当按照所提交的保险单据予以接受,但对未经投保的任何险种不予负责。

b. 如信用证无特别规定,银行当按照所提交的保险单据予以接受,对未经投保的任何险别不予负责。

c. 除非信用证另有规定,否则银行将接受表明有受免赔率或免赔额约束的保险单据。

第三十六条 投保一切险

当信用证规定“投保一切险”时,银行将接受含有任何“一切险”批注或条文的保险单据,不论其有无“一切险”标题,甚至表明不包括某种险别。银行对未经投保的任何险别不予负责。

第三十七条 商业发票

a. 除非信用证另有规定,商业发票上:

Ⅰ 必须表明:发票系由信用证中指定的受益人出具(第四十八条所规定者除外)。

Ⅱ 必须做成以申请人的名称为抬头(第四十八条(h)款所规定者除外)。

Ⅲ 发票无须签字。

b. 除非信用证另有相反规定,否则银行可拒绝接受金额超过信用证所允许的金额的商业发票。但是,如信用证项下受权付款、承担延期付款责任、承兑汇票或议付的银行,一旦接受此类发票,只要该银行所作出的付款、承担延期付款责任、已承兑汇票或已议付的金额没有超过信用证所允许的金额,则此项决定对各有关方均具有约束力。

c. 商业发票中的货物描述,必须与信用证规定的相符。其它一切单据则可使用货物统称,但不得与信用证规定的货物描述有抵触。

第三十八条　其它单据

在采用除海运以外的运输方式的情况下,如信用证要求提交重量证明,除非信用证明确规定此项重量证明必须另行提供单据外,银行将接受承运人或其代理人加盖于运输单据上的重量戳记或重量声明。

E. 其他规定

第三十九条　信用证金额、货物数量和单价的增减幅度

a. 凡"约""大概"、"大约"或类似的词语用于信用证金额、货物、数量和单价时,应解释为有关金额、数量或单价不超过10%的增减幅度。

b. 除非信用证规定货物的指定数量不得有增减外,在所支付的款项不超过信用证金额的条件下,货物数量准许有5%的增减幅度。但是,当信用证上规定的数量是以包装单位或个数计数时,此项增减幅度则不适用。

c. 除非禁止分批装运的信用证上另有规定或除非已适用本条(b)款者,当信用证对货物的数量有规定,且货物已全数装运,以及当信用证对单价有规定,而此单价又未降低的条件下,允许支取的金额有5%的减幅。如信用证已利用本条(a)款提到的词语,则本规定不适用。

第四十条　分批装运/分批支款

a. 除非信用证另有规定,允许分批支款及/或分批装运。

b. 运输单据上表面注明货物系使用同一运输工具并经同一路线运输的,即使每套运输单据注明的装运日期不同及/或装货港、接受监管地、发运地不同,只要运输单据注明的目的地相同,也不视为分批装运。

c. 货物经邮寄或专递发运,如邮政收据或投邮证明或专递收据或发运通知,是在信用证规定的发货地加盖戳记、或签署或以其它方式证实并且日期相同,则不视为分批装运。

第四十一条　分期装运/分期支款

信用证规定在指定的不同期限分期支款及/或分期装运,如其中任何一期未按信用证所规定的期限支款及/或装运,则信用证对该期及以后各期均失效。但信用证另有规定者除外。

第四十二条　到期日及交单地点

a. 所有信用证均须规定一个到期日及一个付款、承兑交单地。议付信用证尚须规定一个议付交单地,但自由议付信用证除外。所规定的付款、承兑或议付的到期日,将视为提交单据的到期日。

b. 除第四十四条(a)款规定外,必须于到期日或到期日之前交单。

c. 如开证行注明信用证的有效期限为"一个月""六个月"或类似规定,但未指明自何日起算者,开证行开证日即视为起算日。银行应避免用此种方式注明信用证的到期日。

第四十三条　对到期日的限制

a. 凡要求提交运输单据的信用证,除规定一个交单到期日外,尚须规定一个在装运日后按信用证条款规定必须交单的特定期限。如未规定该期限,银行将不予接受迟于装运日期后二十一天提交的单据。但无论如何,交单不得迟于信用证的到期日。

b. 如第四十条(b)款适用,所提交的运输单据上的最迟装运日期即视为装运日期。

第四十四条　到期日的顺延

a. 如信用证的到期日及/或按本惯例第四十三条规定所适用的交单的期限最后一天,适逢接受单据银行因第十七条规定以外的原因而停止营业,则规定的到期日及/或装运日后一定期限内必须交单的最后一天,将顺延至该银行恢复营业后的第一个营业日。

b. 但最迟装运日期不得按照本条(a)款对到期日及/或装运日后交单期限的顺延为由而顺延。如信用证或修改书中未规定最迟装运日期,银行将不接受表明装运日期迟于信用证或修改书规定的到期日的运输单据。

c. 于顺延后的第一个营业日接受单据的银行,必须申明单据系根据跟单信用证统一惯例,1993年修订本,《国际商会第500号出版物》第四十四条(a)款规定的顺延期限内所提交。

第四十五条　交单时间

银行在其营业时间以外，无接受单据的义务。

第四十六条　对装运日期的一般用语

a. 除非信用证另有规定，凡用于规定最早及/或最迟装运日期的“装运”一词，其意义应理解为包括诸如“装船”“发运”“接收备运”“邮政收据日期”“取件日期”和类似表述，如信用证要求多式运输单据时，还包括“接受监管”这一涵义。

b. 不应使用诸如“迅速”“立即”“尽快”之类词语，如已使用，银行将不予置理。

c. 如使用“于”或“约于”之类词语来限定装运日期者，银行将视为在所述日期前后各五天内装运，起迄日包括在内。

第四十七条　装运期限的日期用语

a. 诸如“×月×日止”“至×月×日”“直至×月×日”“从×月×日”及类似意义的词语用于限定信用证中有关装运的任何日期或期限时，应理解为包括所述日期。

b. “×月×日以后”应理解为不包括所述日期。

c. “上半月”和“下半月”应分别理解为每月“1 日至 15 日”和“16 日至月末最后一天”，包括起迄日。

d. “月初”“月中”和“月末”应分别理解为每月“1 日至 10 日”“11 日至 20 日”和“21 日至月末最后一天”，包括起迄日期。

第四十八条　可转让信用证

a. 可转让信用证系指信用证的受益人(第一受益人)可以要求授权付款、承担延期付款责任对汇票、承兑或议付的银行(统称“转让行”)，或当信用证是自由议付时，可以要求信用证中特别授权的转让银行，将该信用证全部或部分转让给一个或数个受益人(第二受益人)使用的信用证。

b. 只有开证行在信用证中明确注明“可转让”时，信用证方可转让。使用诸如：“可分割”“可分开”“可让渡”和“可转移”之类措词，并不能使信用证成为可以转让的信用证。如已使用此类措词，可不予以置理。

c. 除非经转让银行明确同意转让范围和转让方式，否则它无义务办理转让。

d. 在申请转让时并在信用证转出之前，第一受益人必须不可撤销地指示转让银行，说明它是否保留拒绝/允许转让行将修改通知给第二受益人的权利。如转让行同意按此条件办理转让，它必须在办理转让时，将第一受益人关于修改事项的指示通知第二受益人。

e. 如信用证转让给一个以上的第二受益人，其中一个或几个第二受益人拒绝接受信用证的修改，此举并不影响其它第二受益人接受修改。对拒绝接受修改的第二受益人而言，该信用证视作未被修改。

f. 除非另有约定，转让行所涉及转让的费用，包括手续费、成本费或其它开支等，应由第一受益人支付。如果转让行同意转让信用证，在付清此类费用之前，转让行没有办理转让的义务。

g. 除非信用证另有说明，可转让信用证只能转让一次。因此，第二受益人不得要求将信用证转让给其后的第三受益人。就本条文而言，再转让给第一受益人，不属被禁止转让的范畴。

只要不禁止分批装运/分批支款，可转让信用证可以分为若干部分予以分别转让(但总和不超过信用证金额)，这些转让的总和将被认为该证只转让了一次。

h. 信用证只能按原证中规定的条款转让，但下列项目除外：

信用证金额；

信用证中规定的货物的任何单价；

到期日；

根据本惯例第四十三条确定的最后交单日期；

装运期限。

以上任何一项或全部项目均可减少或缩短。

必须投保的保险金额比例可以增加，以满足原信用证或本惯例规定的保额。

此外，可以用第一受益人的名称替代原信用证申请人的名称。但是，原证中如明确要求原申请人的名称应在除发票以外的单据上出现时,该项要求应予做到。

i. 第一受益人有权用自己的发票(和汇票)替换第二受益人提交的发票(和汇票),其金额不得超过原信用证金额,如信用证对单价有规定,应按原单价出具发票。经过替换发票(和汇票),第一受益人可以在信用证项下支取其发票金额与第二受益人发票金额间的的差额。

当信用证已经转让,并且第一受益人要提供自己的发票(和汇票)以替换第二受益人的发票(和汇票),若第一受益人未能在有关方首次要求他这样做时按此办理,则转让行有权将所收到的已转让信用证项下的单据,包括第二受益人的发票(和汇票)交给开证行,并不再对第一受益人负责。

j. 除非原信用证明确表明不得在原信用证规定以外的地方办理付款或议付,否则,第一受益人可以要求在信用证的受让地,并在信用证到期日内,对第二受益人履行付款或议付。这样做并不损害第一受益人以自己的发票(和汇票)替换第二受益人的发票(和汇票)并索取两者间应得差额的权利。

第四十九条　款项让渡

信用证虽未表明可转让,但并不影响受益人根据现行法律规定,将信用证项下应得的款项让渡给他人的权利。本条款所涉及的仅是款项的让渡,而不是信用证项下执行权利的让渡。

第八章　国际贸易的洽谈

第一节　国际市场调研

随着企业的发展及世界市场的完善,越来越多的企业需要开拓国外市场,那么在进行贸易之前需要做哪些准备,这是我们这一节要学习的内容。

一、国际市场调研概念

在国际商品市场竞争愈烈、变化多端的今天,要想做好对外贸易,必须十分重视国际商品市场的调查。企业想要参与市场竞争那就要掌握国际市场商品行情的瞬息万变,由于国家之间的政治、经济、文化的差异很大,若不事先进行有关方面的调研而盲目地进入国际市场,很可能造成损失。

国际市场调研是以国际市场为目标,运用科学的调研方法与手段,系统地搜集、记录、整理、分析有关国际市场的各种基本状况及其信息,以帮助企业制定有效的市场营销决策,实现企业经营目标。一个企业要想进入国际市场,往往要调研该国的政治局势、法律制度、文化属性、地理环境、市场特征、经济水平等。

二、国际市场调研的内容

一个企业要想进入某一新市场,往往要认真调研以下内容,充分了解国外的市场销售情况及竞争对手水平。

1. 市场环境的调研

(1)经济发展

企业首先要了解这个国家的经济发展状况。包括经济环境特征,例如经济政策、货币政策等;经济增长速度、通货膨胀率、工商业周期趋势等一般信息;相关产品的价格、税收、外贸等方面政策。

(2)社会或政治环境

社会或政治环境信息包括影响企业海外业务经营的种种非经济性环境条件的一般信息,如法律体系、语言文字、政治稳定性、社会风俗习惯、有关文化方式、宗教和道德背景等。特别有关外贸方面的法律法规,如关税、配额、国内税收、外汇限制、卫生检疫、安全条例等。

(3)市场条件

市场条件包括调查国外相关产品市场容量、物流运输条件,以及需求总量、某商品进出口量在其国内消费或生产的比重等。

(4)市场竞争者的信息

市场上从事同类商品生产经营的企业,其竞争者包括现实的竞争者和潜在的竞争者,也可以按照来源国分为国内、国外竞争者。要调查市场竞争结构、主要竞争对手产品市场的占有率、当地供货商利用政治影响提高关税和非关税壁垒的可能性等。

(5)技术环境

科学技术的发展对实现企业长期目标有重大的战略意义。科学技术的发展,使商品的市场生命周期迅速缩短,生产的增长也越来越多地依赖科技的进步。以电子技术、信息技术、新材料技术、生物技术为主要特征的新技术革命,不断改造着传统产业,使产品的数量、质量、品种和规格有了新的飞跃,同时也使一批新兴产业建立和发展了起来。应当经常注意和搜集对本企业有用的、别人已经取得的科技成果或发明专利方面的详细信息资料。

2. 国际市场商品情况调研

企业要把产品打入国际市场或从市场进口产品,除需了解国外市场环境外,还需了解国外商品市场情况,主要有:

(1)国外市场商品的供给情况

包括商品供应的渠道、来源,国外生产厂家的生产能力、数量及库存情况等。

(2)国外市场商品需求情况

包括国外市场对商品需求的品种、数量、质量要求等。

(3)国际市场商品价格情况

包括国际市场商品的价格、价格与供求变动的关系等。

3. 竞争对手的情况

要想打入国外市场,除了找到买家还要充分了解此市场中的主要竞争对手。主要掌握以下信息:

(1)商品销售渠道

包括销售网络、主要批发商和批零商的经营能力、经营利润、目标消费群、售后服务等。

(2)广告宣传策略

包括内容、时间、方式、效果等。

(3)竞争策略分析

包括竞争者产品质量、价格、市场占有率等。

对竞争者信息的主要获得来源可以从以下几个方面:企业的年度报告、产品的文献资料、内部报纸和杂志、行业出版物及公司官员的论文和演讲等。

4. 国外客户情况调研

消费者的购买行为受收入水平、地理区域、民族习惯、宗教信仰、文化传统以及社会发展水平等客观条件的影响,并同时与个体的年龄层次、教育程度、审美趣味、消费目的等主观因素密切相关。企业要首先深入调研该市场终端消费者的情况,对于商品的生产及销售策略的制定都有很大的帮助。企业也要选择合适的销售(进货)渠道与客户,作好国外客户的调查研究。一般说来,企业对国外客户的调查研究主要包括以下内容:

(1)客户资信情况

包括客户拥有的资本和信誉两个方面。在国际贸易中很多贸易纠纷、回款障碍都与不了解对方资信有直接关系，充分了解对方的资信情况在一定程度上能保证交易的安全性。了解国外客户的资信可以通过国内往来银行协助调查或者通过国外咨询机构调查。

(2)客户经营业务范围

主要指客户的公司企业经营的商品及其品种。

(3)客户公司、企业业务

指客户的公司企业是中间商还是使用户或专营商或兼营商等。

(4)客户经营能力

指客户业务活动能力、资金融通能力、贸易关系、经营方式和销售渠道等。

三、调研方法

国际市场调研是复杂细致及长期的工作，须有科学的程序和方法。企业对国际市场调研获取的资料，按其取得的途径不同一般分为两类：一类是通过自己观察、询问、记录取得的原始资料。另一类是别人搜集到的，对自己有用的资料，称为二手资料。通过调研的方式基本可分为资料调研法和实地调研法两大类。

1. 资料调研法

资料调研法就是第二手资料调研或文献调研，通过搜集、鉴别、整理文献，并通过对文献的研究形成对事实的科学认识的方法。它是以在室内查阅的方式搜集与研究项目有关资料的过程。第二手资料的信息来源渠道很多，如企业内部有关资料、本国或外国政府及研究机构的资料、国际组织出版的国际市场资料、国际商会和行业协会提供的资料及互联网等。

2. 实地调研法

实地调研法是调研人员直接到国际市场上搜集情报信息的方法。通过实地考察可以获取第一手资料，也称为原始资料。实地调研常用的调研方法有两种：询问法、观察法。现场观察法是调查人员凭借自己的眼睛或借助摄像器材，调查现场直接记录正在发生的市场行为或状况的一种有效的收集资料的办法。询问法是指将所调查的事项，以当面、电话或书面的形式向被调查者提出询问，以获得所需的调查资料的调查方法。这是一种最常用的市场实地调查方法，也可以说是一种特殊的人际关系或现代公共关系。

第二节　贸易洽谈

交易磋商是买卖双方为买卖商品，对交易的各项条件进行协商以达成交易的过程，通常称为谈判。在国际贸易中，这是一个十分重要的环节。因为交易磋商是签订合同的基础，没有交易磋商就没有买卖合同。交易磋商工作的好坏，直接影响到合同的签订及以后的履行，关系到双方的经济利益，必须认真做好这项工作。

交易磋商的程序可概括为四个环节：询盘 、发盘、还盘和接受。其中发盘和接受是必不可少的两个基本环节。

一、询盘

1. 询盘定义

询盘(Enquiry)也叫咨询，是指准备购买或出售某种商品的一方向潜在的供货人或买主探寻该商品的成交条件或交易的可能性的业务行为，它不具有法律上的约束力。

询盘的内容可涉及：价格、规格、品质、数量、包装、装运以及索取样品等，而多数只是询问价格。所以，业务上常把询盘称作询价。

询盘不是每笔交易必经的程序，如交易双方彼此都了解情况，不需要向对方探询成交条件或交易的可能性，则不必使用询盘，可直接向对方发盘。

2. 询盘的形式

询盘可采用口头或书面、电话、邮件等形式，例如：

①May I have an idea of your prices?（可以了解一下你们的价格吗？）

②Can you give me an indication of price?（你能给我一个估价吗？）

③Please let us know your lowest possible prices for the relevant goods.（请告知你们有关商品的最低价。）

3. 询盘的法律效力

在实际业务中，询盘只是探寻买或卖的可能性，所以不具备法律上的约束力，询盘的一方对能否达成协议不负有任何责任。由于询盘不具有法律效力，所以可作为与对方的试探性接触，询盘人可以同时向若干个交易对象发出询盘。

但合同订立后，询盘的内容可成为磋商文件中不可分割的部分，若发生争议，也可作为处理争议的依据。

4. 买方询盘

买方询盘是买方主动发出的向国外厂商询购所需货物的函电。买方询盘可注意下面的问题：

①对普通商品，可同时向不同地区、国家和厂商分别询盘，以了解国际市场行情，争取最佳贸易条件。

②对规格复杂或项目繁多的商品，不仅要询问价格，而且要求对方告之详细规格、数量等，以免往返磋商、浪费时间。

③询盘对发出人虽无法律约束力，但要尽量避免询盘而无购买诚意的做法，否则容易丧失信誉。

④对垄断性较强的商品，应提出较多品种，要求对方一一报价，以防对方趁机抬价。

5. 买方询盘的分类

对于不同的买方询盘根据目的大体可分为以下类型：

（1）专业型并有购买意愿

这类询盘买家会有全面的信息，例如来自的国家地区、公司名称、地址、电话、传真联系人等，并且有目标明确产品信息，询问的问题专业、详细，但是内容简明扼要。这类询盘是要值得你高度注意的，这类买家是比较专业的，他们有采购此类产品的计划，所以针对这样的询盘要在第一时间专业、准确、全面细致地回复并制定跟踪计划。

（2）有购买意向但非专业型

这类询盘少了一些专业的问题，说明买家对产品没有采购经验，对产品不太了解，对于这类潜在客户，要耐心专业地回答，普及专业知识，及时跟踪以建立和客户的融洽关系，为拿到订单打下基础。

（3）目标不明确型

这类询盘多数是通过贸易平台转来的询盘,有固定的模板格式,这类询盘不要在第一时间给对方报价。可用发问式回复来处理这类询盘,询问对方的真正需求,例如产品的型号,用途等。如果客户回复了,那么继续跟进;如果客户不回复,那么这类询盘可以过滤了。

(4)信息收集型

这类询盘的问题可能会涉及到具体的产品技术参数,他们可能需要卖方提供样品,并会调查此类产品的市场,这样的询盘,有可能是同行或者竞争对手。

(5)索要样品型

这类客户对价格交易条款完全不关心,直接索要免费的样品,对这样的索要免费样品的要根据公司规定有相应的对策,比如样品免费或者不免费、运费由对方付等。

6. 卖方询盘

卖方询盘是卖方向买方发出的征询其购买意见的询问。在竞争激烈的市场环境下卖方主动询盘可以找到更多的销售机会。

二、发盘

发盘(Offer)也叫发价,指交易的一方(发盘人)向另一方(受盘人)提出各项交易条件,并愿意按这些条件达成交易的一种表示。发盘在法律上称为要约,在发盘的有效期内,一经受盘人无条件接受,合同即告成立,发盘人承担按发盘条件履行合同义务的法律责任。发盘多由卖方提出(Selling Offer)。也可由买方提出(Buying Offer),也称递盘(Bid)。实务中常见由买方询盘后,卖方发盘,但也可以不经过询盘,一方直接发盘。

1. 发盘的内容

发盘因撰写情况或背景不同,在内容、要求上也有所不同。但从总的情况看,其结构一般包括下列内容:

①感谢对方来函,明确答复对方来函询问事项。如 Thank you for your inquiry for...

②阐明交易的条件(品名、规格、数量、包装、价格、装运、支付、保险等)。

③声明发盘有效期或约束条件。

④鼓励对方订货。如:We hope that you place a trial order with us.

【案例1】

Dear Sir or Madam,

We have received your letter dated xx - xx - xxxx and appreciate your interest in our products. (We were pleased to receive your letter of xx - xx - xxxx and thank You for your interest in our products.)

You will note from our cable that we are in a position to offer you products as follows:

Quality:

Size:

Weight:

Colour:

Quantity:

Price:

Shipment:

Payment:

This offer is firm subject to your immediate reply which should reach us not later than xx - xx - xxxx

We should suggest in your interest that you place the order with us without delay

【案例 2】 I enclose today a samples of No. 3, which we quote $2.89 per silk handkerchief FOB San Francisco, in the hope that you may find something to suit you.

随函寄上 3 号样品,报价为 FOB 旧金山,每丝绢 2.89 美元。希望这些商品能适合贵公司的需要。

2. 发盘的要件

一项法律上有效的发盘须具备四个条件。

①发盘是向一个(或几个)特定受盘人提出的订立合同的建议。普通的产业广告、商品目录、价目单等不能构成有效的发盘,因为没有特定的对象,而只能视为邀请发盘。英美法系中规定:向公众作出的商业广告,只要内容明确,在某些场合下也视为发盘。我国法系中规定:凡向公众发出的商业广告,不得视为发盘。《公约》持折中态度,如带有"本广告构成发盘"或"将售予最先支付货款的公司"等字样也视为发盘;否则视为邀请发盘。例如:我们在外面收到的一些商家大量发的图片,有的上面标明了价格及日期、产品型号等重要信息,我们就可以把它视为发盘。

②发盘的内容必须十分确定,对于"十分确定",《公约》的解释是在发盘中标明货物名称,并且明示或暗示地规定数量和价格,或者明示或暗示地规定确定数量和价格的方法。一旦受盘人接受,合同即告成立。如果内容不确定,即使对方接受,也不能构成合同成立。

③发盘人须表明承受按发盘条件与对方成立合同的约束意旨。例如:使用表示发盘的术语"发盘""不可撤销发盘""递盘""不可撤销递盘""订购""定货"等。并明确规定有效期。"限 XX 日复到有效"。内容详实,通常包含商品的品质、数量、包装、价格、交货、付款六个主要方面的交易条件。《公约》第十四条规定:"一个建议如果表明货物并且明示或暗示地规定数量和价格或规定如何确定数量和价格,即为十分确定。"所以一项发盘只要包含商品的名称、数量、价格这三个条件,就算完整发盘。

注意:若发盘中带有保留条件和限制性条件,如"仅供参考""以我方最后确认为准""以未售出为准"这样的发盘都不构成发盘,而只是邀请发盘。

④发盘必须送达受盘人。根据《公约》规定,发盘于送达受盘人时生效。如发盘由于在传递中遗失以至受盘人未能收到,则该发盘无效。或者做出回应的不是受盘人,那么该发盘也不能生效。例如:A 公司向 B 公司做出发盘,B 公司没有做出回应,而 C 公司对发盘条件很满意并进行回复,那么此发盘无效。这只能看作 C 公司新的发盘。

3. 发盘的有效期

在通常情况下,发盘都具体规定一个有效期,作为对方表示接受的时间限制,超过发盘规定的时限,发盘人即不受约束。当发盘未具体列明有效期时,受盘人应在合理时间内接受才能有效。何谓"合理时间",则需要根据具体情况而定。根据《联合国国际货物销售合同公约》的规定,采用口头发盘时,除发盘人发盘时另有声明外,受盘人只能当场表示接受方为有效。采用函电成交时，发盘人一般都明确规定发盘的有效期，其规定方法有以下几种：

①规定最迟接受的期限。例如，限5月6日复，或者限5月6日复到此地。

②规定一段接受的期限。例如，发盘有效期5天，或发盘限5天内回复。采取此类规定方法，关于期限的计算，按《联合国国际货物销售合同公约》规定，这个期限应从电报发出时刻或信上载明的发信日期起算。如信上未载明发信日期，则从发盘送达受盘人时起算。如果由于时限的最后一天在发盘人营业地是正式假日或非营业日，则应顺延至下一个营业日。

此外，当发盘规定有效期时，还应考虑交易双方营业地点不同而产生的时差问题。

4. 发盘的撤回

发盘的撤回是指发盘在被送达受盘人之前，即发盘未生效前，取消该发盘。发盘撤回的条件是撤回通知比发盘先到达受盘人或撤回通知与发盘同时到达受盘人。

有效发盘具有法律效用，如果发盘人发盘后发现发盘内容有错时怎么办？发盘能撤回吗？《公约》第15条对发盘生效时间作了明确规定："发盘在送达受盘人时生效"。根据《联合国国际货物销售合同公约》的规定，一项发盘（包括注明不可撤销的发盘），只要在其尚未生效以前，都是可以修改或撤回的，因此，如果发盘人发盘内容有误或因其他原因想改变主意，可以用更迅速的通讯方法，将发盘撤回或更改通知赶在受盘人收到该发盘之前或同时送达受盘人，则发盘即可撤回或修改。

5. 发盘的撤销

发盘的撤销是指在发盘已生效后，在受盘人未做出接受之前，发盘人以一定方式解除发盘。

发盘是不是能撤销，《联合国国际货物销售合同公约》第16条规定，在发盘已送达受盘人，即发盘已经生效，但受盘人尚未表示接受之前这一段时间内，只要发盘人及时将撤销通知送达受盘人，仍可将其发盘撤销。如一旦受盘人发出接受通知，则发盘人无权撤销该发盘。此外，《公约》还规定，并不是所有的发盘都可撤销，下列两种情况下的发盘，一旦生效，则不得撤销：①在发盘中规定了有效期，或以其他方式表示该发盘是不可能撤销的。②受盘人有理由信赖该发盘是不可撤销的，并本着对该发盘的信赖采取了行动。

【案例3】 我某对外工程承包公司于5月3日以电传请意大利某供应商发盘出售一批钢材。我方在电传中声明：要求这一发盘是为了计算一项承造一幢大楼的标价和确定是否参加投标之用；我方必须于5月15日向招标人送交投标书，而开标日期为5月31日。意供应商于5月5日用电传就上述钢材向我发盘。我方据以计算标价，并于5月15日向招标人递交投标书。5月20日意供应商因钢材市价上涨，发来电传通知撤销他5月5日的发盘。我方当即复电表示不同意撤盘。于是，双方为能否撤销发盘发生争执。至5月31日招标人开标，我方中标，随即电传通知意供应商我方接受该商5月5日的发盘。但意商坚持该发盘已于5月20日撤销，合同不能成立。而我方则认为合同已经成立。对此，双方争执不下，遂协议提交仲裁。试问，如你为仲裁员，将如何裁决？说明理由。

【分析】 裁决如下：合同已成立。理由是：

①意大利与中国均为《联合国国际货物销售合同公约》之缔约国，双方当事人交换的电传也未排除《公约》的适用，因此本案应受《公约》制约；

②意商发盘是不可撤销的：

a. 我方询盘中已明确告知对方我方邀请发盘的意图；

b. 意方知悉我方意图后向我方发盘，我方有理由相信该项发盘是不可撤销的，并已本着该项信赖行事，参与了投标；

c. 该项发盘未规定有效期，应视为合理时间有效，本例合理时间应为开标后若干天。

③意商5月20日来电撤销发盘，我方立即拒绝，撤销不能成立。《公约》规定，一项发盘，受盘人有理由信赖该项发盘是不可撤销并已本着该项信赖行事，该项发盘不能撤销；

④我方中标后立即通知意方接受，接受生效，双方合同成立。

6. 发盘的终止

在以下情况下可造成发盘的终止：

①过期：在有效期内未被接受而过时；

②受盘人拒绝或还盘；

③有效的撤销；

④不能控制的因素所致。如战争、灾难、死亡或破产。

三、还盘

还盘又称还价，是受盘人对发盘条件不同意或不完全同意而提出需要变更内容或建议的表示。

还盘做出后，还盘的一方与原发盘的发盘人在地位上发生了变化。还盘人由原发盘的受盘人变成新发盘的发盘人，而原发盘的发盘人则变成了新发盘的受盘人，原发盘失效。新受盘人有权针对还盘的内容进行考虑，决定接受、拒绝或是再还盘。例如：你10日电价格太高还盘30英镑限14日复。

【案例4】 公司周一对外发盘，限周五复到，客户周二回电还盘，邀我电复，我未处理。但是，周四客户又来电接受我周一的发盘，请问客户这样做合理吗？

【分析】 客户周二还盘时，周一的发盘已失效，所以周四客户来电接受周一发盘是不合理的。

四、接受

受盘人在发盘的有效期内，无条件地同意发盘中提出的各项交易条件，愿意按这些条件和对方达成交易的一种表示。接受（Acceptance）在法律上称为"承诺"，接受一经送达发盘人，合同即告成立。双方均应履行合同所规定的义务并拥有相应的权利。

1. 构成接受的必要条件

构成一项法律上有效的接受（Acceptance），概括起来有以下四项条件：

①接受必须由受盘人作出，其他非受盘人的接受是无效的。

②接受必须表示出来，接受可以口头或书面，或用行动表示。如接到老客户发盘后立即发货或开立信用证。

③接受必须在发盘有效期内送达发盘人。接受生效的时间：

a. 英美法系：投邮生效原则。

b. 大陆法系：到达生效原则。

c.《公约》：到达生效原则。如果受盘人可以做出某种行为来表示接受，而无须向发盘人发出通知，则受盘人在发盘有效期内做出某种行为时，接受即生效。

④接受的内容必须与发盘相符

接受应该是无条件的，也就是理论上讲接受的内容应该与发盘中提出的条件完全一致。如果受盘人在接受的同时又对发盘的内容作出了某些更改，这就构成了有条件的接受（Conditional Acceptance）；实质性变更（Material Alteration）成为还盘，例如价格、支付、质量、数量、交货地点和时间的修改；非实质性变更（Nonmaterial Alteration）可以看成接受，例如提供某些单据或增加单据分数、提供样品、唛头刷制。

2. 逾期接受

如果接受晚于有效期才送达发盘人，该项接受便成为一项逾期接受或称迟到的接受，逾期接受一般无效。但是，根据《公约》规定，在下列两种情况下，仍然有效：

①如果发盘人毫不迟延地用口头或书面形式将该项逾期接受仍然有效的意见通知受盘人；

②如果载有逾期接受的信件或其他书面文件表明，它在传递正常的情况下是能够及时送达发盘人的，那么这项逾期接受仍具有接受的效力，除非发盘人毫不延迟地用口头或书面方式通知受盘人，发盘已经失效。

3. 接受的撤回

当接受发出时，又改变了主意，那么接受在生效之前可撤回。

【案例5】 中国某公司对美国公司电传发盘出售某货物，业务员上午发盘时误将每单位300美元CIF纽约错写成每单位300人民币CIF纽约，若：①当天下午发现失误且对方未接受，该如何处理？②第二天上午9点发现失误且对方未接受，该如何处理？③第二天上午9点发现失误且对方已接受，该如何处理？

【分析】 ①当天下午发现失误且对方未接受，那么，发盘人应该立即发电撤销原发盘并更正发盘即可。

②第二天上午9点发现失误且对方未接受，处理方式同①即可。

③第二天上午9点发现失误且对方已接受，那么，可以致电对方解释之前的发盘错误，并将正确的发盘告知对方，并请求对方的谅解。如果对方接受解释，并接受更改后的价格，那么这是最佳结果。但是，如果对方不接受解释，并坚持按照原报价执行合同，那么，报盘方没有任何更好的方法，只能接受惨痛的结局，好好总结经验，加强内部管理，对外报盘实行严格的责任审核程序，避免之后犯同样的错误。

【案例6】 A向B发盘，在发盘中说："供应50台拖拉机，东风牌，1000匹马力，每台CIF釜山5 000美元，订立合同后两个月装船，不可撤销即期L/C付款，请速复。"B公司在收到发盘后，立即复电："接受你方发盘，订立合同后一个月装船。"A公司收到复电后未作答复，试问在上述情况下，双方合同是否成立？为什么？

【分析】 合同未成立 。

根据《联合国国际货物销售合同公约》规定:接受必须是同意发盘的全部内容,如果对货物的价格、数量、支付方式、装运期等做了修改 是属于还盘,原发盘失效。

本案中 B 公司在回复中对装运期做了修改,此回复视作还盘、所以合同未成立。

第三节　出口贸易合同的履行

在我国出口贸易中,履行出口合同,涉及面广,工作环节多,手续繁杂,且影响履行的因素很多,为了提高履行约率,各外贸公司必须加强同有关部门的协作与配合,力求把各项工作做到准确细致,尽量避免出现脱节情况,做到环环扣紧,井然有序。

履行出口合同的程序,一般包括备货、催证、审证、改证、租船、订舱、报关、报验、保险、装船、制单、结汇等工作环节。在这些工作环节中,以货(备货)、证(催证、审证和改证)、船(租船、订舱)、款(制单结汇)四个环节的工作最为重要。只有做好这些环节的工作,才能防止出现"有货无证""有证无货""有货无船""有船无货""单证不符"或违反装运期等情况。

一、备货与报验

为了保证按时、保质、按量交付约定的货物,在订立合同之后,卖方必须及时落实货源,备妥应交的货物,并做好出口货物的报验工作。

1. 备货

备货工作的内容,主要包括按合同和信用证的要求生产加工或组织货源准备货物,对应交的货物进行验收和清点,在备货工作中,应注意下列事项:

①交货期。为了保证按时交货,应根据合同和信用证对装运期的规定,并结合船期安排,做好供货工作,使船货衔接好,以防止出现船等货或者货等船的情况。

②货物的品质、规格。交付货物的品质、规格,必须严格按照合同的要求,加强生产过程的监管及成品的检验。

③货物的数量。必须按合同数量备货,由于服装可按件计数,所以数量不允许有上下的机动幅度。

④货物的包装。按约定的条件包装,确保包装能适应长途运输和保护商品的要求,如发现包装不良或有破损,应及时修整或调换。

⑤在包装的明显部位,应按约定样式刷制唛头,检查包装上的其它各种标志检查是否符合信用证及合同的要求。

2. 报验

凡按约定条件和国家规定必须法定检验的出口货物,在备妥货物后,应向中国进出口商品检验局申请检验,只有经检验出具商检局签发的检验合格证书,海关才放行,凡检验不合格的货物,一律不得出口。服装商品不在法定检验的出口货物范围中。对于服装出口的检验标准及检验机构应在合同中明确,卖方拿到此机构的合格检验证明。

需要法定检验的商品应首先申请报验,填制出口报验申请单,向商检局办理申请报验手续,该申请单的内容,一般包括品名、规格、数量或重量、包装、产地等项,在提交申请单时,应随附合同和信用证副本等有关文件,供商检局检验和发证时作参考。

当货物经检验合格,商检局发给检验合格证书,外贸公司应在检验证规定的有效期内将货物装运出口,如在规定的有效期内不能装运出口,应向商检局申请展期,并由商检局进行复验,复验合格后,才准予出口。

二、催证、审证和改证

在履行凭信用证付款的出口合同时,应注意做好催证、审证工作。

1. 催证

在按信用证付款条件成交时,买方按约定时间开证是卖方履行合同的前提条件,买方如期开出信用证对卖方来说增加了交易的安全性。尤其是大宗货物交易或按买方要求而特制的商品交易,买方及时开证更为必要。在正常情况下,买方信用证最少应在货物装运期前 15 天开到卖方手中。否则,卖方无法安排生产和组织货源,在实际业务中,由于种种原因买方不能按时开证的情况时有发生,因此,出口方应结合备货情况做好催证工作,及时提请对方按约定时间办理开证手续,以利合同的履行。

2. 审证

审证即审核信用证,是指对国外进口方通过银行开来的信用证内容进行全面审核,以确定是接受还是修改。在实际业务中,由于种种原因,买方开来的信用证常有与合同条款不符的情况,为了维护我方的利益,确保收汇安全和合同的顺利履行,我们应对国外来证,按合同进行认真的核对和审查。审核的依据是合同“UCP600”。审证的基本原则就是要求信用证条款与合同的规定相一致,除非事先征得我方出口企业的同意,在信用证中不得增减或改变合同条款的内容。

审证工作由我国银行和进出口公司共同承担。银行审核开证行的政治背景、资信情况、付款责任和索汇路线,以及鉴定信用证真伪等。进出口公司则着重审核信用证内容与合同条款是否一致。在审证时 ,应注意下列事项:

①政治性,政策性审查。审核来证国家同我国有无经济贸易往来关系,来证内容是否符合政府间的支付协定,证中有无歧视性内容等。

②开证行与保兑行的资信情况。为了确保安全收汇,对开证行和保兑行所在国的政治、经济状况,开证行和保兑行的资信及其经营作风等都应注意审查。

③信用证的性质和开证行对付款的责任要注意审查信用证是不可撤销的信用证,出口业务中,我方不接受带“可撤销”字样的信用证。

④信用证金额及其采用的货币。信用证金额应与合同金额一致,如合同订有溢短装条款,则信用证金额还应包括溢短装部分的金额,来证采用的货币与合同规定的货币一致。

⑤有关货物的记载。来证中对有关品名、数量或重量,规格,包装和单价等项内容的记载,是否与合同的规定相符,有无附加特殊条款,如发现信用证与合同规定不符,应认真考虑是接受还是要求对方改证。

⑥有关装运期、信用证有效期和到期地点的规定。按惯例,一切信用证都必须规定一个交单付款、承兑或议付的到期日,未规定到期日的信用证不能使用,通常信用证中规定的到期日是指受益人最迟向出口地银行交单议付的日期,如信用证规定需要向国外交单的有效期,寄单需要时间可能有延误的风险,一般应提请修改。装运期必须与合同规定一致,如来证太晚,无法按期装运,应及时申请国外买方延长装运期限。信用证有效期与装运期应有一定的合理间

隔,以便在装运货物后有足够的时间办理制单结汇工作。信用证有效期与装运期规定在同一天的,称为“双到期”,应当指出,“双到期”是不合理的,受益人是否就此提出修改,应视具体情况而定。

⑦装运单据。对来证要求提供的单据种类份数及填制方法等,要仔细审查,如发现有不适当的规定和要求,应酌情作出适当处理。

在审证过程中如发现信用证内容与合同规定不符,应区别问题的性质,分别同有关部门研究,做出妥善的处理。一般地说,如发现我方不能接受的条款,应及时提请开证人修改,在同一信用证上如有多处需要修改的,应当一次提出。

三、租船订舱

按 CIF 或 CFR 条件成交时,卖方应及时办理租船订舱工作,如系大宗货物,需要办理租船手续;订舱位需要填写托运单,托运单是托运人根据合同和信用证条款内容填写的向船公司或其代理人办理货物托运的单证,船方根据托运单内容,并结合航线、船期和舱位情况,如认为可以承运,即在托运单上签章,留存一份,退回托运人一份;至此,订舱手续即告完成,运输合同即告成立。

船公司或其代理人在接受托运人的托运申请之后,即发给托运人装货单,凭此办理装船手续。

货物装船以后,船长或大副则应该签发收货单,即作为货物已装妥的临时收据,托运人凭此收据即可向船公司或其代理人交付运费并换取正式提单。货物装船后应及时通知买方。

四、出关手续

出口货物在装船出运之前,需向海关办理报关手续,出口货物办理报关时必须填写出口货物报关单,必要时还需要提供出口合同副本、发票、装箱单、重量单、商品检验证书,以及其它有关证件,海关查验有关单据后,即在装货单上盖章放行,凭以装船出口。

货物运到口岸后,法律规定发货人或其代理人向海关报关的时间限制。出口货物的报关时限为装货的 24 小时以前。不需要征税费、查验的货物,自接受申报起 1 日内办理通关手续。

海关以接受报关单位的申报并已经审核的申报单位为依据,通过对出口货物进行实际的核查、征税后即可放行。

五、投保

凡按 CIF 条件成交的出口合同,在货物装船前,卖方应及时向中国人民保险公司办理投保手续。出口货物投保都是逐笔办理,投保人应填制投保单,将货物名称、保险金额、运输路线、运输工具、开航日期、投保险别等一一列明。为了简化投保手续,也可利用出口货物明细单或货物出运分析单来代替投保单,保险公司接受投保后,即签发保险单或保险凭证。

六、制单结汇

按信用证付款方式成交时,在出口货物装船发运之后,外贸公司应按照信用证规定,及时备妥缮制的各种单证,并在信用证规定的交单有效期内交银行办理议付和结汇手续。出口单证通常是指:汇票、发票(如商业发票、海关发票、厂商发票、领事发票等)、提单、保险单、装箱单、重量单、检验证书、产地证明、普惠制产地证等。在缮制单据时,要注意做到各种单据的种类、内容和份数必须与信用证的要求完全相符,严格做到"单证一致""单单一致""单货一致";并做到正确、完整、及时、简明、整洁。

在办理议付结汇时,汇票一般都是开具一式两份,只要其中一份收讫,则另一份即自动失效。卖方要开出商业发票,发票是卖方开立的载有货物的名称、数量、价格等内容的清单,是买卖双方凭以交接货物和结算货款的主要单证,也是办理进出口关税所不可缺少的单证之一。

在托收方式下,发票内容应按合同规定并结合实际装货情况填制;在信用证付款方式下,发票内容应与信用证的各项规定和要求相符。如信用证规定由买方负担的选港费或港口拥挤费等费用,可加在发票总额内,并允许凭本证一并向开证行收款;卖方可照此办理,但应注意,发票总金额不得超过信用证规定的最高金额,因按银行惯例,开证行可以拒绝接受超过信用证所许可金额的商业发票。

第四节　进口贸易合同的履行

一、开立信用证

1. 申请开证

进出口商签订合同后,如约定采用信用证支付方式,则应根据合同规定填写信用证开证申请书,向其外汇指定银行申请开立信用证;如果合同未规定开立信用证的具体时间,一般在装运期前15—20天开出,以便出口商备货和办理其他手续。

2. 信用证的传递和修改

(1)信用证的传递

信用证开出后,可以通过三种方式传递:

①由开证行经通知行交受益人,这种方式通知行能辨别信用证的真伪,除了通知行有证通号印戳外,还有"印鉴核符"的小印,证明其真实性。这种方式用得最多。

②开证行直寄受益人,受益人收到证后必须经银行验证后才能使用。

③开证行交开证申请人寄给受益人,也必须经银行验证。

目前,西欧和北欧、美洲和亚洲的国家和地区的银行广泛使用SWIFT开证,我国银行在电开信用证或收到的信用证电开本中,SWIFT信用证已占很大的比重。采用SWIFT,使信用证标准化、固定化和统一格式化,且传递速度快捷、成本低,因此为银行所广泛使用。

(2)修改信用证

当出口商发现信用证上有不符点时,应立刻要求进口商向开证银行申请修改。修改信用证的通知,由原信用证通知银行来转交。如果修改时间紧迫,信用证的修改也可以采取变通办法,即由出口商请通知银行以电报向开证银行询问修改事项是否可以接受,开证银行于征得进口商同意后,即以电报答复,如经出口商接受,就相当于该条款已确认修改。

二、安排运输和保险

1. 安排运输

按 FOB 贸易术语成交的进口合同,货物采用海洋运输,应由进口方负责租船或订舱工作。租船订舱事宜可委托进出口贸易运输公司办理,也可直接向远洋运输公司或其它运输机构办理。进口方要提前了解运输公司的运输条件是否适合货物特点。

在办妥租船订舱手续后,应将船名、船期及时通知出口方,以便对方备货装船。派船通知中一般包括船名、船籍、船舶吃水深度、装载重量、到达港口、预计到达日期以及其它需要说明的问题,这些信息对于出口方及时做好交付准备是很有帮助的。

2. 保险

按 FOB、CFR 术语签订的进口合同,货物运输保险是由进口方办理的。从事进口业务的企业,通过与中国人民保险公司签订"海运进口货物运输预约保险合同"的方式,办理"预约保险"的手续。进口方应根据货物特点、运输路线及运输条件选择合适的险别。服装商品的价值因质料不同相差悬殊,在选择险别时应根据其价值分别考虑,可投保一切险,也可在水渍险基础上加保玷污、淡水雨淋险。

三、审单付汇

在进口业务中,如采用托收或汇付方式,由进口公司负责对货物单据进行全面审核;如采用信用证的支付方式,则由开证银行和进口公司共同对货物单据进行审核,通常由开证银行对单据进行初审,进口公司进行复审,在单据符合信用证及合同规定的条件下,开证银行履行付款责任。

开证银行或进口公司审核国外单据,如发现"单证不符"或"单单不符",应由开证银行立即向国外银行提出,并根据具体情况做出必要的处理。

四、报关、验收

1. 报关

进口报关是指进口人按国家海关法令规定,向海关申报进口货物验收的行为,也称进口通关。

(1)报关的程序

进口报关应该分为一般贸易进口和来料加工企业的进口这两种方式。一般贸易进口,首先要确定付款方式,如果是 L/C,那就要先开证,等开完信用证后,确定进口的船期,等船到以后,再开始进行报关的操作。来料加工贸易的进口,其大体的程序差不多,唯一不同的是要先办手册。

(2)报关的期限

根据《海关法》规定,进口货物的报关期限为自运输工具申报进境之日起 14 日内,由收货人或其代理人向海关报关;转关进口货物除在 14 日内向进境地海关申报外,还须在载运进口货物的运输工具抵达指运地之日起 14 日内向指运地海关报关;超过这个期限报关的,由海关征收滞报金。进口货物规定报关期限和征收滞报金是运用行政手段和经济手段,促使进口货物收货人或其代理人及时报关,加速口岸疏运,使进口货物早日投入生产和使用。

2. 验收

进口报验是指进口商品的收货人或其代理,根据国家有关法律、行政法规的规定或业务需要,在规定的地点和期限内向商检机构或商检机构指定的检验机构申请办理进口检验或检疫。报验的时间一般在海关放行提货前后。2011 年我国进口服装纳入法检目录,共涉及 301 个 H. S 编码。

对列入《种类表》以及其它法律、法规规定必须经商检机构检验的进口商品到货后,进口公司或代理托运部门应凭"进口货物通知书"或其它有关证件,向卸货口岸或到达站的商检机构办理进口商品登记,经商检机构审核、登记后,在"进口货物报关单"上加盖"已接受登记"印章,交申请人凭此向海关办理报关手续,海关据以审核放行。

办理进口商品登记后,收货单位应尽快向商检机构正式办理进口商品报验手续。申请报验时应按规定缴纳检验费。

进口企业要熟悉我国相关产品的检验标准,否则入关就会受到限制。

【案例 7】 2014 年 2 月,我国某服装进口公司向深圳检验检疫局申报一批进口 T 恤,原产地为意大利,标注成分为"棉 90% 氨纶 10%"。经抽取 2 件 T 恤送检,结果显示,T 恤的实际成分为"棉 94.7% 氨纶 5.3%",不符合国标 GB5296.4 – 1998《消费品使用说明纺织品和服装使用说明》中 5.4 条款"纺织纤维含量标注应符合《纺织品纤维含量的标识》(FZ/T 01053 – 2007)标准"要求,深圳检验检疫局因此判定该批进口 T 恤不合格。

该公司长期在深圳口岸进口服装,公司人员自认为对我国的服装标准相当熟悉,面对不合格的判定,其百思不得其解。经检验检疫工作人员对标准详细解释后,他才明白自己忽略了对标准细节的理解。原来,《纺织品纤维含量的标识》(FZ/T 01053 – 2007)7.3 条款规定"产品或产品的某一部分含有两种及以上的纤维时,除了许可不标注的纤维外,在标签上标明的每一种纤维含量允许偏差为 5%,填充物的允许偏差为 10%",这是大家普遍认知的纤维允差。与此同时,7.4 条款规定"当标签上的某种纤维含量≤15% 时(填充物≤30%),纤维含量允许偏差为标称值的 30%",该条款是对低含量纤维的补充说明,比如某种纤维标称含量是 4%,实际检测该纤维为零,如果按 7.3 条款,这种情况合格,但不合理,这正是 7.4 条款补充说明的意义,而这一点很容易被忽略。上述案例中,公司就为此整改了耐久性标签和吊牌上的成分标识,付出了时间和成本。

五、进口索赔

进口索赔一般是指货物自出口方交到进口方的过程中,由于人为、天灾或其它种种原因,使进口方收到的货物不符合合同规定或货物有其它损害,进口方依责任归属,向有关方面提出赔偿要求,以弥补其所受的损失。

1. 索赔对象

(1)卖方

货物的品质、规格等不符合合同规定,清点货物数量不足、重量短少,商品包装不良或不符合合同要求造成货物残损等情况买方有权向卖方提出索赔。

(2)承运人

对于卸货出现货物缺失,托运货物在运输途中遗失,承运人配载不当、积载不良或装卸作业粗疏造成货物损毁,船舶不具适航条件、设备不良造成所装货物损毁等情况发生时,进口方应毫不迟延地将损害事实用书面通知承运人,让承运人了解货物灭失或残损、短缺的实际状况,以便确定其赔偿责任。

(3)保险公司

货运途中发生保险范围内的风险导致的损失。当被保险人获悉或发现保险货物遭损,应马上通知保险人,以便保险人检验损失,提出施救意见,确定保险责任,查核发货人或承运人责任。延迟通知,会耽误保险人进行有关工作,易引起异议,影响索赔。

2. 进口索赔工作

制作索赔证据,首先制定索赔清单,随附商检部门的检验证书、发票、装箱单、提单副本;其次,根据不同的索赔对象,另附不同的证明文件,向卖方索赔时,应在索赔证件中提出确切的根据或理由。向轮船公司索赔时,须另附由船长及港口理货员签证的理货报告及船长签证短卸或残损证明;向保险公司索赔时,须另附保险公司与买方的联合检验报告。

计算索赔金额,除包括受损商品的价值外,还包括其它有关费用,一般有商品检验费、装卸费、银行手续费、仓租费、利息等。

索赔应在合同规定的索赔有效期内提出,过期无效。如果商检工作可能需要更长的时间,可向对方要求延长索赔期限。《公约》规定,买方行使索赔权的最长期限是自其实际收到货物起不超过2年,我国则规定为4年。向轮船公司索赔期限为货物到达目的港交货后1年之内。但索赔一旦提出,就不再受索赔期限的限制。

♨ 课后练习 ♨

1. 服装进出口检验应该注意哪些问题?

2. 贸易磋商的一般程序?

3. 谈一下我国进口服装检验标准与欧盟进口标准的差异。

第九章　服装贸易争议的预防与处理

第一节　服装商品的检验

一、服装产品检验的重要性

商品检验，又称货物检验，是指在国际货物买卖中，对卖方交付的货物或拟交付的合同规定的货物进行质量、规格、数量、重量、包装等方面的检验，同时还包括根据一国法律或政府法令的规定进行的卫生、安全、环境保护和劳动保护等条件的检验以及动植物病虫害检疫。商品检验是国际贸易发展的产物，是买卖双方在货物交接过程中不可缺少的重要环节。它的重要性主要体现在以下三个方面：

1. 保证买卖双方顺利履行合同

在进出口贸易业务中，买卖双方身处不同的国家或地区，彼此相隔遥远，难以当面交接货物；并且商品要经过长途运输，途中可能还会多次装卸，难免会发生货物短损残缺甚至灭失等问题，尤其是在凭单证交接货物的象征性交货条件下。

2. 作为报关验放的有效证件

在进口贸易中，一国需要从其他国家及地区进口多种商品或生产要素，此时本国的检验机构就应当对进口商品的质量、数量、包装等进行检验检疫，把好质量关，以防止有些不法商人以旧充新、以次充好，避免和防止品质低下的商品进入国内，有效地维护消费者的权益。

在出口贸易中，一国通过对出口商品的检验，能够及时发现出口商品的不足，促使生产企业采取措施改进技术水平和工艺流程，以提高产品的质量、包装等问题，增强产品在国际市场上的竞争力，提高企业知名度，也可有效避免外国进口商的索赔及退货，促进本国出口贸易的增长。

3. 作为证明情况、明确责任及仲裁诉讼的有效文件

在商品的进出口中难免会出现一些质量纠纷，如果提前根据合同进行商品检验，那么检验证书就是仲裁解决的重要依据。

【案例1】　宁波某企业向检验检疫部门报检了一批出口至土耳其的机电产品，企业申请了通关单和装运前检验证书。在货物检验合格后企业领取了通关单并预约了监装。但外贸公司临时接到客户提前发货的要求，为了满足客户要求，在尚未完成监装的情况下，外贸公司擅自出运了该批货物，导致无法出具装运前检验证书，扰乱了正常的检验检疫秩序，也给企业埋

下了要承担法律责任的隐患。

二、服装检测的主要机构

在服装进出口中,买方不可能全程监督货物质量,卖方也要证明自己商品的品质,那么买卖双方就需要聘请第三方权威检测机构进行商品检测,出具检测报告。下面我们列举几个权威性的服装检测机构。

1. SGS

SGS 通标标准技术服务有限公司是瑞士 SGS 集团在中国设立的官方分支机构,SGS 集团最初于 1878 年在法国鲁昂成立,始于欧洲谷物贸易革新。1915 年,总部从巴黎迁至瑞士日内瓦至今。1981 年,于瑞士证券交易所上市。目前,SGS 集团在世界各地共有 85,000 多名员工,分布在 1,800 多个分支机构和实验室,构成了全球性的服务网络,是公认的质量和诚信的基准。

SGS 通标标准技术服务有限公司是 SGS 集团在中国授权唯一官方机构,专注于为企业组织机构在质量、安全、高效、生产力、市场响应速度、风险降低、信任和可持续发展方面创造商业利益,为其提供高效创新的检验、鉴定、测试和认证解决方案和优质服务。其广泛而精密的业务服务能力,让客户的业务更加快速、简单和有效,帮助客户降低风险、简化流程、提高运营的可持续发展。

2. 国家出入境检验检疫局

国家出入境检验疫局(简称 C. I. Q),是为国家进行出入境检验检疫工作的部门。职责是对出入境的货物、人员、交通工具、集装箱、行李邮包携带物等进行包括卫生检疫、动植物检疫、商品检验等的检查,以保障人员、动植物安全卫生和商品的质量。并提供官方检验检疫证明,居间公证和鉴定证明开具等活动。

3. ITS 检测

ITS 检测(Intertek Testing Services,简称 ITS),是世界上规模最大的工业与消费产品检验公司之一。总部设于伦敦,业务发展已遍布全球 110 个国家,合计 254 个实验室及 504 间分支机构,共有超过 10 400 名全职和 7 000 名合约式的专业人员,致力于服务全球超过 30 000 家客户。

ITS 自 1988 年进入中国内地市场以来,已通过其在全国建立的分支机构和实验室网络以及超过 1100 名的员工,为各行各业的客户提供全面的测试、检验、认证及各类产品的其他相关服务。ITS 集团由四个主要运作部门组成,每个部门对不同的产品和商品提供测试、检验和认证服务。

4. 必维国际检验集团

必维国际检验集团成立于 1828 年,是全球知名的国际检验、认证集团,其服务领域集中在质量、健康、安全和环境管理以及社会责任评估领域。必维国际检验集团是行业内获得世界各国政府和国际组织认可最多的机构之一,它提供专业的检验、分析、审核,产品和设施(建筑、工业现场、设备、船舶等)认证及相关强制性或自愿性管理体系认证服务。

三、服装检验的标准及依据

1. 纺织品的安全分类

主要根据纺织品的甲醛含量，GB18401－2010 把服装分为几种检测等级：

(1)A 类　是指婴幼儿用品，适用于 24 个月或身高 80cm 及以下婴幼儿所用纺织品和纺织制品。对于婴幼儿和儿童用品界定困难者，又没有明确说明不适用于 24 个月以下婴幼儿的，一般按 A 类婴幼儿用品对待，如儿童毛巾。A 类产品一般包括：

①婴幼儿内衣。如宝宝套装、婴幼儿套装、连体装、婴幼儿背心、肚兜、内衣、袜子；

②婴幼儿外衣。如各类外衣、开裆裤、裤子、棉服、斗笠(斗篷)；

③婴幼儿床上用品。如床单、床罩、被、毛巾被、毛毯、绒毯、线毯、枕套、枕巾；

④其他婴幼儿用品。如尿布、尿裤、尿不湿、围嘴、毛巾、手帕、手套、帽子、布鞋。

(2)B 类　指直接接触皮肤的产品。B 类一般包括：

①贴身内衣。指紧贴皮肤穿着的衣服，通常对身体的覆盖面积很小，产品几乎与身体紧密接触。如文胸、胸衣、腹带、紧身衣、胸衣衬裙、内裤、背心、汗衫、连裤袜、睡衣、晨衣、浴衣、泳装等贴身内衣。

②中衣。穿在贴身内衣外面，通常外面还要有外衣，或者只在家穿着的衣物，穿着中其绝大部分是贴近皮肤。如：棉毛衫裤、衬衫、女罩衫、衬裤、羊绒衫、毛针织内衣、线衣、保暖内衣、短衬裙、晚礼服、家庭便服等。

③可外用中衣。穿在贴身内衣外面，通常外面可以不必再套穿外衣，有的也可以套穿一件外衣，穿着中其绝大部分是贴近皮肤的。如：T 恤衫、针织工艺衫、衬衫、女罩衫、连衣裙、旗袍、和服、沙滩装、休闲装、背心裙、连衣裤、背带裤、舞蹈服、体操服、田径运动服、球类运动服、比赛服等。

④单外衣(可不套外衣)。套穿在中衣外面，可作一般外衣，很多情况下是直接套穿在内衣外面，其绝大部分也是贴近皮肤的，没有声明服装类别的单服装，均按此类。如：短裤、西裤、便裤(除粗纺呢绒)、休闲裤、西服裙、长裙、短裙、套裙、裙裤、休闲服装、免烫服装、牛仔服装、单服装、单便服、中式罩衫、运动装等。

⑤家用纺织品。直接或可能接触皮肤使用的用品。如：纱巾、围巾、脖套、手帕、头巾、浴巾、地巾、浴帘、沙滩巾、餐巾、沙发(椅)套等、床单、床笠、纺织凉席、兼作床单的床罩(单)、被子、绗缝被、毛巾被、毛毯、线毯、绒毯、被套、枕套等。

⑥其他制品。如擦脸巾、袜子、手套、帽子、护套(护肩、护肘、护腕、护腰、护膝、护腿等)、成人尿不湿、失禁垫布、鞋垫、品罩、护耳套等。

(3)C 类　非直接接触皮肤的产品。C 类一般包括：

①中衣。必须穿在其他内衣或中衣外面。

②外衣 。不直接接触皮肤，穿在其他中衣或外衣外面。

③家用及其他纺织制品。如床罩(多层复合)、被芯、围裙、地毯等。

2. 出口商品的检验依据

法律、行政法规规定有强制性标准或者其他必须执行的标准的，按照法律、行政法规规定的检验标准检验。

法律、行政法规未规定有强制性标准或者其他必须执行的标准，按照对外贸易合同约定的检验标准检验;凭样成交的,应当按照样品检验。

法律、行政法规规定的强制性标准或者其他必须执行的标准,低于对外贸易合同约定的检验标准的,按照对外贸易合同约定的检验标准检验;凭样成交的,应当按照样品检验。

法律、行政法规未规定有强制性标准或者其他必须执行的标准、对外贸易合同未约定检验标准或约定检验标准不明确的,按照生产国标准,有关国际标准或者国家商检局指定的标准检验。

现行执行的出口服装检验规程

①GB 18401—2003 中国国家纺织产品基本安全技术规范。

②SN/T 1649—2005 进出口纺织品安全项目检验规范。

③SN/T 0553—1996 出口服装抽样方法规程。

④SN/T 0554—1996 出口服装包装检验规程。

⑤SN/T 0555—2005 出口西服大衣检验规程。

⑥SN/T 0556—2005 出口衬衫检验规程。

⑦SN/T 0557—1996 出口便服检验规程。

⑧SN/T 0558—1996 出口牛仔服检验规程。

⑨SN/T 0559—1996 出口室内服装检验规程。

⑩SN/T 0252—2005 出口砂洗真丝服装检验规程。

⑪SN/T 0452—1995 出口针织外衣检验规程。

⑫SN/T 0453—2005 出口毛针织品检验规程。

⑬SN/T 0454—1995 出口针织内衣检验规程。

⑭SN/T 0780—1998 出口丝类针织服装检验规程。

⑮SN/T 0779—1998 出口免烫服装检验规程。

⑯SN/T 0847—2000 进出口羽绒制品检验规程。

⑰SN/T 0068—2003 进出口毛皮服装检验规程。

⑱SN/T 0069—2003 进出口皮革服装检验规程。

四、服装检验的项目

运用相应的检验手段,包括感管检验、化学检验、仪器分析、物理测试等,对出口服装的品质、规格、数量、包装标识、安全卫生环保等项目进行检验。品质检验的范围很广,大体包括质量检验与外包装检验及内包装检验三个方面。

1. 外观质量检验

(1)成衣外观

外观质量检验主要是对服装的款式、花样(花色)、面辅料缺陷、整烫外观、缝制、线迹顺直、各部位尺寸准确、线头的检验等。

(2) 规格检验

对所抽取的规格检验样品逐件进行测量。

(3)做工检验

底面线没有浮线、不断线、止口不反吐,对称部位没有误差等。

2. 外包装检验

(1)外包装应保持内外清洁、牢固、干燥,适应长途运输。

(2)箱底、箱盖封口严密、牢固,封箱纸贴正,两侧下垂10厘米。

(3)内外包装大小适宜。

(4)外包装完好无损,无塌陷、破洞、撕裂等破损现象。加固带要正,松紧适宜,不准脱落,卡扣牢固。

(5)箱(袋)外唛头标记要清晰、端正,品名、规格、重量及纸箱大小应与货物相符。

3. 内包装检验

(1)实物装入盒内松紧适宜,有衣架的要摆放端正,用固定架固定平整。

(2)纸包折叠端正,捆扎适宜。

(3)盒(包)内外清洁、干燥。

第二节　其他国家的纺织品检验标准

一、欧洲纺织品检验主要标准

1. CEN 标准的类型

CEN 标准(Deliverables)的类型有欧洲标准(EN)、技术规范(TS)、技术报告(TR)和 CEN 研讨会协议(CWA),早期还有欧洲预备标准(ENV)和 CEN 报告(CR)。现在的 CEN 标准目录中仍可见一定数量的 ENV 和 CR,这些 ENV 和 CR 将逐渐被转化为 TS 和 TR,或者被废止。

(1)欧洲标准(EN)

欧洲标准(EN)由 CEN 技术委员会(TC)或 CEN 技术局任务小组(BTTF)起草,由 CEN 技术局(BT)批准的技术规范性文件(Normative Documents)。欧洲标准起草者必须是国家成员(国家标准组织)委派的代表。欧洲标准制定必须经历征求意见阶段和投票阶段,即标准草案要向国家成员正式征求意见,征求意见期限通常为5个月。TC 或 BTTF 在征求意见的基础上形成最终草案,再由 CEN 管理中心散发给国家成员正式投票,投票期限通常为2个月,如果赞成票的权重大于或等于71%,则由 BT 批准该草案为欧洲标准。欧洲标准必须以 CEN 的三种官方语言(英、法、德语)同时出版,各国在实施欧洲标准时可视本国需要将其翻译成本国语言,但必须完全等同,不能有任何偏差。欧洲标准在5年内必须复审一次,在复审期内,可以发布该欧洲标准的勘误表或修改单。

欧洲标准是 CEN 各类标准中执行力最强的一种,各国必须将欧洲标准等同转化为国家标准,并撤销相悖的国家标准。一旦某项欧洲标准立项,所有国家标准组织在没有得到技术局许可的情况下都不允许制定相同内容的国家标准,也不允许修改现有相同内容的国家标准,这种义务被称作“停止政策”(Standstill),以便各国将精力集中到欧洲标准的起草和协调上来。但是欧洲标准的属性是自愿性的,即对于生产商来说是自愿执行的,生产商在产品制造过程中可以不遵守欧洲标准。从这个意义上来说,欧洲标准相当于我国的推荐性标准(GB/T)。

标准的代号放在欧洲标准编号的前面,如:英国国家标准 BSEN71:2003、法国国家标准 NFEN71:2003、德国国家标准 DINEN71:2003。

另外,CEN 制定的欧洲标准中有一部分是协调标准(Harmonized European Standard)。协调标准是由 CEN 依据欧盟委员会下达的“标准化委托书”制定的欧洲标准。与其他欧洲标准不同之处在于:协调标准是直接支撑欧盟指令实施的技术规范,其标题、代号及其对应的新方法指令等信息都需要公布在欧盟官方公报(OJEC)上。2006 年底欧洲标准化委员会(CEN)制定的协调标准有 1825 项,还有 600 项协调标准正在制定中。

(2)技术规范(TS)

技术规范(TS)是由 CEN 的 TC 或 BTTF 起草并批准的技术规范性文件(Normative Documents)。当一个技术文件将来可能成为欧洲标准时,CEN 将其批准为技术规范(TS)。下列情况的技术文档可能会批准为技术规范:

①欧洲标准草案没有获得足够的赞成票时;

②对欧洲标准草案是否达到一致(Consensus)还存在质疑时;

③标准所涉及的技术还不够成熟时;

④有别的原因阻止将标准草案立刻批准为欧洲标准时。

技术规范的起草者必须是国家成员(国家标准组织)委派的代表。技术规范的制定可以没有征求意见阶段,但必须要有正式投票阶段。各国的国家标准组织必须在国家层面宣布被批准的技术规范的存在,但不需要撤销相悖的国家标准。技术规范必须至少以 CEN 官方语言的一种出版。技术规范在 3 年内必须复审一次,第一次复审的结果有三种:新版技术规范、废止或通过正式投票转为欧洲标准。如果技术规范在第二次复审时,仍然不能转为欧洲标准,则废止该技术规范,也就是说技术规范的最长寿命是 6 年。复审期内,可以发布该技术规范的勘误表,但是不可以发布该技术规范的修改单。如果要在我国国家标准类型中寻找对应的类型,那么就是指导性技术文件(GB/Z)。

(3)技术报告(TR)

技术报告(TR)是由 TC、BTTF 或 BT 批准的有关标准化工作技术信息的资料性文档(Informative Document),它不适合作为欧洲标准或技术规范出版。例如,一项技术报告可以是 CEN 国家成员标准化工作的调查数据,也可以是反映其他欧洲组织有关标准化工作的信息,或者是就某一特定主题的国家标准最新信息。

技术报告的起草者必须是国家成员(国家标准组织)委派的代表。技术报告的制定可以没有征求意见阶段,但必须要有正式投票阶段。与欧洲标准和技术规范不同的是,这种投票是简单多数投票,不用考虑赞成票的权重。技术报告必须至少以 CEN 官方语言的一种出版。各国的国家标准组织也不需要在国家层面宣布被批准的技术报告的存在。技术报告的有效期没有时间限制,可以发布该技术报告的勘误表,也可以发布该技术报告的修改版,但不可以发布该技术报告的修改单。

(4)CEN 研讨会协议(CWA)

CEN 研讨会协议(CWA)是一个更快更灵活的标准化产品,由 CEN 研讨会批准,反映了参加研讨会的个人和组织所达成的一致性。CWA 被引入的最初是为了满足信息通讯领域快速发展的需要。现在,CWA 用于 CEN 的所有标准化领域。CEN 研讨会是一个开放的组织,参加者为任何对标准制定感兴趣者,不要求一定是国家代表,也没有地域限制,因此 CWA 的起草者可以来自世界各地。CWA 的制定不需要向各国标准组织正式征求意见,只要参与研讨会的个人和组织达成广泛的一致即可被批准。CWA 必须至少以 CEN 官方语言的一种出版。像 TS 和 TR 一样,CWA 不具有欧洲标准那么高的执行效力,即 CEN 成员没有将 CWA 采纳为国家标准的义务。CWA 的有效期为 3 年,CWA 到期时,CEN 管理中心征求起草该 CWA 的研讨会意见,要么废止,要么成为新版 CWA。

CEN 的标准类型与 ISO 的标准类型大致对应,如:EN 对应 ISO,CEN/TS 对应 ISO/TS,CEN/TR 对应 ISO/TR,CWA 对应 IWA(国际研讨会议)。ISO 的 PAS(Public Available Specification,可公开提供的技术规范)在 CEN 系统中没有对应的标准类型。

2. CEN 标准的分类统计

到 2006 年底,CEN 标准的总数达到 12357 项,其中技术规范(TS)289 项、技术报告(TR)133 项、研讨会协议(CWA)260 项、欧洲预备标准(ENV)202 项、CEN 报告(CR)120 项、欧洲标准(EN)11353 项(包括 641 项修改单),因此如果不计修改单,2006 年底 CEN 制定的欧洲标准数量为 10712 项。在这些欧洲标准中有 1825 项是直接支撑欧盟指令的协调标准。

2006 年,CEN 批准发布了 1472 项标准,其中欧洲标准 1287 项、技术规范 101 项、技术报告 53 项、研讨会协议 31 项。另外,2006 年底,CEN 还有 3510 个工作项目正在进行中,其中包括 600 项协调标准制定项目。

CEN 管理中心(CMC)本身并不销售欧洲标准,所有的 CEN 标准都需要从 CEN 国家成员(各国国家标准组织)获得。

CEN 批准发布的欧洲标准主要覆盖了 15 个领域,具体为①化学:主要包括碳氢化合物燃料、生物燃料、胶粘剂、民用爆炸品等;②建筑和市政工程:主要包括建筑、建筑用产品、材料和装备、防火、土工织物等;③家用物品、运动和娱乐:主要包括玩具、体育、运动及运动场所设备、纺织品、烟火等;④环境:主要包括空气质量、水质、废物填埋和生态标签等;⑤食品:主要包括食品成分分析、动物饲料、质量保险、食品包装和运输等;⑥通用标准:主要包括认可、认证、试验,以及照明、声学和振动等;⑦医疗:主要包括医疗设备、注射和诊断设备、眼睛和牙齿健康用的材料和设备等;⑧职业健康和安全:主要包括个体防护装备,如保护耳朵、眼睛和呼吸道的装备等;⑨加热、制冷和通风:主要包括燃气用具、燃油设备、固体燃料设备、冰箱、热泵等;⑩信息社会:主要包括信息和通信技术、电子欧洲计划等;⑪材料:主要包括钢、铜、铝、铅、锌、锡,以及纸张、皮革、纤维和塑料等;⑫机械工程:主要包括机械安全、压力设备、锅炉、管道、油箱等;⑬服务:主要包括用来规范合同和培训的标准,如在运输、旅游和邮政服务时需要签订合同和适当的资质培训;⑭运输和包装:主要包括高速铁路和普通铁路的互操作性、航空、危险货物运输、包装、废包装等;⑮公用事业和能源:主要包括水气供应、电力工程、热电联产、废水处理、太阳能等。

二、美国纺织品检验标准

1. 美国纺织品质量控制的主管机构与测试标准

美国纺织品的品质主管机构及标准主要有:AATCC 标准(美国纺织染色家与化学家协会),ASTM 标准(美国材料试验协会),CPSC(美国联邦消费品安全委员会)和 FTC 强制性标准(美国联邦贸易委员会)。另外美国对纺织品服装制定了许多技术法规:纺织纤维产品鉴定法令、毛产品标签法令、毛皮产品标签法令、公平包装和标签法,织物可燃性法规、儿童睡衣燃烧性法规、羽绒产品加工法规等等。美国的纺织品和服装市场是一个相对比较成熟的市场,进入美国市场面临的一个非常重要的问题就是产品质量认证。也就是说,某一产品在美国可否销售的关键是在于该产品能否通过美国权威检测部门的检测后获得许可证。常见的美国纺织服装产品认证标准有以下两种:

(1)FTC 规则

FTC(Federal Trade Committee)是美国联邦贸易委员会的缩语。FTC 要求在美国销售的纺织品要标有成分和保护标签,并且对那些含有未经 FTC 认可成分的纺织品限制进入美国市场。FTC 还将对纺织品的成分进行分析,以判断提供的成分报告与实际结果是否一致。

(2)INTER 检测中心(纺织品/服装)

INTER 检测中心执行纺织品和成衣的物理检测,如纤维含量、化学成分、弹性、保养、可燃性、着色、褪色、其他化学伤害等的检测工作。

2. 美国纺织品质量控制的主要规则

美国关于纺织服装产品标签方面的法规主要有:《纺织纤维产品识别法》《羊毛产品标签法》《纺织品服装和面料的维护标签》等。

(1)《纺织纤维产品识别法》

制定于 1958 年,它由美国联邦贸易委员会(Federal Trade Commission,简称 FTC)负责实施,其后,针对实施上遇到的各种问题,又颁布了实施细则。《纺织纤维产品识别法》及有关条例(16CFR303)适用于服装制品、手帕、围巾、床上用品、窗帘、帏帐、装饰用织物、桌布、地毯、毛巾、揩布、烫衣板罩与衬垫、伞、絮垫、旗子、家具套、毛毯与肩巾、睡袋。标注内容有如下规定:

①纤维成分:纤维成分的标注必须采用非商标纤维名称,并应按重量的百分比由大至小顺序排列纤维成分;占纤维总重量不足 5% 的纤维不应以名称识别,而应列为其他纤维,纤维含量允差不超过 3%,但具特定功能的纤维除外;纤维成分可于标签背面标明,但有关资料必须容易找到。

②原产地信息:所有服装必须以布标签标示原产地,并有确定固定位置。如 T 恤衫、衬衫、外衣、毛衫、连身裙和类似服装,原产地标签必须置于服装内面领口中央位置或在两条肩膊缝边中间;至于长裤、松身长裤、短裤和半身裙等服装,原产地标签则须置于显眼位置,例如腰带内面。此外,原产地名称前面必须加上"Made in"或"Product of"等类似字眼,让最终购买者清楚看到,以免被误导。

③制造商或经销商信息:除了纤维成分和原产地,服装必须附有提供护理指示的永久标签以及进口商、分销商、零售商或外国生产商的名称。根据规定,进口商、分销商及零售商可采用联邦贸易委员会发出的 RN 或 WPL 号码,但只有设于美国的企业才可取得及使用 RN 号码,外国生产商可采用其名称或美国进口商、分销商或直接参与产品分销的零售商的 RN 或 WPL 号码。企业可以以其商标名称识别,但商标名称须已在美国专利局注册,企业亦须于使用商标前向联邦贸易委员会提供商标注册证副本。

(2)《羊毛产品标签法》

1940 年美国国会通过该法案,FTC 负责实施,目的在于保护消费者免受毛织品虚假标签的欺骗。该法案针对实施上遇到的各种问题,又颁布了实施细则。《羊毛产品标签法》及其实施规则与条例 16CFR300 适用于羊毛制品,即含有羊毛或使用羊毛的产品或产品的一部分。

标注内容做如下规定：

①纤维成分：纤维成分的标注同16CFR303《纺织品标识法规及有关条例》一样。若羊毛制品中含有马海毛、山羊绒或特种纤维时，可用特种纤维的名称来标注，并标明纤维含量。

②非纤维物质含量：产品中含有非纤维的填充物或添加物质，其占羊毛制品总质量的百分比应分别标注出来。

③原产地信息：原产地标注同16CFR303。

④制造商信息及注册标识号：制造商信息同16CFR303。

(3)《纺织品服装和面料的维护标签》16CFR423。

《联邦法典》(Codeof Federal Regulations，简称CFR)，CFR是美国联邦注册登记处定期整理收录的具有普遍适用性和法律效力的美国法规。其对进口纺织服装制定的各种法规条例分布在联邦政府各部门颁布的法典中，并且绝大部分法规条例编入了CFR。

《纺织品服装和面料的维护标签》(16CFR423)适用于纺织服装及面料的制造商和进口商，包括管理或控制相关产品制造或进口的组织和个人。16CFR423要求制造商和进口商在销售中，必须在纺织服装产品上附加维护标签。标注内容做如下规定：

①维护标签是指包括常规维护信息和说明的耐久性标签或标记，必须标明对于产品在常规使用中所需要的有关维护事项，有洗涤、干燥、熨烫、漂白和警示性说明；ASTMD5489－01a还提供了一个统一的符号体系，以简易图形表述对纺织产品进行维护的内容。

②维护标签应被看到或容易被发现，并以不与产品分离的方式附于或固定于产品上，并且在产品的使用寿命期内保持清晰。

第三节　争议的解决与索赔

所谓国际贸易争议是国际贸易主体之间在国际贸易活动中所产生的纠纷。

一、国际贸易争议的特点

①国际贸易争议发生在国际贸易领域；

②国际贸易争议的主体具有涉外性；

③发生争议的法律关系的标的物位于国外或行为在国外完成；

④产生、变更或消灭法律关系的法律事实发生在国外；

⑤国际贸易争议的解决所适用的法律可由当事人协商确定，或为某一当事人所在国家的法律，或为第三国法律，或为国际公约或国际惯例；

⑥国际贸易争议的解决方式多样，程序复杂。

二、产生争议的原因

在国际货物买卖业务中，产生争议、纠纷的原因很多，大致可归纳为以下几种情况：

①合同是否成立，双方国家法律和国际贸易惯例解释不一致；

②合同条款规定得不够明确，双方对条款的解释不同，习惯上无统一的解释；

③在履约中产生了双方不能控制的因素，致使合同无法履行或无法按期履行，而双方对是否可以解除合同或延期履行合同看法不一致；

④买方不按时开出信用证，不按时付款赎单，无理拒收货物或在买方负责运输的情况下，不按时派船或签订运输合同、指定交货地点等；

⑤卖方不按时交货或不按合同规定的品质、数量、包装交货，不提供合同和信用证规定的合适单证等。

三、处理贸易争议的方式与程序

1. 解决国际贸易活动中争议的方式

(1) 和解

是指民事纠纷中自诉人在法院判决前，可以同被告人自行协商就某项争议达成和解的协议，经法院同意后，自诉人可以撤诉。

(2) 调解

可分为法院调解、仲裁厅调解和群众调解(即诉讼外调解)，这是处理民事案件和轻微刑事案件的重要方式之一，但是对涉及行政管理案件的纠纷，不适用调解。当事人经人民法院调解而达成协议的，应制作调解书，调解书送达后，即具有法律效力；经仲裁机构调解，双方当事人达成和解的，应签定书面和解协议；群众调解是指在人民调解委员会或有关机关、企业、事业单位、团体等主持下成立的调解，这类调解不具法律效力，如当事人反悔，有权向法院起诉，它适用于一般民事纠纷案件。

(3) 仲裁

是指仲裁机构根据当事人在争议发生前或在争议发生后达成的协议，将争议提交仲裁机构审理，并由其作出判断或裁决。

(4) 诉讼

是指民事纠纷案件(包括国际贸易纠纷案件)中，不属于仲裁机构仲裁的案件，以及不服行政机关复审裁决的案件，当事人可以依法向法院提起诉讼。

四、解决国际贸易争议案件适用的法律程序

1. 涉及行政管理法律(即公法)争议案件所适用的程序

凡是争议案件涉及行政管理法律的，如反倾销法、反补贴法、保障措施等类法律规范，争议当事人应当向主管的行政机构提出书面申请或诉讼，由该行政机关按照有关法律规定的行政程序处理。

当事人不服行政机关的裁定和处理决定，可在规定期限内向有权复议的行政机关提出书面申请或诉讼，由该行政机关按照有关法律规定的行政程序处理。

2. 涉及民事法律的争议案件所适用的程序

凡是争议案件涉及民事法律的(如产品质量责任法、合同法等类法律法规)，争议当事人可向法院提起诉讼，由法院判决。但在国际贸易合同纠纷中有仲裁协议条款的，应当向有管辖权的国际贸易仲裁机构申请仲裁。没有仲裁条款或协议的，可向法院起诉。

五、规避贸易纠纷的建议

1. 制定完善的贸易合同

(1)约定质量检验条款

为了更好地维护自身合法权益,在贸易合同中应详细约定质量检验条款,明确规定检验时间、检验地点、检验标准、检验费用承担、检验机构、最终检验权归属等方面。其中,在检验机构方面约定权威的质量检验机构,可以在一定程度上规避潜在的风险发生,目前国际上比较知名的检验机构有 SGS 集团、中国 CTI 华测检验机构、英国劳氏船级社(LR)、美国保险商实验室(UL)。

(2)约定质量异议期

在国际贸易中,货物因海上运输、多式联运等原因,通常需要较长的运输时间,为了避免买方收到货物后再较长的时间内因货物价格下跌,随后又以货物存在质量问题为由向出口商转嫁贸易风险,买卖双方应根据贸易惯例、约定合理的质量异议期十分有必要,从而在贸易双方之间寻求合理的权利义务平衡点。

2. 严格履行贸易合同交付货物

许多理赔案例表明,虽然国外买方因质量瑕疵提出的索赔要求,未免存在显失公平、漫天要价的问题,但同时也表示卖方确实存在履约不完善,从而导致买方存在"可乘之机"。

3. 积极应对贸易纠纷

①当发生贸易纠纷时,根据贸易合同约定以书面形式向买方积极抗辩、据理力争,并附带证据支持;

②如果双方未在贸易合同中明确约定质量异议条款,导致无法判定责任归属时,当发现买方有和解意愿时,应争取达成和解协议,尽最大限度维护自身合法权益;

③如果确实无法与买方以和解形式解决纠纷,出口商可选择委托相关的信保公司介入追讨;或者经过法律评估后,采取相应的诉讼或仲裁等法律手段。

【案例 2】 2013 年 5 月 24 日,卖方 A 公司向某国买方 B 公司出运货物(桉树油),发票金额 64 423.80 美元,支付方式为 OA 90 天。2013 年 6 月 25 日货物到港后,B 公司完成清关并提货。2013 年 8 月 16 日,B 公司突然告知 A 公司,由于货物存在质量问题,拒绝支付全部货款。A 公司积极向买方抗辩,但买方不予理睬。报损后,信托公司发函询问 B 公司,B 公司承认债务,但提出桉树油存在气味问题并且颜色呈淡黄状。

【处理】 信托公司经过勘查后发现:①贸易合同对货物质量规格仅约定桉树油含量,出运前第三方检验结果显示正常,合同并未对气味、颜色事项进行约定;②贸易合同规定"货物在目的港卸货后十五日内经采购方检验发现货物存在质量、数量和重量与合同不符,采购方有权根据检验机构出具的检验证书要求退货或者对供货方提出索赔",买方并未在合同约定的质量异议期内提出索赔,而是在货物到港后 58 天提出质量问题;③经过调查,桉树油物理性状为无色至淡黄色液体,有似樟脑和冰片的气味。综上所述,B 公司提出桉树油存在气味问题并且颜色呈淡黄色,明显存在以"货物存在质量问题"为借口恶意拖欠货款。

在信托公司的持续施压下,买方于 2013 年 10 月 7 日支付货款 30 203.00 美元,拖欠剩余货款。信托公司对 A 公司履行保险责任,并委托当地渠道追偿。

六、国际贸易索赔的原因

国际贸易索赔是指出进口交易中，因一方违反契约规定，直接或间接造成另一方有所损失，受损害的一方向违约方提出赔偿要求，以弥补其所受之损害。国际贸易索赔发生的原因：

1. 信用不佳

因交易对手信用不佳，不确实履行契约义务，导致另一方遭受损害而提出索赔，这是最常见的索赔原因。

2. 契约条件不完备或用词模棱两可

买卖双方订约未尽周详，契约内容不够完备，或契约用词模棱两可，无明确定义，致履约发生问题时无法依约解决，亦为索赔发生的原因。

3. 法规惯例不一致

各国经贸发展背景不同，外汇贸易管制情况互异，常因贸易法规惯例不一致，造成贸易遵循立场的困扰。

4. 语言文字不同(沟通偏差)

语言文字了解程度难以一致，致使双方交易条件无法正确表达沟通，滋生执行上的偏差。

5. 不可抗力事故

例如因天灾致无法如期交货，或因政策法令变动而无法顺利汇出货款，只要契约中有订明不可抗力事故条款，这类索赔通常较易解决。

七、国际贸易索赔的范围

1. 金钱的索赔

(1)拒付价款

例如因品质不佳，迟延装船，而拒付。

(2)要求减价或折价

例如因品质不佳、迟延装船等而要求减价或折价。

(3)要求赔偿损失

①买方索赔：例如卖方迟延装货，致买方工厂停工而发生的损失。

②卖方索赔：例如买方不开或迟开信用证。

2. 非金钱的索赔

(1)拒收货品并要求退还货款

如果影响工厂停工或因需另补进货物而发生损失，则这种附带损失也可一并向卖方索赔。

(2)掉换货物

若货物不符契约规定，买方即可一方面拒收货物，另一方面要求卖方另行补运符合契约的货物。

(3)补交

卖方短交时可要求其补交。

(4)修护

通常要求修护的情形，以机器类居多。如故障或损坏可经修护而恢复的，经修护后，买方往往仍可要求卖方给予若干的赔款。

(5)要求履约

即卖方或买方要求对方按照契约条件履行之意。例如对于不交运契约货物时,买方要求卖方照约交运。又如买方迟迟不开来信用证时,卖方要求买方依约开来信用证。

(6)取消契约或取消契约余额

前者为要求取消全部契约,后者为要求取消未装运或未履行部分的契约。

(7)道德制裁

例如拒绝往来、通报同业、请贸易主管当局列入黑名单。

♨ 课后练习 ♨

1. 服装进出口检验的重要性?
2. 我国的服装检验标准与欧盟相关标准有哪些差异?
3. 国际贸易索赔的范围。
4. 如何避免国际贸易中争议的发生?

附录一　学习参考网站

中华人民共和国商务部 http://www.mofcom.gov.cn/

中国国际贸易学会 http://gmxh.mofcom.gov.cn/

世界贸易中心协会 http://www.wtca.cn/

美国商务部经济分析局 http://www.bea.gov/index.htm

外贸学习网 http://www.wmxuexi.com/

环球外贸论坛 http://bbs.fob5.com/

国际贸易法律网 http://www.tradelawchina.com/

国际贸易从业技能综合实训 http://www.pocib.com/

《联合国国际货物销售合同公约》

第二部分　合同的订立

第十四条

(1)向一个或一个以上特定的人提出的订立合同的建议,如果十分确定并且表明发盘人在得到接受时承受约束的意旨,即构成发盘。一个建议如果写明货物并且明示或暗示地规定数量和价格或规定如何确定数量和价格,即为十分确定。

(2)非向一个或一个以上特定的人提出的建议,仅应视为邀请发盘,除非提出建议的人明确地表示相反的意向。

第十五条

(1)发盘于送达被发盘人时生效。

(2)一项发盘,即使是不可撤销的,也可予撤回,如果撤回通知于发盘送达被发盘人之前或同时。送达被发盘人,撤回有效。

第十六条

(1)在未订立合同之前,如果撤销通知于被发盘人发出接受通知之前送达被发盘人,发盘得予撤销。

(2)但在下列情况下,发盘不得撤销:

(a)发盘写明接受发盘的期限或以其它方式表示发盘是不可撤销的;

(b)被发盘人有理由信赖该项发盘是不可撤销的,而且被发盘人已本着对该项发盘的信赖行事。

第十七条

一项发盘,即使是不可撤销的,于拒绝通知送达发盘人时终止。

第十八条

(1)被发盘人声明或做出其它行为表示同意一项发盘,即是接受,缄默或不行动本身不等于接受。

(2)接受发盘于表示同意的通知送达发盘人时生效。如果表示同意的通知在发盘人所规定的时间内,如未规定时间,在一段合理的时间内,未曾送达发盘人,接受就视为无效,但须适当地考虑到交易的情况,包括发盘人所使用的通讯方法的迅速程度。对口头发盘必须立即接受,但情况有别者不在此限。

(3)但是,如果根据该项发盘或依照当事人之间确立的习惯作法和惯例,被发盘人可以做出某种行为,例如与发运货物或支付价款有关的行为,来表示同意,而无须向发盘人发出通知,则接受于该项行为做出时生效,但该项行为必须在上一款所规定的期间内做出。

第十九条

(1)对发盘表示接受但载有添加、限制或其它更改的答复,即为拒绝该项发盘,并构成还盘。

(2)但是,对发盘表示接受但载有添加或不同条件的答复,如所载的添加或不同条件在实质上并不变更该项发盘的条件,除发盘人在不过分迟延的期间内以口头或书面通知反对其间的差异外,仍构成接受。如果发盘人不做出这种反对,合同的条件就以该项发盘的条件以及接受通知内所载的更改为准。

(3)有关货物价格、付款、货物质量和数量、交货地点和时间、一方当事人对另一方当事人的赔偿责任范围或解决争端等的添加或不同条件,均视为在实质上变更发盘的条件。

第二十条

(1)发盘人在电报或信件内规定的接受期间,从电报发出时刻或信上载明的发信日期起算,如信上未载明发信日期,则从信封上所载日期起算。发盘人以电话、电传或其它快速通讯方法规定的接受期间,从发盘送达被发盘人时起算。

(2)在计算接受期间时,接受期间内的正式假日或非营业日应计算在内。但是,如果接受通知在接受期间的最后1天未能送到发盘人地址,因为那天在发盘人营业地是正式假日或非营业日,则接受期间应顺延至下一个营业日。

第二十一条

(1)逾期接受仍有接受的效力,如果发盘人毫不迟延地用口头或书面将此种意见通知被发盘人。

(2)如果载有逾期接受的信件或其它书面文件表明,它是在传递正常、能及时送达发盘人的情况下寄发的,则该项逾期接受具有接受的效力,除非发盘人毫不迟延地用口头或书面通知被发盘人:他认为他的发盘已经失效。

第二十二条　接受得予撤回,如果撤回通知于接受生效之前或同时,送达发盘人。

第二十三条　合同于按照本公约规定对发盘的接受生效时订立。

第二十四条　为公约本部分的目的,发盘、接受声明或任何其它意旨表示“送达”对方,系指用口头通知对方或通过任何其它方法送交对方本人,或其营业地或通讯地址,如无营业地或通讯地址,则送交对方惯常居住地。

附录二 《2010年国际贸易术语解释通则》

目　录

前言
EXW——工厂交货(……指定地点)
FCA——货交承运人(……指定地点)
CPT——运费付至(……指定目的港)
CIP——运费和保险费付至(……指定目的地)
DAT——终点站交货(……指定目的港或目的地)
DAP——目的地交货(……指定目的地)
DDP——完税后交货(……指定目的地)
FAS——船边交货(……指定装运港)
FOB——船上交货(……指定装运港)
CFR——成本加运费付至(……指定目的港)
CIF——成本,保险加运费付至(……指定目的港)

《2010年国际贸易术语解释通则》(简称《2010年通则》)

全球化经济赋予商业以空前宽广途径通往世界各地市场。货物得以在更多的国家、大量且种类愈繁地销售。然而随着全球贸易数额的增加与贸易复杂性的提升,因销售合同不恰当起草引致误解与高代价争端可能性也提高了。

国际贸易术语解释通则这一用于国内与国际贸易事项的国际商会规则使得全球贸易行为更便捷。在销售合同中参引《2010年国际贸易术语解释通则》可清晰界定各方义务并降低法律纠纷的风险。

自1936年国际商会创制国际贸易术语以来,这项在全球范围内普遍被接受的合同标准经常更新,以保持与国际贸易发展步调一致。《2010年国际贸易术语解释通则》考虑到了全球范围内免税区的扩展,商业交往中电子通讯运用的增多,货物运输中安保问题关注度的提高以及运输实践中的许多变化。《2010年国际贸易术语解释通则》更新并加强了"交货规则"——规则的总数从13降到11,并为每一规则提供了更为简洁和清晰的解释。《2010年国际贸易术语解释通则》同时也是第一部使得所有解释对买方与卖方呈现中立的贸易解释版本。

国际商会商法和实践委员会成员来自世界各地和所有贸易领域,该委员会宽泛的专业技能确保了《2010年国际贸易术语解释通则》与各地的商贸需要照应。

国际商会向Fabio Bortolotti(意大利)的商法和实践委员会的成员表示谢意,向由Charles Debattista(副组长,英国),Christoph Martin Radtke (副组长,法国),Jens Bredow (德国),Johnny Herre (瑞典),David Lwee(英国),Lauri Railas (芬兰),Frank Reynold(美国),Miroslav Subert (捷克)组成的起草小组致谢,并且向对11条规则的表述给予帮助的Asko Raty (芬兰)致谢。

前言

《2010年国际贸易术语解释通则》通则阐释了一系列在货物销售商业(商事)合同实践中

使用的三字母系列贸易术语。《2010 年国际贸易术语解释通则》主要描述货物从卖方到买方运输过程中涉及的义务、费用和风险的分配。

如何运用《2010 年国际贸易术语解释通则》

1. 将《2010 年国际贸易术语解释通则》订入到你的销售合同中

如果你要使《2010 年国际贸易术语解释通则》在你的合同中适用，你应该在合同中，通过如“所选择的 Incoterms 规则（含指定地点）附上《2010 年国际贸易术语解释通则》”这类文字以明确表示。

2. 选择适当的《2010 年国际贸易术语解释通则》

所选的《2010 年国际贸易术语解释通则》须与货物、其运输方式相称，最重要的是与合同双方是否有意添加额外义务相称，例如安排运输或保险的义务于买方或卖方。每个对贸易术语的指导性解释中都包含对做出此项决定非常有帮助的信息。不论是哪一项《2010 年国际贸易术语解释通则》被选用，适用双方应该意识到对合同的说明会颇受到所用港口或地方特有的惯例影响。

3. 尽可能精准地说明你所在地方或港口名称

仅当当事人双方选定特定的一个收货地或港口时，所选术语才能发挥作用。且地点或港口名称尽可能精准，《2010 年国际贸易术语解释通则》效用就能发挥到极致。以下精准详述就是一个很好的例子：

《2010 年国际贸易术语解释通则》，FCA 规则，法国，巴黎，38 Cours Albert 1er

在《2010 年国际贸易术语解释通则》下：

EXW 工厂交货（……指定地点）

FCA 货交承运人（……指定地点）

DAT 终点站交货（……指定目的地）

DAP 地点交货（……指定目的地）

DDP 完税后交货（……指定目的地）

FAS 船边交货（……指定装运港）

FOB 船上交货（……指定装运港）

此处所指地点为交货地点，同时风险也从卖方转移至买方。《2010 年国际贸易术语解释通则》下 CPT（运费付至），CIP（运费、保险费付至），CFR（成本加运费），CIF（成本、保险费加运费），所指地点因交货地不同而不同。在这些《2010 年国际贸易术语解释通则》下，所指地点为运费付至地。为避免疑问和争议，对指定地点或目的地可通过作进一步有益阐述使之成为一个精确的地点。

4. 谨记《2010 年国际贸易术语解释通则》并没有给当事人提供一份完整的销售合同

《2010 年国际贸易术语解释通则》确有阐述销售合同中当事人的特定义务，当卖方将货物运至买方时，办理运输和保险义务的承担。然而，《2010 年国际贸易术语解释通则》并没有任何关于付款价格或付款方式的规定，或是货物所有权的转移，违约的后果等。这些问题通常是通过销售合同的明示条款和适用的法律条文来解决。当事人需要注意的是，当地强制适用的法律有可能优先于销售合同的内容，包括所选择的 *Incoterms* 通则。

《2010 年国际贸易术语解释通则》的主要特点

1. 两个新的贸易术语——DAT 与 DAP，取代了《2000 年国际贸易术语解释通则》中的

DAF、DES、DEQ 和 DDU 规则。

国际贸易术语的数量从 13 个减至 11 个，这是因为 DAT（运输终点交货）和 DAP（目的地交货）这两个新规则取代了《2010 年通则》中的 DAF、DES、DEQ 和 DDU 规则。但这并不影响约定的运输方式的适用。

在这两个新规则下，交货在指定目的地进行：在 DAT 术语下，买方处置运达并卸载的货物所在地（这与以前的 DEQ 规定的相同）；在 DAP 术语下，同样是指买方处置，但需做好卸货的准备（这与以前的 DAF、DES 和 DDU 规定的相同）。

新的规则使《2010 年通则》中的 DES 和 DEQ 变得多余。DAT 术语下的指定目的地可以是指港口，并且 DAT 可完全适用于《2010 年通则》中 DEQ 所适用的情形。同样地，DAP 术语下的到达的“运输工具”可以是指船舶，指定目的地可以是指港口，因此，DAP 可完全适用于《2010 年通则》中 DES 所适用的情形。与其前任规则相同，新规则也是“到货交付式”的由买方承担所有费用，即买方承担全部费用（除了与进口清算有关的费用）以及货物运至指定目的地前所包含的全部风险。

2.《2010 年通则》的 11 个术语的分类

《2010 年通则》的 11 个术语分为显然不同的两类：

• 适用于任一或多种运输方式的规则

EWX 工厂交货

FCA 货交承运人

CPT 运费付至

CIP 运费及保险费付至

DAT 目的地交货

DAP 所在地交货

• 只适用与海运及内河运输的规则

FAS 船边交货

FOB 船上交货

CFR 成本加运费

CIF 成本、保险费加运费

第一类所包含的七个《2010 年通则》术语——EWX、FCA、CPT、CIP、DAT、DAP 和 DDP，可以适用于特定的运输方式，亦可适用于一种或同时适用于多种运输方式，甚至可适用于非海事运输的情形。但是需要注意，以上这些规则仅适用于存在船舶作为运输工具之一的情形。

在第二类术语中，交货点和把货物送达买方的地点都是港口，所以只适用于“海上或内陆水上运输”。FAS，FOB，CFR 和 CIF 都属于这一类。最后的三个术语，删除了以越过船舷为交货标准而代之以将货物装运上船。这更贴切的反映了现代商业实际。

3. 国内贸易与国际贸易的规定

《国际贸易术语解释通则》在传统意义被用于存在跨境运输的国际销售合同中，此种交易需要将货物进行跨越国境的运输。然而，在世界许多地区，如欧盟这样的商贸集团已经使得不同国家间的过关手续变得不那么重要。因此，《国际贸易术语解释通则》2010 通过这一副标题正式认可该通则既可以适用于国内的也可以适用于国际的销售合同。所以《2010 年国际贸易术语解释通则》在一些地方明确规定，只有在适当的情形，才存在遵守进/出口手续义务。

两项发展使得国际商会相信在这个方向的改革是适时的。首先,商人们普遍在纯国内销售合同中使用《国际贸易术语解释通则》。其次,比起之前的统一商法典中关于装运和交付的条款,美国人在国内贸易中使用《国际贸易术语解释通则》意愿增强了。

4. 引言

在国际《2010 年国际贸易术语解释通则》的每条规则前面,都有一条引言。

引言解释每条规则的基本内容,比如说该规则何时被用到,风险何时发生转移,还有费用如何在卖方和买方之间分担等。引言并不是实际的《2010 年国际贸易术语解释通则》的规则的组成,但是它们能帮助使用者更准确、更有效地针对特定的贸易运用合适的《国际贸易术语解释通则》的规则。

5. 电子通信

之前版本的《国际贸易术语解释通则》已经说明了可以被电子数据交换信息替代的文件。然而,《国际贸易术语解释通则》2010 的 A1/B1 条赋予电子方式的通信和纸质通信相同的效力,只要缔约双方同意或存在交易惯例。这一规定使《世界贸易术语解释通则》2010 使用期内新的电子程序的发展更顺畅。

6. 保险范围

《2010 年国际贸易术语解释通则》是协会货物条款修订以来的第一版《世界贸易术语解释通则》,并对一些条款的变更做了考虑。

《2010 年国际贸易术语解释通则》把有关保险的信息义务规定在 A3/B3 条,这些条款涉及运输保险合同。这些条款已经从《2010 年国际贸易术语解释通则》的 A10/B10 条中的更一般的条款中被删除了。为了明确缔约方在该事项上的义务,关于保险的 A3/B3 条的行文也做了变化。

7. 安全清关和这些许可所需要的信息

现如今,货物运送过程中的安全问题得到了高度的重视,要求确认货物除了本身固有性质原因外对人身和财产不造成威胁。因而,在买方和卖方间已经分配了相应的责任,以在安全清关中获得或者提供帮助,如在多样《2010 年国际贸易术语解释通则》中的 A2/B2 和 A10/B10 条款中连锁保管的信息。

8. 终点站处理费用

在 CPT、CIP、CFR、CIF、DAT、DAP 和 DDP 等国际贸易术语规则中,卖家必须为货物到商定好目的地的运输作出安排。虽然运费是由卖家支付的,但因为运费一般被卖方纳入总体销售价格中,所以实际上运费是由买方支付的。

运费有时候会包含港口或集装箱终端设施内处理与移动货物的费用,并且承运人和终点站运营方也可能向收到货物的买方收取这些费用。

在这些情况下,买家会希望避免为同一服务缴费两次,一次付给卖家作为销售价格中一部分与一次单独地付给承运人或者终点站运营方。

《2010 年国际贸易术语解释通则》在文件 A6/B6 的相关规则中明确分配这类费用,以求避免类似情形的发生。

9. 连环销售

在农矿产品销售中,相对于工业品的销售,货物经常在链条运转中被频繁销售多次。这种情况发生时,在链条中间环节的卖方并不“船运”这些货物,因为这些货物已经由最开始的卖方船运了。连环运转中间环节的卖方因而履行其对买方的义务,并不是通过船运货物,而是通过"取得"已经被船运的货物。

为明确起见,《2010 年国际贸易术语解释通则》的规则包含了"取得已船运的货物"的义务,以将此作为通则的相关规则中船运货物义务的替代义务。

国际贸易术语的/变体

有时各方想要改动一项国际贸易术语规则。《2010 年国际贸易术语通则》不禁止此类改动,但是这样做会有危险。为了避免任何不欲之意外,各方在他们的合同中将说明该改动所达到的效果极其清晰。比如说,如果国际贸易术语规则 2010 中的费用分配量在合同中被改变,各方亦需要很清楚的表明他们是否意图改变风险从卖方转至买方的临界点。

•《2010 年国际贸易术语解释通则》中术语的使用解释

正如在《2000 年通则》中,买方与卖方的义务以镜像方式呈现:A 条款下反映卖方义务;B 条款下反映买方义务。这些义务可以由卖方或买方以个人名义履行,有时抑或受制于合同或者适用法律中的个别条款的规定,由诸如承运人、转运代理人等中介组织,或者其他由卖方或者买方基于特定目的而委托的人来履行。

《2010 年国际贸易术语解释通则》语义应是不言而喻了。然而,为了帮助使用者理解,下文将对在文件中通篇被运用的特定规则展开正确、理性的说明。

承运人:就《2010 年通则》而言,承运人是指与托运人签署运输合同的一方。

报关单:这些是指为了遵守任何可适用的海关规定而需要满足的一些要求,可能包括单据、安全、信息或实物之义务。

交货:这个概念在贸易法和实务中有着多重含义,但在《2010 年通则》中,它被用于表明货物遗失损害风险何时由卖方转移到买方。

交货凭证:这个表述现在被用作 A8 条款的标题。它意指用于证明已完成交货的凭证。对众多的《2010 年通则》条款,交货凭证是指运输凭证或相应的电子记录。然而,在工厂交货(EXW)、货交承运人(FCA)、装运港船边交货(FAS)、装运港船上交货(FOB)的情况下,交货凭证可能只是一个简单的收据。交货凭证也可能有其他功能,比如作为支付机制的组成等。

电子记录或程序:由一种或更多的电子信息组成的一系列信息,适用情况下,其在效力上与相应的纸质文件等同。

包装:这个词被用于不同的原因:

1. 遵照销售合同中任何要求的货物包装。

2. 使货物适合运输的包装。

3. 集装箱或其他运输工具中已包装货物的配载。

在《2010 年通则》中,包装的含义包括上述第一种和第二种。然而,《2010 年通则》并未涉及货物在货柜中的装载义务由谁承担,因而,在相关情形,双方应当在销售合同中做出规定。

EXW——工厂交货(……指定地点)

本条规则与(当事人)所选择的运输模式无关,即便(当事人)选择多种运输模式,亦可适用该规则。本规则较适用于国内交易,对于国际交易,则应选 FCA"货交承运人(……指定地点)"规则为佳。

"工厂交货(……指定地点)"是指当卖方在其所在地或其他指定的地点,如工场(强调生产制造场所)、工厂(制造场所或仓库等)将货物交给买方处置时,即完成交货。卖方不需将货物装上任何运输工具,在需要办理出口清关手续时,卖方亦不必为货物办理出口清关手续。

双方都应该尽可能明确的指定货物交付地点,因为此时(交付前的)费用与风险由卖方承担。买方必须承担在双方约定的地点或在指定地受领货物的全部费用和风险。

• EXW 是卖方承担责任最小的术语。它应遵守以下使用规则:

卖方没有义务为买方装载货物,即使在实际中由卖方装载货物可能更方便。若由卖方装载货物,相关风险和费用亦由买方承担。如果卖方在装载货物中处于优势地位,则使用由卖方承担装载费用与风险的 FCA 术语通常更合适。

买方在与卖方使用 EXW 术语时应知晓,卖方仅在买方要求(更符合术语特质)办理出口手续时负有协助的义务;但是,卖方并无义务主动(更强调最小义务,吸收进 2010 年本身的意义)办理出口清关手续。因此如果买方不能直接或间接地办理出口清关手续,建议买方不要使用 EXW 术语。

买方承担向卖方提供关于货物出口之信息的有限义务。但是,卖方可能需要这些用作诸如纳税(申报税款)、报关等目的的信息。以下表格列出双方各自义务。

A THE SELLER'S OBLIGATIONS 卖方义务	B THE BUYER'S OBLIGATIONS 买方义务
A1 卖方的一般义务 卖方必须按照销售合同提供货物和商业发票,以及合同可能要求的、用以证明货物符合合同规定的其他任何凭证。 所有在 A1—A10 条款中提及的文件,(均)可采用经当事人协定或约定俗成、具有同等作用的电子记录或者手续。	B1 买方的一般义务 买方必须按照买卖合同之规定支付货物价款。 所有在 B1—B10 条款中提及的文件,(均)可采用经当事人协定或约定俗成、具有同等作用的电子记录或者手续。
A2 许可证、批准、安全通关及其他手续 在需要办理海关手续时,应买方要求并由买方承担风险和费用时,卖方应协助买方办理出口货物必须的出口许可证或其他官方许可。 应买方要求并由其承担风险和费用,在需要办理海关手续时,卖方必须提供其掌握的货物安全检查所要求的任何信息。	B2 许可证、批准、安全通关及其他手续 在需要办理海关手续时,买方必须自担风险和费用,由其取得任何出口和进口许可证或其他官方许可,并办理货物出口的一切海关手续。
A3 运输合同与保险合同 a) 运输合同 卖方没有为买方签订运输合同的义务。 b) 保险合同 卖方没有义务与买方签订保险合同。然而,当买方请求或由其承担风险与(或有的)费用时,卖方必须向买方提供其获取保险所需要的信息。	B3 运输合同和保险合同 a)运输合同 买方没有为卖方签订运输合同的义务。 b)保险合同 买方没有与卖方签订保险合同的义务。
A4 交货 卖方应在约定点或在指定地点将未置于任何运输车辆上的货物交给买方处置。若在指定的地点内未约定具体交货点,或有若干个交货点可使用,卖方可选择最符合其目的之地进行交货。卖方需在约定地或约定时间内交货。	B4 受领货物(接收货物) 买方必须在卖方按照 A4 和 A7 规定交货时受领货物。

A THE SELLER'S OBLIGATIONS 卖方义务	B THE BUYER'S OBLIGATIONS 买方义务
A5 风险转移 除发生 B5 中所描述之灭失或损坏的情形外,卖方必须承当货物灭失或损坏的一切风险,直至已经按照 A4 规定交货为止。	B5 风险转移 自卖方按 A4 规定交货之时起,买方必须承担货物灭失或损坏的一切风险。 如果买方未按照 B7 之规定通知卖方,则自约定的交货日期或交货期限届满之日起,买方必须承担货物灭失或损坏的一切风险,但以该项货物已清楚地确定为合同项下之货物为限。
A6 费用划分 除 B6 预设的可由买方支付的费用外,卖方必须承担与货物有关的所有费用,直到其按照 A4 规定交货为止。	B6 费用划分 买方必须支付: a. 自按照 A4 规定交货之时起与货物有关的一切费用; b. 在货物已交给买方处置而买方未受领货物或未按照 B7 规定给予卖方相应通知而发生的任何额外费用,但以该项货物已正式划归合同项下为限; c. 在需要办理海关手续时,货物出口应缴纳的一切关税、税款和其他费用,以及办理海关手续的费用; d. 卖方按照 A2 规定给予协助时所发生的一切成本与费用。
A7 通知买方 卖方必须提供能使买方提货的所需通知。	B7 通知卖方 一旦买方有权确定在约定的期限内受领货物的具体时间和/或地点时,应就此给予卖方充分的通知
A8 交货凭证 卖方无义务。	B8 交货证明 买方必须向卖方提供已受领货物的适当凭证。
A9 检查、包装、标志 卖方必须支付与 A4 规定一致的、以交付货物为目的的查对费用(如查对货物品质、丈量、过磅、点数的费用)。 卖方必须支付货物包装费用,除非是不需要包装便可进行运输的特殊货物。卖方应采取适宜运输的包装方式,除非买方在签订买卖合同前便告知卖方特定的包装要求。包装应作适当标记。	B9 货物检验 买方必须支付装船前检验的强制性费用,包括由出口国当局强制检查(的费用)。
A10 信息帮助和相关费用 应买方要求并由其承担风险和费用时,卖方须在合适的情况下为买方提供及时的帮助,以帮助买方取得其出口和/或进口货物以及将货物运至最后目的地所需的任何单据和信息,包括与安全有关的信息。	B10 信息帮助和相关费用 为使卖方可以履行 A10 之规定,买方必须及时通知卖方其对于相关交易安全信息的要求。 买方必须补偿卖方(由于提供给买方获得 A10 中提到的讯息和单据而可能)产生的所有费用和代价。

[1] 是指卖方只要将货物在指定的地点交给买方指定的承运人,并办理了出口清关手续,即完成交货。

FCA——货交承运人(……指定地点)

该项规则可以适用于各种运输方式(单独使用的情况),也可以适用于多种运输方式同时使用的情况。

"货交承运人"是指卖方于其所在地或其他指定地点将货物交付给承运人或买方指定人。建议当事人最好尽可能清楚地明确说明指定交货的具体点,风险将在此点转移至买方。

若当事人意图在卖方所在地交付货物,则应当确定该所在地的地址,即指定交货地点。另一方面,若当事人意图在其他地点交付货物,则应当明确确定一个不同的具体交货地点。

FCA 要求卖方在需要时办理出口清关手续。但是,卖方没有办理进口清关手续的义务,也无需缴纳任何进口关税或者办理其他进口海关手续。下表列出买卖双方各自的义务。

A THE SELLER'S OBLIGATIONS 卖方义务	B THE BUYER'S OBLIGATIONS 买方义务
A1 卖方的一般义务 卖方应当提供符合销售合同规定的货物和商业发票以及合同可能要求的、证明货物符合合同规定的其他任何凭证。 A1—A10 所提到的文件可以是由当事人约定的或已成为惯例的,具有同等效力的电子档案或程序。	B1 买方的一般义务 买方应当支付销售合同中规定的货物价款 B1—B10 所提到的文件可以是由当事人约定的或已成为惯例的,具有同等效力的电子档案或程序。
A2 许可证、批准、安全通关及其他手续 卖方应当自担风险和费用,并且在需要的时候取得任何出口许可证或其他官方许可,而且在办理海关手续时办理货物出口所需要的一切海关手续。	B2 许可证、批准、安全通关及其他手续 在需要的时候,买方可以获取一切进口许可证或其他官方许可,以及办理货物进口的海关手续和从他国过境的一切相关手续,并自担风险和费用。
A3 运输合同与保险合同 a) 运输 卖方没有为买方订立运输合同的义务。但是,若经买方要求,或者依循商业惯例且买方未适时给予卖方相反指示,则卖方可以按照通常条件订立由买方承担风险与费用的运输合同。在任何一种情况下,卖方都可以拒绝订立此合同;如果拒绝,则应立即通知买方。 b) 保险 卖方没有义务为买方订立保险合同。但是,卖方应当按照买方的要求,向买方提供其所需的有关购买保险的信息,由此产生的任何风险、费用由买方承担。	B3 运输合同和保险合同 a) 运输 买方应当自付费用订立从指定的交货地点运输货物的合同,卖方按照 A3 a) 规定订立合同的除外。 b) 保险 买方自负责用取得运输保险合同。
A4 交货 若有约定具体的交货点,卖方应按照约定,在指定的地点于约定的日期或者期限内,将货物交付给承运人或者买方指定的其他人。 交货在以下情况完成: a)若指定的地点是卖方所在地,则当货物已装载于买方所提供的运输工具时; b) 当装载于卖方的运输工具上的货物已达到卸货条件,且处于承运人或买方指定的其他人的处置之下时的任何其他情况。 若买方未按照 B7 d) 项之规定,将在指定的地区内的具体交货地点通知卖方,且有几个具体交货点可供选择时,卖方可以在指定地点中选择最符合其目的的交货地点。 除非买方另有通知,否则,卖方可以根据货物的数量和/或性质的要求,将货物以适宜的方式交付运输。	B4 受领货物(接收货物) 买方应当在卖方按照 A4 规定交货时,收取货物。

A THE SELLER'S OBLIGATIONS 卖方义务	B THE BUYER'S OBLIGATIONS 买方义务
A5 风险转移 卖方承担货物灭失或损害的一切风险,直至卖方已按照 A4 的规定交付货物,在 B5 描述的情况下产生的灭失或损害除外。	B5 风险转移 买方自卖方按照 A4 规定交货之时起,承担货物灭失或损坏的一切风险。若: a)买方没有按照 B7 规定将依 A4 规定对承运人或其他人的指定告知卖方或提醒其注意。 b)其按照 A4 规定指定的承运人或其他人未接管货物,则,买方按照下述规定承担货物灭失或损坏的一切风险: 自约定日期时起: (i)若没有约定日期,自卖方在约定的时期内依 A7 规定告知买方的日期起。 (ii)若没有告知日期,自任何约定的交货期限届满之日起。 (ii)但以该货物已被清楚地确定为合同项下货物为限。
A6 费用划分 卖方应当支付 a)与货物有关的一切费用,直至已按照 A4 规定交货为止。除 B6 中规定的由买方支付的费用外; b)在适用情况下,货物出口应办理的海关手续费用及出口应缴纳的一切关税、税款和其他费用。	B6 费用划分 买方应当支付: a)自按照 A4 规定的交货之时起与货物有关的一切费用,除了 A6 b)中规定的货物出口办理海关手续的费用及其他货物出口应缴纳的关税、税款和其他费用。 b)因发生下述任一情况产生的任何额外费用: (i)由于买方未能按照 A4 规定指定承运人或其他人; (ii)或由于承运人或买方指定的人未能接管货物; (iii)或由于买方未能按照 B7 规定给予卖方相应通知。 但以该货物已被清楚地确定为合同项下货物为限。 c) 在有必要时,货物进口应缴纳的一切关税税款和其他费用以及办理海关手续的费用及从他国过境的费用。
A7 通知买方 在买方自担风险和费用的情况下,卖方应当将货物已经按照 A4 的规定交付承运人或买方指定的其他人未能在约定的时间内提取货物的信息充分告知买方。	B7 通知卖方 买方应当: a)及时告知卖方其依 A4 规定指定的承运人或者其他人的名称,使卖方能够按照 A4 条款的规定发送货物; b)在必要时,告知卖方被指定的承运人或其他人在约定的期限内收取货物的具体时间; c)告知卖方由买方指定人采取的运输方式; d)在约定地点内的具体取货位置。
A8 交货凭证 卖方应当自担费用地向买方提供证明按照 A4 规定已完成交货的通常凭证。 卖方应当根据买方的要求,给予买方一切协助以取得运输单据,风险和费用由买方承担。	B8 提货证据 买方应当接受卖方依 A8 规定提供的交货凭证。

A THE SELLER'S OBLIGATIONS 卖方义务	B THE BUYER'S OBLIGATIONS 买方义务
A9 检查、包装、标志 卖方应当支付那些对实现按照 A4 的标准运输货物的目标必不可少的检查措施(比如说质量检查、测量、称重、计数)所产生的费用,以及任何为出口国当局规定的装运前检验的费用。 卖方应当由自己负担成本来包装货物,除非对该特定种类的交易来说,将这种被销售货物不加包装地运输是相关行业惯例。卖方可以将货物以适宜其运输的方式加以包装,除非买方在销售合同签订前向卖方通知了明确的包装要求。包装应当适当地标记。	B9 货物检验 买方应当支付任何装运之前强制检验的费用,但出口国强制进行的检验除外。
A10 信息帮助和相关费用 应买方的要求并由其承担风险和费用,卖方应当在需要时及时向买方提供或给予协助,以帮助买方取得为买方进口货物可能要求的和/或在运往目的地的过程中可能需要的包括与安全清关有关的信息在内的任何单据或信息。 卖方应当补偿买方因提供 B10 中协助其取得单据和信息的行为时的费用和要价。	B10 信息帮助和相关费用 买方应当及时告知卖方其关于安全清关信息方面的请求,使卖方能够履行 A10 中规定的义务。 买方应当对卖方因依 A10 规定所提供或给予的关于取得单据和信息的协助而产生的费用和要价进行补偿。 应卖方的要求并由其承担风险和费用,买方应当在需要时及时向卖方提供或给予协助,以帮助卖方取得为运输和出口货物和/或从他国过境时需要的包括与安全清关有关的信息在内的任何单据或信息。

CPT——运费付至(……指定目的港)

这一术语无例外地用于所选择的任何一种运输方式以及运用多种运输方式的情况。

"运费付至…"指卖方在指定交货地向承运人或由其(卖方)指定的其他人交货并且其(卖方)须与承运人订立运输合同,载明并实际承担将货物运送至指定目的地的所产生的必要费用。

在 CPT、CIP、CFR 或 CIF 适用的情形下,卖方的交货义务在将货物交付承运人,而非货物到达指定目的地时,即告完全履行。

此规则有两个关键点,因为风险和成本在不同的地方发生转移,买卖双方当事人应在买卖合同中尽可能准确地确定以下两个点:发生转移至买方的交货地点和在其须订立的运输合同中载明的指定目的地。如果使用多个承运人将货物运至指定目的地,且买卖双方并未对具体交货地点有所约定,则合同默认风险自货物由卖方交给第一承运人时转移,卖方对这一交货地点的选取具有排除买方控制的绝对选择权。如果当事方希望风险转移推迟至稍后的地点发生(例如:某海港或机场),那么他们需要在买卖合同中明确约定这一点。

由于将货物运至指定目的地的费用由卖方承担,因而当事人应尽可能准确地确定目的地中的具体地点。且卖方须在运输合同中载明这一具体的交货地点。卖方基于其运输合同中在指定目的地卸货时,如果产生了相关费用,卖方无权向买方索要,除非双方有其他约定。

CPT 贸易术语要求卖方,在需要办理这些手续时,办理货物出口清关手续。但是,卖方没有义务办理货物进口清关手续、支付进口关税以及办理任何进口所需的任何海关手续。下表是在 CPT 术语下买卖双方的义务。

A THE SELLER' OBLIGATIONS 卖方义务	B THE BUYER' OBLIGATIONS 买方义务
A1 卖方的一般义务 卖方必须提供与销售合同规定一致的货物和商业发票,以及合同可能要求的证明货物符合合同规定的凭证。 按照双方约定或惯例,A1—A10 中提及的单据可以是具有同等效力的电子记录或者程序。	B1 买方的一般义务 买房必须按照销售合同规定支付货物价款。 按照双方约定或惯例,B1—B10 中提及的单据可以是具有同等效力的电子记录或者程序。
A2 许可证、批准、安全通关及其他手续 在该港所在地需办理这些手续的情况下,卖方必须自担风险和费用,取得任何出口许可证或其他官方核准文件,并办理货物出口以及货物在送达前从他国过境运输所需的一切海关手续。	B2 许可证、批准、安全通关及其他手续 如果这些地方需要办理这些海关手续,买方在自行承担风险和费用的情况下,可以自由决定是否取得许可证或其他官方核准文件,并办理货物进口和经由他国过境运输的一切海关手续。
A3 运输合同与保险合同 a)运输合同 卖方必须订立运输合同,若约定了交付地点的,将货物从交付地的约定地点运至指定目的地,如果约定了目的地的具体交付货物地点的,也可运至目的地的约定地点。 卖方必须自付费用,按照通常条件订立运输合同,依通常路线及习惯方式,将货物运至指定的目的地的约定点。如未约定目的地的具体交付货物地点或未能依交易习惯予以确定该地点,则卖方可在指定的目的地选择最适合其目的的交货点。 b)保险合同 卖方没有向买方制定保险合同的义务。 应买方的请求,并由买方承担风险和可能存在的费用时,卖方必须向买方提供其需要的用于获得保险的相关信息。	B3 运输合同和保险合同 a)运输合同 买方没有向卖方制定运输合同的义务。 b)保险合同 买方没有向卖方制定保险合同的义务。 但是,当卖方要求时,买方须向卖方提供获得保险的必要信息。
A4 交货 卖方必须在约定的日期或期限内依照 A3 的规定向订立合同的承运人交货	B4 受领货物 买方必须在货物已经按照 A4 的规定交货时受领货物,并在指定的目的地从承运人处受领货物。
A5 风险转移 除 B5 所描述情形下的灭失或损坏外,卖方承担货物灭失或损坏的一切风险,直至已按照 A4 规定交货为止	B5 风险转移 买方承担按照 A4 规定交货时起货物灭失或损坏的一切风险。 在货物已被清楚确定为合同项下之物的条件下,如买方未能按照 B7 规定向卖方发出通知,则买方必须从约定的交货日期或交货期限届满之日起,承担货物灭失或损坏的一切风险。

A THE SELLER' OBLIGATIONS 卖方义务	B THE BUYER' OBLIGATIONS 买方义务
A6 费用划分 卖方必须支付 a)除 B6 规定者外,卖方必须支付按照 A4 规定交货之前与货物有关的一切费用; b)按照 A3 a)规定所发生的运费和一切其他费用,包括根据运输合同规定应由卖方支付的装货费和在目的地的卸货费; c)货物出口需要办理的海关手续费用及出口时应缴纳的一切关税税款和其他费用,以及根据运输合同规定,由卖方支付的货物从他国过境的费用,如果这些地方需要办理这些海关手续。	B6 费用划分 除 A3 a)规定外,买方必须支付 a)自按照 A4 规定交货时起的一切与货物有关的费用,除了在 A6 中提到的在这些地方需要办理海关手续的情况下货物出口需要办理的海关手续费用及出口时应缴纳的一切关税税款和其他费用; b)货物在运输途中直至到达目的地为止的一切费用,除非这些费用根据运输合同应由卖方支付; c)卸货费,除非根据运输合同应由卖方支付; d)如买方未按照 B7 规定给予卖方通知,则自约定的装运日期或装运期限届满之日起,货物所发生的一切额外费用,但以该项货物已正式划归合同项下,即清楚地划出或以其他方式确定为合同项下之货物为限 e)在需要办理海关手续时货物进口应缴纳的一切关税税款和其他费用,及办理海关手续的费用,以及从他国过境的费用,除非这些费用已包括在运输合同中。
A7 通知买方 卖方必须通知买方按照 A4 规定交货。 卖方必须给予买方任何必要的通知,以便买方能够为领取货物采取通常必要的措施。	B7 通知卖方 一旦买方有权决定发送货物的时间和/或者指定的目的地或者指定接收货物的地点,买方必须就此给予卖方充分通知。
A8 交货凭证 如果依照惯例或者依照买方的要求,卖方必须向买方提供依据 A3 所订立的运输合同所签发的通常运输单据,且费用由卖方承担。 运输单据必须包括约定货物,其注明日期必须在约定的装运时间内。(如果)按照约定或和依照惯例,该单据必须同时能够赋予买方在约定地点向承运人受领货物的权利以及通过向下一个买方转移单据或向承运人告知的方式在运输中卖出货物的权利。 当这样的运输单据是以转让的方式签发的,并且有多份正本时,一个完整全套的正本必须向买方提供。	B8 提货证据 如果符合合同规定,买方必须接受按照 A8 规定提供的运输单据。
A9 检查、包装、标志 卖方必须支付按照 A4 规定为交货所必需的核查(如核查品质、丈量、过磅、计数)费用,同时包括出口国当局强制的装运前的检验费用。 卖方必须自行承担费用为货物提供包装(除非在特定贸易中运输此种货物通常无需包装)。 卖方应该提供适合运输的包装,除非买方在缔结买卖合同之前已经告知卖方特定的包装要求。包装上应适当地予以标记。	B9 货物检验 买方必须支付强制性的装运前的检验费用,但出口国当局强制进行检验的除外。 提供运输单据,如果该单据符合合同规定的话

A THE SELLER' OBLIGATIONS 卖方义务	B THE BUYER' OBLIGATIONS 买方义务
A10 信息帮助和相关费用 在该港所在地需办理这些手续的情况下,应买受人的需求并由其承担风险和费用,出卖人应及时地提供或者实施帮助以使买受人获得其在进口货物和/或者运输货物到最终目的地所需要的任何单据和信息,包括涉及安全的信息。 卖方必须偿付买方在卖方在提供或给予帮助获取单据和信息的过程中所遭受的损失和费用,与 B10 相对应。	B10 信息帮助和相关费用 就任何有关安全信息的要求,买方必须及时通知卖方,以使其能履行 A10 规定的义务。 买方必须偿付卖方为提供或协助买方获得 A10 条所述单据和信息而产生的一切费用。 在该港所在地需办理这些手续的情况下,在卖方提出要求、承担风险并给付费用的情况下,买方必须及时向出卖人提供或协助卖方获得卖方在出口货物和经由他国过境运输所需要的任何单据和信息,包括与安全有关的信息。

CIP——运费和保险费付至(……指定目的地)

该术语适用于各种运输方式,也可以用于使用两种以上的运输方式。

"运费和保险费付至"含义是在约定的地方(如果该地在双方间达成一致)卖方向承运人或是卖方指定的另一个人发货,以及卖方必须签订合同和支付将货物运至目的地的运费。

卖方还必须订立保险合同以防买方货物在运输途中灭失或损坏风险。买方应注意到 CIP(运费和保险费付至指定目的地)术语只要求卖方投保最低限度的保险险别。如买方需要更多的保险保障,则需要与卖方明确地达成协议,或者自行作出额外的保险安排。

在 CPT、CIP、CFR 和 CIF 在这些术语下,当卖方将货物交付与承运人时而不是货物到达目的地时,卖方已经完成其交货义务。

由于风险和费用因地点之不同而转移,本规则有两个关键点。买卖双方最好在合同中尽可能精确地确认交货地点,风险转移至买方地,以及卖方必须订立运输合同所到达的指定目的地。若将货物运输至约定目的地用到若干承运人而买卖双方未就具体交货点达成一致,则默认为风险自货物于某一交货点被交付至第一承运人时转移,该交货点完全由卖方选择而买方无权控制。如果买卖双方希望风险在之后的某一阶段转移(例如在一个海港或一个机场),则他们需要在其买卖合同中明确之。

将货物运输至具体交货地点的费用由卖方承担,因此双方最好尽可能明确约定的目的地的具体交货地点。卖方最好制定与此次交易精确匹配的的运输合同。如果卖方按照运输合同在指定的目的地卸货而支付费用,除非双方另有约定,卖方无权向买方追讨费用。

CIP 术语要求卖方在必要时办理货物出口清关手续。但是,卖方不承担办理货物进口清关手续,支付任何进口关税,或者履行任何进口报关手续的义务。下表列出买卖双方在 CIP 术语下各自的义务。

A THE SELLER'S OBLIGATIONS 卖方义务	B THE BUYER'S OBLIGATIONS 买方义务
A1 卖方的一般义务 卖方必须提供符合销售合同规定的货物和商业发票,以及合同可能要求的其他任何凭证。 如经双方当事人约定或者存在惯例,那么 A1—A10 中提及的任何文件都可以是一个等价的电子版的记录或程序。	B1 买方的一般义务 买方必须按照销售合同规定支付货物价款。 经买卖双方同意或依据惯例,B1—B10 中所述之单据可以是同等作用的电子备案手续。
A2 许可证、批准、安全通关及其他手续 如有需要,卖方必须自担风险和费用,取得任何出口许可证或其他官方授权,并办理货物出口及交货前货物从他国国境所需的一切海关手续	B2 许可证、批准、安全通关及其他手续 需要取得进口许可证、办理海关手续时,买方应当自担风险与费用,取得任何进口许可以及其他官方授权,并办理货物进口以及从他国过境的一切海关手续。
A3 运输合同与保险合同 a) 运输合同 卖方必须订立一个货物运输合同,以将货物从交付地区的约定的任何的交付点运送至指定的目的地,或者也可以运至指定地区约定的具体地点。 卖方必须自行承担费用,并按照通常条件订立运输合同,同时须依照通常路线及习惯方式来提供货物。若未约定或按照惯例也不能确定具体的地点,则卖方可选择最符合其目的的交货点,以及在指定目的地的最适合其目的的交货点。 b)保险合同 卖方必须自付费用取得货物保险,该货物保险至少应按照《协会货物保险条款》(劳埃德市场协会/国际保险人协会)的条款或其他类似条款中的最低保险险别投保。保险合同应与信誉良好的保险人或保险公司订立,并赋予买方或任何其他对货物具有保险利益的人直接向保险人索赔的权利。 当买方提出要求时,卖方应要求并且根据买方所提供的必要信息,在可行的情况下,由买方付费给予买方加投额外的保险,比如给予《协会货物保险条款》(劳埃德市场协会/国际保险人协会)中的条款(A)或者(B)的险级保障或类似条款的险级保障,和/或给予《协会战争条款》和/或《协会罢工条款》或者其他类似条款的险级保障。 保险金额最低限度应包括合同规定价款的另加 10%(即 110%),并应采用合同中约定的货币。 保险应当包括,从 A4 和 A5 中规定的发货起点起,至少到达指定目的地的货物。 卖方应向买方提供保险单或者其他保险范围的证据。	B3 运输合同和保险合同 a)运输合同 买方对卖方没有义务制定运输合同。 b)保险合同 买方对卖方没有义务制定保险合同。但是,应卖方要求,买方必须按照 A3 b)的规定向卖方提供必要的信息,以便卖方应买方之要求购买任何额外的保险。
A4 交货 卖方必须按照约定日期或期限,向按照 A3 规定订立合同的承运人交货。	B4 受领货物(接收货物) 买方必须在卖方按照 A4 规定交货时受领货物,并在指定的目的地从承运人处收受货物。

A THE SELLER'S OBLIGATIONS 卖方义务	B THE BUYER'S OBLIGATIONS 买方义务
A5 风险转移 卖方在按照 A4 的规定交付商品之前,承担所有的货物毁损或灭失责任,但货物的毁损或灭失是由于 B5 所述的情况的除外。	B5 风险转移 买方承担按照 A4 规定交货后货物灭失或损坏的一切风险。 买方如未按照 B7 规定通知卖方,则必须从约定的交货日期或交货期限届满之日起,承担货物灭失或损坏的一切风险,但以该项货物明确的规定为合同项下之货物为限。
A6 费用划分 卖方必须支付 a)直至按照 A4 的规定交货为止前与货物有关的一切费用,除 B6 中规定的买家所需支付的费用; b)按照 A3 a)规定所发生的运费和其他一切费用,包括装船费和根据运输合同应由卖方支付的在目的地的卸货费; c)按照 A3 b)规定所发生的保险费用; d)在需要办理海关手续时,货物出口需要办理的海关手续费用,以及货物出口时应缴纳的一切关税税款和其他费用,以及根据运输合同由卖方支付的货物从他国过境的费用。	B6 费用划分 根据 A3 a)的规定,买方应当支付: a)根据 A4 规定的从交货时起与货物有关的一切费用,除了在可适用情况下,货物出口所需的海关手续费用,以及关税税额和 A6 中规定的出口所应支付的其他费用应由卖方支付; b)货物在运输途中直至到达约定目的地为止的一切费用,除非这些费用根据运输合同约定应由卖方支付 c)卸载费,除非这些费用根据运输合同约定应由卖方支付 d)如买方未按照 B7 规定给予卖方通知,则自约定的装运日期或装运期限届满之日起,货物所发生的任何额外费用,但以该项货物已经清楚地确定为合同项下的货物为限; e)在需要办理海关手续时,货物进口应缴纳的一切关税、税款和其他费用,及办理海关手续的费用,以及从他国过境的费用,除非这些费用已包括在运输合同中; f)在 A3 和 B3 之下,卖方应买方要求购买任何额外保险的费用
A7 通知买方 卖方必须通知买方货物已按照 A4 规定交货。 卖方必须给予买方任何有必要的通知,以便买方能够为接收货物而采取通常必要的措施。	B7 通知卖方 一旦买方有权决定发运货物的时间和/或指定的目的地/或接收货物目的地的具体地点,买方必须就此给予卖方充分通知。
A8 交货凭证 如果依习惯或按照买方要求,卖方必须自付费用向买方提供按照 A3 订立的运输合同所涉及的通常运输单据,这份运输单据必须包括合同货物并且要在约定的运输期间内签署。如果依照约定或习惯,这份单据也必须要让买方能在确定的地点向运输方领取货物,并且还要让买方能通过转让单据给下一个买家或告知运输方的方式卖出货物。 当这样一份单据以协商的形式订立并且有若干原件的时候,必须向买方提供所有原件。	B8 提货证据 买方必须接受按照 A8 规定提供的运输单据,如果该单据符合合同规定的话。

A THE SELLER'S OBLIGATIONS 卖方义务	B THE BUYER'S OBLIGATIONS 买方义务
A9 检查、包装、标志 卖方必须支付为按照 A4 规定交货所需进行的查对费用(如核对货物品质、丈量、过磅、点数的费用)以及出口国有关机关的装运前的强制检验费用。 卖方必须自付费用,包装货物,除非按照相关行业惯例此类买卖货物无需包装发运。卖方可以以适合运输的方式包装货物,除非买方在销售合同签订前通知卖方具体的包装要求。包装应作适当标记。	B9 货物检验 买方必须支付任何强制性装运前检验费用,但出口国有关当局强制进行的检验除外。
A10 信息帮助和相关费用 如有需要,应买方的要求并由其负担风险与费用,卖方必须以适时的方法,提供或协助买方取得任何单据或信息,包括与货物出口安全或/和货物运送至最终目的地所需有关的信息。 卖方必须补偿买方依 B10 的情况因提供或给予协助取得所需之单据或信息的所有费用。	B10 信息帮助和相关费用 买方必须及时通知卖方任何安全信息要求,以使卖方遵守 A10 的规定。 买方必须偿付卖方因给予协助和获取 A10 所述单据和信息所发生的一切费用。 当需要时,应卖方要求并由其承担风险和费用,买方必须及时向卖方提供或协助卖方获得任何单据和信息,包括卖方为了货物的运输和出口和从他国过境所需要的与安全相关的信息。

DAT——终点站交货(……指定目的港或目的地)

此规则可用于选择的各种运输方式,也适用于选择的一个以上的运输方式。

"终点站交货"是指,卖方在指定的目的港或目的地的指定的终点站卸货后将货物交给买方处置即完成交货。"终点站"包括任何地方,无论约定或者不约定,包括码头、仓库、集装箱堆场或公路、铁路、空运货站。卖方应承担将货物运至指定的目的地和卸货所产生的一切风险和费用。

建议当事人尽量明确地指定终点站,如果可能,(指定)在约定的目的港或目的地的终点站内的一个特定地点,因为(货物)到达这一地点的风险是由卖方承担,建议卖方签订一份与这样一种选择准确契合的运输合同。

此外,若当事人希望卖方承担从终点站到另一地点的运输及管理货物所产生的风险和费用,那么此时 DAP(目的地交货)或 DDP(完税后交货)规则应该被适用。

在必要的情况下,DAT 规则要求卖方办理货物出口清关手续。但是,卖方没有义务办理货物进口清关手续并支付任何进口税或办理任何进口报关手续。下表是买卖双方在 DAT 项下各自的义务。

A THE SELLER'S OBLIGATIONS 卖方义务	B THE BUYER'S OBLIGATIONS 买方义务
A1 卖方的一般义务 卖方必须提供符合销售合同规定的货物和商业发票以及合同可能要求的、证明货物符合合同规定的其他凭证。 如果在当事人约定或者依据商业惯例的情况下,A1—A10 条款中提及的任何单据都可以是具有同等效力的电子记录或者手续。	B1 买方的一般义务 买方必须根据买卖合同中规定的货物价格履行交付义务。 如果买卖双方有约定或者有商业惯例的情况下,B1—B10 中提到的任何单据都可以是具有同等效力的电子记录或者手续。

A THE SELLER'S OBLIGATIONS 卖方义务	B THE BUYER'S OBLIGATIONS 买方义务
A2 许可证、批准、安全通关及其他手续 在必要的情况下,卖方必须自担风险和费用,在交货前取得任何出口许可证或其他官方许可,并且在需要办理海关手续时办理货物出口和从他国过境所需的一切海关手续。	B2 许可证、批准、安全通关及其他手续 在必要的情况下,买方必须自担风险和费用,取得所需的进口许可证或其他官方许可证,并办理货物进口所需的一切海关手续。
A3 运输合同与保险合同 a) 运输合同 卖方必须自付费用订立运输合同,将货物运至指定目的港或目的地的指定终点站。如未约定或按照交易习惯也无法确定具体交货点,卖方可在目的港或目的地选择最符合其交易目的的终点站(交货)。 b) 保险合同 卖方没有为买方签订保险合同的义务。但是,卖方在买方的要求下,必须向买方提供买方借以获得保险服务的信息,其中如果存在风险和费用,一概由买方承担。	B3 运输合同和保险合同 a)运输合同 买方没有为卖方签订运输合同的义务。 b)保险合同 买方没有为卖方签订保险合同的义务。但是如果卖方要求,买方则必须向卖方提供必要的关于获得保险的必要信息。
A4 交货 卖方必须在约定的日期或期限内,在目的港或目的地中按 A3 条 a)款所指定的终点站,将货物从交货的运输工具上卸下,并交给买方处置完成交货。	B4 受领货物(接收货物) 货物已按 A4 的规定交付时,买受人必须受领货物。
A5 风险转移 除了 B5 条所描述的(货物)灭失或损坏的情形外,卖方必须承担货物灭失或损坏的一切风险,直至货物已经按照 A4 条的规定交付为止。	B5 风险转移 自货物已按 A4 条的规定交付时起,买方必须承担货物灭失或损坏的一切风险。 如果买方未按 B2 条的规定履行义务,买方承担由此产生的货物灭失或损坏的一切风险。 如果买方未按 B7 条的规定给予通知,自约定的交付货物的日期或期间届满之日起,买方承担货物灭失或损坏的一切风险,但以该项货物已经被清楚地确定为合同货物为限。
A6 费用划分 卖方必须支付 a)除了按 B6 条规定的由买方支付的费用外,包括因 A3 条 a)款产生的费用,以及直至货物已按 A4 条的规定交付为止而产生的一切与货物有关的费用; b)在必要的情况下,在按照 A4 条规定的交货之前,货物出口需要办理的海关手续费用及货物出口时应缴纳的一切关税税款和其他费用,以及货物经由他国过境运输的费用。	B6 费用划分 买方必须支付 a)自货物已按 A4 条的规定交付时起,与货物有关的一切费用。 b)任何因买方未按 B2 条规定履行义务或未按 B7 条给予通知而使卖方额外支付的费用,但以该项货物已经被清楚地确定为合同货物为限; c)在必要的情况下,货物进口需要办理的海关手续费用及货物进口时应缴纳的一切关税、税款和其他费用。
A7 通知买方 卖方必须提供买方需要的任何通知,以便买方能够为受领货物而采取通常必要的措施。	B7 通知卖方 一旦买方有权决定于约定期限内受领货物的时间点和/或于指定的目的地受领货物的具体位置,买方必须就此给予卖方充分通知。

A THE SELLER'S OBLIGATIONS 卖方义务	B THE BUYER'S OBLIGATIONS 买方义务
A8 交货凭证 卖方必须自付费用向买方提供提货单据,使买方能够如同 A4 或 B4 条的规定提取货物。	B8 提货证据 买方必须接受卖方提供的符合 A8 条款规定的交货单据。
A9 检查、包装、标志 买方必须支付按 A4 条规定为交付货物目的所需的检查(如质检、度量、称重、计数)费用。同时,卖方也必须支付出口国当局强制进行的任何装船前检查所产生的费用。 卖方必须支出费用以包装货物,除非在特定贸易中所售货物通常以不包装的形式运输。卖方应该以适合运输的方式包装货物,除非买方在买卖合同成立之前指定了具体的包装要求。包装应该被合理地标记。	B9 货物检验 买受人必须支付装船前强制检验的费用,但出口国当局强制装船前的检验除外。
A10 信息帮助和相关费用 卖方必须,在必要的情况下,根据买方的要求,及时向买方提供或者协助买方获得其所需的进口货物和/或将货物运输至目的地的任何单据和信息,包括与安全相关的信息,其中如果存在风险和费用,一概由买方承担。 卖方必须偿还按照 B10 条规定的买方因(向卖方)提供或协助(卖方)获得文件和信息所花费的一切费用。	B10 信息帮助和相关费用 买方必须及时地告知卖方任何与货物安全信息要求相关的建议,以便于卖方可以遵守 A10 条的相关规定。 买方必须偿还卖方依照 A10 条规定(向买方)提供或协助(买方)获得单据和信息的过程中所花费的一切成本和费用。 买方必须,在必要的情况下,依照卖方的要求,及时(向卖方)提供或者协助(卖方)获得其所需的运输和出口货物及经由他国过境运输的任何单据和信息,包括与安全相关的信息,其中如果存在风险和费用,一概由卖方承担。

DAP——目的地交货(……指定目的地)

DAP 是《2010 年国际贸易术语解释通则》新添加的术语,取代了的 DAF(边境交货)、DES(目的港船上交货)和 DDU(未完税交货)三个术语。

该规则的适用不考虑所选用的运输方式的种类,同时在选用的运输方式不止一种的情形下也能适用。

目的地交货的意思是:卖方在指定的交货地点,将仍处于交货的运输工具上尚未卸下的货物交给买方处置即完成交货。卖方须承担货物运至指定目的地的一切风险。

尽管卖方承担货物到达目的地前的风险,该规则仍建议双方将合意交货目的地指定尽量明确。建议卖方签订恰好匹配该种选择的运输合同。如果卖方按照运输合同承受了货物在目的地的卸货费用,那么除非双方达成一致,卖方无权向买方追讨该笔费用。

在需要办理海关手续时(在必要时/适当时),DAP 规则要求应由卖方办理货物的出口清关手续,但卖方没有义务办理货物的进口清关手续,支付任何进口税或者办理任何进口海关手续,如果当事人希望卖方办理货物的进口清关手续,支付任何进口税和办理任何进口海关手续,则应适用 DDP 规则。下表是列出买卖双方在 DAP 术语下各自的义务。

A THE SELLER'S OBLIGATIONS 卖方义务	B THE BUYER'S OBLIGATIONS 买方义务
A1 卖方的一般义务 卖方必须提供符合销售合同规定的货物和商业发票以及该合同可能要求的其他凭证。 如果依当事人的协议或按照惯例，在 A1—A10 条款中涉及到的任何单据均可以是具有同等效力的电子记录或程序。	B1 买方的一般义务 买方必须按照销售合同支付货物的价款。 如果依当事人的协议或按照惯例，在 B1—B10 条款中涉及到的任何单据均可以是具有同等效力的电子记录和程序。
A2 许可证、批准、安全通关及其他手续 在需要办理海关手续时，卖方必须自担风险和费用取得任何出口许可证或其他官方许可，并且办理出口货物和交付前运输通过某国所必须的一切海关手续。	B2 许可证、批准、安全通关及其他手续 在需要办理海关手续时，买方必须自担风险和费用，取得任何进口许可证或其他官方许可，并且办理货物进口的一切海关手续。
A3 运输合同与保险合同 a)运输合同 卖方必须自付费用订立运输合同，将货物运至指定的交货地点。如未约定或按照惯例也无法确定指定的交货地点，则卖方可在指定的交货地点选择最适合其目的的交货点。 b)保险合同 卖方对买方没有义务订立保险合同。但是如果买方提出需要保险合同的要求，并且自己承担风险和费用，那么卖方应该提供订立保险合同需要的全部信息。	B3 运输合同和保险合同 a)运输合同 买方对卖方没有义务订立运输合同。 b)保险合同 买方对卖方没有义务订立保险合同。但是如果买方想获得保险，就必须向卖方提出自己需要保险的要求，并且向卖方提供必要的信息。
A4 交货 卖方必须在约定日期或期限内，在指定的交货地点，将仍处于约定地点的交货运输工具上尚未卸下的货物交给买方处置。	B4 受领货物(接收货物) 买方必须在卖方按照 A4 规定交货时受领货物。
A5 风险转移 除 B5 规定者外，卖方必须承担货物灭失或损坏的一切风险，直至已经按照 A4 规定交货为止。	B5 风险转移 买方必须承担按照 A4 规定交货之时起货物灭失或损坏的一切风险。 如果买方没有履行 B2 中规定的义务，则买方承担所有货物灭失或者毁损的风险。或者买方没有按照 B7 中的规定履行其告知义务，则必须从约定的交货日期或交货期限届满之日起，承担货物灭失或损坏的一切风险。但是必须确认上面所讲的货物是合同中所指的货物。
A6 费用划分 卖方必须支付 a) 除依 B6 规定由买方支付费用的以外，按照 A3 a)规定发生的费用及按照 A4 规定在目的地交货前与货物有关的一切费用； b) 根据运输合同约定，在目的地发生应由卖方支付的任何卸货费用； c) 在需要办理海关手续时，货物出口要办理的海关手续费用及货物出口时应缴的一切关税、税款和其他费用，以及按照 A4 规定交货前从他国过境的费用。	B6 费用划分 买方必须支付 a)自按照 A4 的规定交货时起与货物有关的一切费用； b)在指定目的地将货物从交货运输工具上卸下以受领货物的一切卸货费，除非这些费用按照运输合同是由卖方承担； c)在这项货物已清楚地确定为合同项下货物的条件下，若买方未能按照 B2 规定履行义务或未按照 B7 规定给予卖方通知，卖方因此而产生的一切费用； d)在需要办理海关手续时，办理海关手续的费用及货物进口时应缴纳的一切关税、税款和其他费用。

A THE SELLER'S OBLIGATIONS 卖方义务	B THE BUYER'S OBLIGATIONS 买方义务
A7 通知买方 卖方必须给予买方必要的通知,以便买方能够为受领货物而采取通常必要的措施。	B7 通知卖方 一旦买方有权决定在约定期限内的时间和/或在指定的受领货物的地点,买方必须就此给予卖方充分通知。
A8 交货凭证 卖方必须自付费用,按照 A4/B4 的规定,向买方提供买方可以据以提取货物的凭证。	B8 提货证据 买方必须接受卖方按照 A8 规定提供交货单据。
A9 检查、包装、标志 卖方必须支付为按照 A4 规定交货所需进行的查对费用(如核对货物品质、丈量、过磅、点数的费用)以及出口国有关当局强制进行的检验的费用。 卖方必须自己负担货物包装费用,除非是在特定交易中通常无需包装货物的情况。卖方需要以适合于运输的方式包装货物,除非买方在买卖合同缔结之前告知卖方具体的包装方式。包装应作适当标记。	B9 货物检验 买方必须支付任何强制的装船前检验的费用,但出口国有关当局强制进行的检验除外。
A10 信息帮助和相关费用 在需要办理海关手续时,应买方要求并由其承担风险和费用,卖方必须及时为买方提供其在货物进口或货物运输过程中所需的各类文本及信息协助,包括相关安全信息。 在获取单据或信息时,卖方必须偿付买方按照 B10 规定提供或给予协助的所有费用。	B10 信息帮助和相关费用 买方必须及时告知卖方所有的安全信息需求以便卖方能够遵守 A10 的规定。在获取单据或信息时,买方必须偿付卖方按照 A10 规定提供或给予协助的所有费用。 应卖方要求并由其承担风险和费用,买方必须及时为卖方提供其在货物进口或货物运输过程中所需的各类单据及信息协助,包括相关安全信息。

[1] 边境交货是指当卖方在边境的指定的地点和具体交货点,在毗邻国家海关边界前,将仍处于交货的运输工具上尚未卸下的货物交给买方处置,办妥货物出口清关手续但尚未办理进口清关手续时,即完成交货。"边境"一词可用于任何边境,包括出口国边境。因而,用指定地点和具体交货点准确界定所指边境,这是极为重要的。

[2] 目的港船上交货是指在指定的目的港,货物在船上交给买方处置,但不办理货物进口清关手续,卖方即完成交货。卖方必须承担货物运至指定的目的港卸货前的一切风险和费用。如果当事各方希望卖方负担卸货的风险和费用,则应使用 DEQ 术语。

[3] 未完税交货是指卖方在指定的目的地将货物交给买方处置,不办理进口手续,也不从交货的运输工具上将货物卸下,即完成交货。卖方应承担将货物运至指定的目的地的一切风险和费用,不包括在需要办理海关手续时在目的地国进口应缴纳的任何"税费"(包括办理海关手续的责任和风险,以及缴纳手续费、关税、税款和其他费用)。买方必须承担此项"税费"和因其未能及时办过理货物进口清关手续而引起的费用和风险。

DDP——完税后交货(……指定目的地)

这条规则可以适用于任何一种运输方式,也可以适用于同时采用多种运输方式的情况。

"完税后交货"是指卖方在指定的目的地,将货物交给买方处置,并办理进口清关手续,准备好将在交货运输工具上的货物卸下交与买方,完成交货。卖方承担将货物运至指定的目的地的一切风险和费用,并有义务办理出口清关手续与进口清关手续,对进出口活动负责,以及办理一切海关手续。

DDP 术语下卖方承担最大责任。

因为到达指定地点过程中的费用和风险都由卖方承担,建议当事人尽可能明确地指定目的地。建议卖方在签订的运输合同中选择正好符合上述的地点。如果卖方致使在目的地卸载货物的成本高于运输合同的约定,则卖方无法收回成本,当事人之间另有约定的除外。

如果卖方不能直接或间接地取得进口许可,不建议当事人使用 DDP 术语。

如果当事方希望买方承担进口的所有风险和费用,应使用 DAP 术语。

任何增值税或其他进口时需要支付的税项由卖方承担,合同另有约定的除外。下表列出买卖双方在 DDP 术语下各自的义务。

A THE SELLER'S OBLIGATIONS 卖方义务	B THE BUYER'S OBLIGATIONS 买方义务
A1 卖方的一般义务 卖方必须提供符合销售合同规定的货物和商业发票以及合同可能要求的,证明货物符合合同规定的其他凭证。 其他凭证指在 A1—A10 中双方达成共识的或习惯的具有同种作用的电子信息和程序。	B1 买方的一般义务 买方必须按照销售合同的规定支付商品的价款。 在双方协商同意或遵循惯例的情况下,B1—B10 中所提到的任何文件可能是一种有同等作用的电子记录或程序。
A2 许可证、批准、安全通关及其他手续 需要办理海关手续时,卖方须自担风险费用,取得所有进出口许可证或其他官方许可,并办理进出口货物在他国运输的一切必要海关手续。	B2 许可证、批准、安全通关及其他手续 在合适的情况下,应卖方的请求买方必须向卖方提供援助,并且帮助卖方取得进口货物的许可证并办理官方的手续。
A3 运输合同与保险合同 a)运输合同 卖方必须自付费用订立运输合同,将货物运至指定目的地或者指定地点,若可以的话,到指定目的地。如未约定或按照惯例也无法确定具体交货点,则卖方可在目的地选择最适合其目的的交货点。 b)保险合同 卖方没有义务与买方订立保险合同。但是,在买方的要求下且买方承担风险或者费用(如果有的话)的情形下,卖方必须告知买方需要取得保险。	B3 运输合同和保险合同 a)运输合同 买方没有义务订立运输合同。 b)保险合同 相对于卖方买方没有义务订立保险合同,但是应卖方请求,买方应提供关于保险的必要信息。
A4 交货 卖方必须在约定的日期或者期限内,在位于指定目的地的约定地点(如果有约定),将运输工具上卸下来的货物交与买方处置。	B4 受领货物(接收货物) 买方必须在卖方按照 A4 规定交货时,受领货物。
A5 风险转移 除了 B5 所规定的情形以外,由卖方承担货物损毁或者灭失的所有风险,一直到货物已经按照 A4 的规定交货为止。	B5 风险转移 按照 A4 的规定受领货物之后,买方必须承担货物灭失或损坏的一切风险,如果 a)买方没有履行按照 B2 之规定的义务,那么他必须承担由此导致的货物灭失或者损坏的风险; b)买方没有尽到 B7 所规定的通知义务,那么他必须承担自约定的交货日期或者自交货期限届满之日起的货物灭失或损坏的风险。 前提是,货物必须是已经证明的合同中规定的货物。

A THE SELLER'S OBLIGATIONS 卖方义务	B THE BUYER'S OBLIGATIONS 买方义务
A6 费用划分 卖方必须支付的费用包括： a)除了由 A3 a)之外所产生的费用以外，直到货品按照 A4 的规定交货之前，所有相关的一切费用，不包括那些 B6 中所提到的由买方支付的费用； b)根据运输合同的规定，在交货地的任何卸货费用都由卖方承担； c)在适用的情况下，出口和进口所必需的报关费用以及一切关税税款和其他在出口和进口货品时应支付的费用，以及货品在交付之前，按照 A4 的规定在运输途中因通过其他国家所产生的费用。	B6 费用划分 买方必须支付 a)从货物被交付之日起与货物相关的全部费用； b)在指定目的地卸载货物的所有费用，包括从运输方式到接收货物整个过程的所有费用，除非按照运输合同，这些费用是由卖方支付； c)在货物已被确定为合同项下货物的前提下，如果没有按照 B2 履行其义务或没有按照 B7 发出通知所造成的额外的费用。
A7 通知买方 卖方必须给予买方任何需要的通知，以便买方能够为受领货物而采取通常必要的措施。	B7 通知卖方 一旦买方有权确定在约定的期限内受领货物的具体时间和地点时，买方必须就此给予卖方充分的通知。
A8 交货凭证 卖方必须自付费用向买方提供，带着单据使授予权利的买方为受领货物作为设想在 A4/B4。	B8 提货证据 买方必须接受按照 A8 中规定提供的交货凭证。
A9 检查、包装、标志 卖方必须支付为按照 A4 规定交货所需进行的查对费用（如核对货物品质、丈量、过磅、点数的费用）以及任何由出口国当局强制进行的装运前检验费用。 卖方必须自付包装货物的费用，除非按照相关行业惯例，运送此类货物无需包装即可销售。卖方可以按习惯用适合运输的方式来包装货物，除非买方在买卖合同签订之前告知了卖方特殊的包装要求。包装应作适当标记。	B9 货物检验 买方无义务对卖方支付由进出口国家相关部门所规定的运前强制性检验货物的相关规定所引起的任何费用。
A10 信息帮助和相关费用 由买方提出要求并同时承担风险和费用的情况下，卖方必须及时给予买方协助，以帮助其获取任何所需的单据及信息，包括买方在货物从目的地约定区域至最终目的地的运输中需要办理海关手续时的相关投保信息。 卖方必须支付买方在为卖方获取 B10 所规定的单据及信息而提供的协作中发生的一切费用。	B10 信息帮助和相关费用 买方应当及时把一切安全信息要求通知卖方以便卖方按照 A10 条款履行义务。 买方必须支付卖方为获取 A10 所述单据或信息提供协助时所发生的费用。 应卖方要求并由其承担风险和费用，买方必须在合适的地点及时对卖方提供协助，以帮助其取得货物进出口以及在任何国家运输过程中所需的一切单据和包括安全相关信息在内的所有信息。

FAS——船边交货（……指定装运港）

这项规则仅适用于海运和内河运输

“船边交货”是指卖方在指定装运港将货物交到买方指定的船边（例如码头上或驳船上），即完成交货。从那时起，货物灭失或损坏的风险发生转移，并且由买方承担所有费用。

当事方应当尽可能明确地指定装运港和装货地点，这是因为到这一地点之前的费用与风险由卖方承担，并且根据港口交付惯例这些费用及相关的手续费可能会发生变化。

卖方在船边交付货物或者获得已经交付装运的货物。这里所谓的“获得”迎合了链式销售,在商品贸易中十分普遍。

当货物通过集装箱运输时,卖方通常在终点站将货物交给承运人,而不是在船边。在这种情况下,船边交货规则不适用,而应当适用货交承运人规则。

船边交货规则要求卖方在需要时办理货物出口清关手续。但是,卖方没有义务办理任何货物进口清关、支付任何进口税或者办理任何进口海关手续。下表列出买卖双方在 FAS 术语下各自的义务。

A THE SELLER'S OBLIGATIONS 卖方义务	B THE BUYER'S OBLIGATIONS 买方义务
A1 卖方的一般义务 卖方必须提供符合销售合同规定的货物和商业发票以及合同可能要求的、证明货物符合合同规定的其他任何凭证。 如果双方达成协议或者是有惯例可循,A1—A10 条款中所述的单据可能是有同等效力的电子记录或手续。	B1 买方的一般义务 买方必须按照销售合同规定支付货物的价款。 如果双方达成协议或者是有惯例可循,B1—B2 条款中所述的单据可能是有同等效力的电子记录或手续。
A2 许可证、批准、安全通关及其他手续 在需要办理海关手续时,卖方必须自担风险和费用,取得任何出口许可证或其他官方许可,办理货物出口所需的一切海关手续。	B2 许可证、批准、安全通关及其他手续 在需要办理海关手续时,买方必须自担风险和费用,由买方取得任何进口许可证或其他官方许可,并办理货物进口和从他国过境所需的一切海关手续。
A3 运输合同与保险合同 a)运输合同 卖方没有订立运输合同的义务。但若买方要求,或者如果是商业惯例而买方未适时给予卖方相反指示,则卖方可按照通常条件订立运输合同,费用和风险由买方承担。在以上任何一种情况下,卖方都可以拒绝订立此合同;如果拒绝,则应立即通知买方。 b)保险合同 卖方没有订立保险合同的义务。但是应买方要求并由其承担风险和费用(如果有费用产生),卖方必须提供给买方订立保险时所需要的信息。	B3 运输合同和保险合同 a)运输合同 买方必须自行承担运费,订立自指定装运港运输货物的合同。卖方按照 A3 a)订立了运输合同时除外。 b)保险合同 买方没有订立保险合同的义务。
A4 交货 卖方必须在买方指定的装运港,在买方指定的装货地点(如果有指定的装货地点),将货物交至买方指定的船边,或者取得已经交付的货物。不论用哪种方式,卖方必须在约定的日期或者期限内,按照该港的习惯方式交付货物。 如果买方没有指定特别的装货地点,卖方可以在指定的装运港内选择最符合其目的的地点。如果双方约定在一定时期内交付货物,则买方可以在约定时期内选择交货日期。	B4 受领货物(接收货物) 买方必须在卖方依照 A4 的规定交货时受领货物。

A THE SELLER'S OBLIGATIONS 卖方义务	B THE BUYER'S OBLIGATIONS 买方义务
A5 风险转移 除 B5 规定的情况外，卖方必须承担货物灭失或损坏的一切风险，直至已按照 A4 规定交货为止。	B5 风险转移 自依照 A4 的规定交货时起，买方承担货物灭失或损坏的一切风险。 如果买方没有按照 B7 的规定通知卖方，或者买方指定的船只未按时到达，或未接收货物，或较 B7 通知的时间提早停止装货；那么自约定的交货日期或期限届满时起，如果确定该项货物为合同项下之货物，买方承担货物灭失或损坏的一切风险。
A6 费用划分 卖方必须支付： a)直至已经按照 A4 规定交货为止的与货物有关的一切费用，除了按照 B6 规定的应由卖方支付的； b)在需要时，货物出口时办理的海关手续费用，及应缴纳的一切关税税款和其他费用.	B6 费用划分 买方必须支付： a)自按照 A4 的规定交货时起的与货物有关的一切费用，除了 A6 中 b)项规定的在需要办理海关手续时，货物出口需要办理的海关手续费用，及货物出口时应缴纳的一切关税税款和其他费用； b)因发生下列情况产生的一切额外费用： (ⅰ)买方未按照 B7 规定及时通知卖方； (ⅱ)在已经确定该项货物为合同项下之货物的情况下，买方指定的货船没有及时到达，无法装载货物，或早于 B7 规定的时间停止装货产生的费用。 c)在需要时，货物进口时办理海关手续的费用及应缴纳的一切关税税款和其他费用，以及从他国运输过境的费用。
A7 通知买方 由买方承担风险和费用，卖方必须给予买方关于货物已按 A4 规定交付或者船舶未能在约定的时间内接收货物的充分通知。	B7 通知卖方 买方必须给卖方关于船舶的名称、装船地点以及，如有必要，在约定期限内选定的交付时间的充分通知。
A8 交货凭证 卖方承担费用并向买方提供关于货物已按 A4 规定交付的通常证明。 除非上述证明是运输单据，应买方请求并由买方承担风险和费用，卖方必须协助买方取得运输单据。	B8 提货证据 买方必须接受按照 A8 规定所提供的交付证明。
A9 检查、包装、标志 卖方必须支付为了按照 A4 规定交货所必须进行的核对费用(如核对货物品质、丈量、过磅、点数的费用)，还包括出口国有关当局强制进行的任何装运前的检验费用。 卖方必须自付货物包装费用，除非按照相关行业惯例，该种货物无需包装发运。卖方可以提供符合其安排的运输所要求的包装，除非买方在销售合同成交前已通知卖方具体的包装要求。包装应作适当标记。	B9 货物检验 买方必须支付任何装运前检验的费用，但出口国有关当局强制进行的检验除外。

A THE SELLER'S OBLIGATIONS 卖方义务	B THE BUYER'S OBLIGATIONS 买方义务
A10 信息帮助和相关费用 有需要时,应买方要求并由其承担风险和费用,卖方必须及时地提供或给予买方协助,以帮助买方取得任何文件和信息,包括买方为了货物进口和/或运送到最终目的地所需要的与安全有关的信息。 卖方必须偿还买方所有因买方在提供或给予 B10 中规定的取得文件和信息方面的帮助时引起的花费和支出。	B10 信息帮助和相关费用 买方必须以及时的方式向卖方提出任何安全信息要求,这样卖方才可能遵守 A10。 买方必须偿还卖方所有因其在提供或给予 A10 中规定的取得文件和信息方面的帮助时引起的花费和支出。 应卖方要求并由其承担风险和费用,买方必须在适当的时候以及时的方式提供或给予卖方协助,以帮助卖方取得任何文件和信息,包括卖方为了货物运输和出口以及运经任何国家所需要的与安全有关的信息。

FOB——船上交货(……指定装运港)

本规则只适用于海运或内河运输。

"船上交货"是指卖方在指定的装运港,将货物交致买方指定的船只上,或者指(中间销售商)设法获取这样交付的货物。一旦装船,买方将承担货物灭失或损坏造成的所有风险。

卖方被要求将货物交至船只上或者获得已经这样交付装运的货物。这里所谓的"获得"迎合了链式销售,在商品贸易中十分普遍。

FOB 不适用于货物在装船前移交给承运人的情形。比如,货物通过集装箱运输,并通常在目的地交付。在这些情形下,适用 FCA 的规则。

在适用 FOB 时,销售商负责办理货物出口清关手续。但销售商无义务办理货物进口清关手续、缴纳进口关税或是办理任何进口报关手续。下表列出买卖双方在 FOB 术语下双方各自的义务。

A THE SELLER'S OBLIGATIONS 卖方义务	B THE BUYER'S OBLIGATIONS 买方义务
A1 卖方的一般义务 卖方必须提供符合销售合同规定的货物和商业发票,以及合同可能要求的、证明货物符合合同规定的其他任何凭证。 根据双方合意或交易习惯任何 A1—A10 条提及的单据都可以作为同等效力的电子凭证或手续。	B1 买方的一般义务 买方必须按照销售合同规定支付价款。 根据双方合意或交易习惯任何 B1—B10 条提及的单据都可以作为同等效力的电子凭证或手续
A2 许可证、批准、安全通关及其他手续 在条约适用的情况下,卖方必须自担风险和费用,取得任何出口许可证或其他官方许可,并办理货物出口所需的一切海关手续。	B2 许可证、批准、安全通关及其他手续 如果适用,买方在自担风险和费用的情况下,自行决定是否取得任何进口许可证或其他官方许可,或办理货物进口和在必要时从他国过境时所需的一切海关手续。

A THE SELLER'S OBLIGATIONS 卖方义务	B THE BUYER'S OBLIGATIONS 买方义务
A3 运输合同与保险合同 a)运输合同 卖方没有义务为买方订立运输合同。但如果是根据买方要求或交易习惯且买方没有及时提出相反要求,由买方承担风险和费用的情况下,卖方可以按一般条款为买方订立运输合同。在上述任一种情况下,卖方有权拒绝为买方订立运输合同,如果卖方订立运输合同,应及时通知买方。 b)保险合同 卖方没有义务向买方提供保险合同。但是当买方要求的时候,卖方必须向买方提供买方 获得保险时所需要的信息,此时一切风险和费用(如果有的话)由买方承担。(2000 版只说卖方无义务,2010 版附加了卖方在无义务的情况下必须向买方提供一些信息的说明)	B3 运输合同和保险合同 a)运输合同 买方自己付费,必须签订从指定装运港运输货物的合同,除非卖方已经按照 A3 a)的规定制定了运输合同。 b)保险合同 买方没有义务向卖方提供保险合同。
A4 交货 卖方必须将货物运到买方所指定的船只上,若有的话,就送到买方的指定装运港或由中间商获取这样的货物。在这两种情况下,卖方必须按约定的日期或期限内按照该港习惯方式运输到港口。 如果买方没有明确装运地,卖方可以在指定的装运港中选择最合目的的装运点。	B4 受领货物(接收货物) 买方必须在卖方 A4 中规定交货时受领货物
A5 风险转移 卖方要承担货物灭失或者损坏的全部风险,直至已经按照 A4 中的规定交付货物为止;但 B5 中规定的货物灭失或者损坏的情况除外。	B5 风险转移 自货物按照 A4 规定交付之时起,买方要承担货物灭失或损失的全部风险。 若: a)买方没有按照 B7 规定通知指定的船只; b)买方指定的船只没有按期到达,以致卖方无法履行 A4 规定;或(指定船只)没有接管货物;或者(指定船只)较按照 B7 通知的时间提早停止装货。 那么,自以下所述之日起买方承担货物灭失或损失的全部风险: ①自协议规定的日期起; ②若没有协议约定的日期,则自卖方按照 A7 规定的协议期限内的通知之日起; ③或者,若没有约定通知日期时,则自任一约定的交付期限届满之日起。 但前提是,该货物已经被确定是合同规定之货物。

A THE SELLER'S OBLIGATIONS 卖方义务	B THE BUYER'S OBLIGATIONS 买方义务
A6 费用划分 卖方必须支付： a)除由 B6 规定的理应由买方支付的以外，卖方必须支付货物有关的一切费用，直到已经按照 A4 规定交货为止； b)需要办理海关手续时，货物出口需要办理的海关手续费用及出口时应缴纳的一切关税税款和其他费用。	B6 费用划分 买方必须支付： a)自按照 A4 规定交货之时起与货物有关的一切费用，除了需要办理海关手续时，货物出口需要办理的海关手续费用及出口时应缴纳的一切关税、税款和在 A6 b)种提到的其他费用； b)以下两种情形之一将导致额外费用： （ⅰ）买方未能按照 B7 规定给予卖方相应的通知； （ⅱ）买方指定的船只未按时到达，或未接收上述货物，或较按照 B7 通知的时间提早停止装货。 前提是该项货物已正式划归合同项下。 c)需要办理海关手续时，货物进口应缴纳的一切关税税款和其他费用，及货物进口时办理海关手续的费用，以及货物从他国过境的费用。
A7 通知买方 在由买方承担风险和费用的情况下，卖方必须给予买方说明货物已按照 A4 规定交货或者船只未能在约定的时间内接收上述货物的充分通知。	B7 通知卖方 买方必须给予卖方有关船名、装船点、以及需要时在约定期限内所选择的交货时间的充分通知。
A8 交货凭证 卖方必须自付费用向买方提供证明货物已按照 A4 规定交货的通常单据。 除非前项所述单据是运输单据，否则应买方要求并由其承担风险和费用，卖方必须给予买方协助，以取得运输单据。	B8 提货证据 买方必须接受按照 A8 规定提供的交货凭证。
A9 检查、包装、标志 卖方必须支付为按照 A4 规定交货所需进行的查对费用（如核对货物品质、丈量、过磅、点数的费用），以及出口国有关当局强制进行的装运前检验的费用。 卖方必须自付费用，包装货物，除非按照相关行业惯例，运输的货物无需包装销售。卖方必须以适合运输的形式包装货物，除非买方在订立销售合同前已经告知卖方特定的包装要求。包装应作适当标记。 卖方必须自费包装货物，除非所运送的货物按照交易习惯属于无需包装的种类。卖方可以以适合运输该货物的方式包装它们，除非在销售合同签订之前买方通知了卖方的具体包装要求。包装必须做上适当的标记。	B9 货物检验 买方必须支付任何装运前检验的费用，但出口国有关当局强制进行的检验除外。

A THE SELLER'S OBLIGATIONS 卖方义务	B THE BUYER'S OBLIGATIONS 买方义务
A10 信息帮助和相关费用 在适用的情况下，应买方要求并由其承当风险和费用，卖方必须及时地给予买方一切协助，以帮助其取得他们所需要的货物进口和/或运送到最终目的地的一切单据及信息（包含与安全因素相关的信息）。 卖方必须向买方支付所有买方因提供或帮助卖方得到 B10 中规定的单据或信息而产生的费用。	B10 信息帮助和相关费用 买方必须及时告诉卖方其对任何与安全有关的信息的要求，以使卖方可以遵循 A10。 买方必须支付全部费用以及在 A10 中规定的卖方提供和给予协助使买方获取单据和信息所发生的一切费用。 在适用的情况下，应卖方要求并由其承当风险和费用，买方必须及时地提供或给予买方一切协助，以帮助其取得他们所需要的货物的运送和出口以及过境运输的一切单据及信息（包含与安全因素相关的信息）。

CFR——成本加运费付至（……指定目的港）

本规定只适用于海路及内陆水运。

"成本加运费"是指卖方交付货物于船舶之上或采购已如此交付的货物，而货物损毁或灭失之风险从货物转移至船舶之上起转移，卖方应当承担并支付必要的成本加运费以使货物运送至目的港。

当使用 CPT、CIP、CFR 或 CIF 术语时，卖方在将货物交至已选定运输方式的运送者时，其义务即已履行，而非货物抵达目的地时方才履行。

本规则有两个关键点，因为风险转移地和运输成本的转移地是不同的。尽管合同中通常会确认一个目的港，而不一定确认或未必指定装运港，即风险转移给买方的地方。如果装运港关乎买方的特殊利益（特别感兴趣），建议双方就此在合同中尽可能加以精确的确认。

建议双方对于目的港的问题尽可能准确确认，因为以此产生的成本加运费由卖方承担。订立与此项选择（目的港选择）精确相符的运输合同。

成本加运费对于货物在装到船舶之上之前即已交给（原为交付）承运人的情形可能不适用，例如通常在终点站（即抵达港、卸货点，区别于 Port of Destination）交付的集装箱货物。在这种情况下，宜使用 CPT 规则（如当事各方无意越过船舷交货）。

成本加运费原则要求卖方办理出口清关手续，但是，卖方无义务为货物办理进口清关、支付进口关税或者完成任何进口地海关的报关手续。下表列出买卖双方在 CFR 术语下双方的义务。

A THE SELLER'S OBLIGATIONS 卖方义务	B THE BUYER'S OBLIGATIONS 买方义务
A1 卖方的一般义务 卖方应当提供符合销售合同规定的货物和商业发票，以及其他任何合同可能要求的证明货物符合合同要求的凭证。 如果买卖双方达成一致或者依照惯例，任何 A1—A10 中所要求的单据都可以具有同等作用的电子讯息（记录或手续）出现。	B1 买方的一般义务 买方应当依销售合同支付商品价款。 如果买卖双方达成一致或者依照惯例，任何 B1—B10 中所要求的单据都可以具有同等作用的电子讯息（记录或手续）出现。

A THE SELLER'S OBLIGATIONS 卖方义务	B THE BUYER'S OBLIGATIONS 买方义务
A2 许可证、批准、安全通关及其他手续 若可能的话,卖方应当自担风险和费用,取得任何出口许可证或者其他官方授权,并办妥一切货物出口所必需的海关手续。	B2 许可证、批准、安全通关及其他手续 若可能的话,买方有义务在自担风险与费用的情况下获得任何进口许可或其他的官方授权并为货物进口以及其在国内的运输办妥一切海关报关手续。
A3 运输合同与保险合同 a)运输合同 卖方应当在运输合同中约定一个协商一致的交付地点,如在目的地的指定港口,或者,经双方同意在港口的任意地点。卖方应当自付费用,按照通常条件订立运输合同,经由惯常航线,将货物用通常用于供运输这类货物的船舶加以运输。 b)保险合同 卖方并无义务为买受人订立一份保险合同。但是,卖方应当按照买方的要求,在买方承担风险和费用(如果有的话)的前提下为其提供投保所需的信息。	B3 运输合同和保险合同 a)运输合同 买方无义务为卖方订立运输合同。 b)保险合同 买方无义务为卖方订立保险合同。但是根据卖方请求,买方须提供投保所需要的必要信息。(双方均无义务为对方订立保险合同,但若对方要求,则均有义务提供必要信息。)
A4 交货 卖方应当通过将货物装至船舶之上或促使货物以此种方式交付进行交付。在任何一种情形下,卖方应当在约定的日期或期间内依惯例(新增部分)交付。	B4 受领货物(接收货物) 买方必须在卖方按照 A4 规定交货时在指定目的港从承运人处收受货物。
A5 风险转移 除 B5 中描述的毁损灭失的情形之外,在货物按照 A4 的规定交付之前 ,卖方承担一切货物毁损灭失的风险。	B5 风险转移 买方必须承担货物按照 A4 规定交付后毁损灭失的一切风险。 如果买方未按照 B7 规定给予卖方通知,买方必须从约定的装运日期或装运期限届满之日起,承担货物灭失或损坏的一切风险,假如货物已被清楚地确定为合同中的货物(即特定物)。
A6 费用划分 卖方必须支付以下费用: a)所有在货物按照 A4 交付完成之前所产生的与之相关的费用,B6 中规定应由买方承担的可支付的部分除外; b)货物运输费用及由 A3 a)之规定(即运输合同)而产生的一切其他费用,包括装载货物的费用,以及按照运输合同约定由卖方支付的在约定卸货港口卸货产生的费用; c)在适当的情况下,因海关手续产生的一切费用,以及出口货物所需缴纳的一切关税及其他应缴纳之费用,以及根据运输合同应由卖方承担的因穿过任何国家所产生的过境费用。	B6 费用划分 除 A3 条款第一项的规定费用之外,买方必须支付: a)从货物以在 A4 中规定的方式交付起与之有关的一切费用,除了出口所必要的清关费用,以及在 A6 第三款中所涉及的所需的一切关税及其他各项应付出口费用; b)货物在运输途中直至到达目的港为止的一切费用,除非这些费用根据运输合同应由卖方支付。 c)卸货费用,包括驳船费和码头费,除非该成本和费用在运输合同是由卖方支付的。

A THE SELLER'S OBLIGATIONS 卖方义务	B THE BUYER'S OBLIGATIONS 买方义务
	d)任何额外的费用,如果(进一步规定)没有在既定日期或运送货物的既定期间的到期日前按照 B7 中的规定发出通知,但是(假如、倘若)货物已被清楚地确定为合同中的货物(即特定物,这里和 B5 是类似的); e)在需要办理海关手续时,货物进口应缴纳的一切关税税款和其他费用,及办理海关手续的费用,以及需要时从他国过境的费用,除非这些费用已包括在运输合同中。
A7 通知买方 卖方应当给予买方所有/任何其需要的通知,以便买方能够采取通常必要的提货措施。	B7 通知卖方 能够在指定的目的港之内确定装运货物的时间或者接收货物的具体地点时,买方必须给予卖方充分通知。
A8 交货凭证 卖方应当自付费用的情况下,毫不迟疑(延误)地向买方提供表明载往约定目的港的通常运输单据。 这一运输单据须载明(包含)合同货物,其日期应在约定的装运期内,使买方得以在目的港向承运人提取货物(主张权利),并且除非另有约定,应使买方得以通过转让单据(提单)或通过通知承运人,向其后手买方(下家)出售在途货物。 如此运输单据为可以流通、可以议付形式(银行根据信用证付钱)或有数个正本,则应向买方提供全套正本。	B8 提货证据 买方必须接受按照 A8 规定提供的运输单据,如果该单据符合合同规定的话。
A9 检查、包装、标志 卖方应当支付为遵循 A4 条款运输货物所需的进行核对的费用(比如核对货物质量、尺寸、重量、点数),同时还需支付国家出口机关规定的进行装船检查的费用。 卖方必须自付费用提供货物的包装,除非在此行业中这种货物无包装发运、销售是普遍的现象。卖方应当用适于运输的方式包装货物,除非买方在交易合同生效前对卖方提出了特殊的包装要求。包装应当适当(恰当更合适)标记。	B9 货物检验 买方必须支付任何装运前检验的费用,但出口国有关当局强制进行的检验除外。
A10 信息帮助和相关费用 卖方必须在可能的情况下及时应买方的要求,在买方承担风险与费用的前提下,向买方提供帮助,以使买方能够获得任何单据与信息,包括买方进口货物或者为保证货物到达目的地所需的安全信息。 卖方应当偿付所有买方基于 B10 的义务提供单据或信息的帮助所产生的一切费用(买方与卖方互相为对方对自己的帮助买单)。	B10 信息帮助和相关费用 买方必须在合适的时候告知卖方任何安全保障要求,以便卖方做到与 A10 条款规定相符。 买方必须支付给卖方所有由买方为获得与 A10 相符的相关单据和信息所产生的费用和花费。 买方必须在合适的情况下,及时地提供给卖方帮助,以便根据卖方的要求,由卖方承担风险、费用条件下,获得任何单据和信息,包括与安全有关的信息,卖方运输和出口货物以及通过任何国境的信息。

CIF——成本,保险加运费付至(……指定目的港)

该术语仅适用于海运和内河运输。

"成本,保险费加运费"指卖方将货物装上船或指(中间销售商)设法获取这样交付的商品。货物灭失或损坏的风险在货物于装运港装船时转移向买方。卖方须自行订立运输合同,支付将货物装运至指定目的港所需的运费和费用。

卖方须订立货物在运输途中由买方承担的货物灭失或损坏风险的保险合同。买方须知晓在 CIF 规则下卖方有义务投保的险别仅是最低保险险别。如买方望得到更为充分的保险保障,则需与卖方明确地达成协议或者自行做出额外的保险安排。

当 CPT、CIP、CFR 或者 CIF 术语被适用时,卖方须在向承运方移交货物之时而非在货物抵达目的地时,履行与已选择的术语相应规范的运输义务。

此规则因风险和费用分别于不同地点转移而具有以下两个关键点。合同惯常会指定相应的目的港,但可能不会进一步详细指明装运港,即风险向买方转移的地点。如买方对装运港尤为关注,那么合同双方最好在合同中尽可能精确地确定装运港。当事人最好尽可能确定在约定的目的港内的交货地点,卖方承担至交货地点的费用。当事人应当在约定的目的地港口尽可能精准地检验货物,而由卖方承担检验费用。卖方应当签订确切适合的运输合同。如果卖方发生了运输合同之下的于指定目的港卸货费用,则卖方无需为买方支付该费用,除非当事人之间有约定。

卖方必须将货物送至船上或者(由中间销售商)承接已经交付的货物并运送到目的地。除此之外,卖方必须签订一个运输合同或者提供这类的协议。这里的"提供"是为一系列的多项贸易过程("连锁贸易")服务,尤其在商品贸易中很普遍。

CIF 术语并不适用于货物在装上船以前就转交给承运人的情况,例如通常运到终点站交货的集装箱货物。在这样的情况下,应当适用 CIP 术语。

"成本、保险费加运费"术语要求卖方在适用的情况下办理货物出口清关手续。然而,卖方没有义务办理货物进口清关手续,缴纳任何进口关税或办理进口海关手续。下表列出买卖双方在 CIF 术语下各自的义务。

A THE SELLER'S OBLIGATIONS 卖方义务	B THE BUYER'S OBLIGATIONS 买方义务
A1 卖方的一般义务 卖方必须提供符合销售合同的货物和商业发票,以及买卖合同可能要求的、证明货物符合合同规定的其他任何凭证。 在 A1—A10 中的任何单据都可能是在双方合意或习惯性用法中的同等作用的电子记录或程序。	B1 买方的一般义务 买方必须按照买卖合同规定支付价款。 在 B1—B10 中任何有关的文件都可能是在各部分或习惯性用法中使用的同等的电子记录或程序。
A2 许可证、批准、安全通关及其他手续 办理一些重要货物或国家间的运输海关手续。 在适用的时候,卖方须自负风险和费用,取得一切出口许可和其他官方许可,并办理货物出口所需的一切海关手续。	B2 许可证、批准、安全通关及其他手续 在适当的时候,买方需要在自负风险和费用的前提下获得进口执照或其他政府许可并且办理所有货物的海关手续。

A THE SELLER'S OBLIGATIONS 卖方义务	B THE BUYER'S OBLIGATIONS 买方义务
A3 运输合同与保险合同 a)运输合同 卖家必须自行订立或者参照格式条款订立一个关于运输的合同,将货物从约定交付地(如果有)运输到目的地的指定港口(如果有约定)。运输合同需按照通常条件订立,由卖方支付费用,并规定货物由通常可供运输合同所指货物类型的船只、经由惯常航线运输。 b)保险合同 卖家须自付费用,按照至少符合《协会货物保险条款》(LMA/IUA)C 款或其他类似条款中规定的最低保险险别投保。这个保险应与信誉良好的保险人或保险公司订立,并保证买方或其他对货物具有保险利益的人有权直接向保险人索赔。	B3 运输合同和保险合同 a)运输合同 买方无订立运输合同的义务。 b)保险合同 买方无订立保险合同的义务。但是,如果买方想附加同 A3 b)中所描述的保险,就须根据卖方要求,提供给卖方任何附加该保险所需的信息。 应买方要求,并由买方负担费用且提供一切卖方需要的信息,则卖方应提供额外的保险,如果能投保的话,例如《协会货物保险条款》(LMA/IUA)中的条款(A)或条款(B)或任何类似的条款中提供的保险和(或)与《协会战争险条款》和(或)《协会罢工险条款》(LMA/IUA)或其他类似条款符合的保险。 最低保险金额应当包括合同中所规定的价款另加百分之十(即 110%),并应用合同货币。 保险应当承保从规定于 A4 和 A5 条款中的发货点发出至少到指定的目的港的货物。 卖方必须提供给买方保险单或其他保险承保的证据。 此外,应买方的要求,并由买方自负风险及费用(如有)的情况下,卖方必须提供买方所需要的任何获取额外保险的信息。
A4 交货 卖方必须将货物装船运送或者(由承运人)获取已经运送的货物,在上述任一情况下,卖方必须在规定日期或者在达成规定的期限内依港口的习惯进行交付	B4 受领货物(接收货物) 买方在货物已经以 A4 规定的方式送达时受领货物,并必须在指定的目的港受领货物。
A5 风险转移 卖方直到货物以 A4 规定的方式送达之前都要承担货物灭失或者损坏的风险,除非货物是在 B5 描述的情况下灭失或者损坏。	B5 风险转移 买方自货物按 A4 规定的方式送达后承担所有货物灭失或者损坏的风险。 如果买方未按照 B7 规定给予卖方通知,那买方就要从规定的递送日期或者规定递送期限届满之日起承担货物灭失或者损坏的风险,前提是货物必须被清楚地标明在合同项下。
A6 费用划分 卖方必须支付: a)除在 B6 中规定的应由买方支付的费用外的与货物有关的一切费用,直至按 A4 规定交货为止; b)按照 A3 a)规定的所有其他费用,包括在港口装载货物的费用以及根据运输合同由卖方支付的在约定卸货港的卸货费; c)A3 b)规定所发生的保险费用; d)要办理海关手续时,货物出口需要办理的海关手续费以及出口应缴纳的一切关税税款和其他费用,以及根据运输合同规定的由卖方支付的货物从他国过境的费用。	B6 费用划分 除 A3 a)规定外,买方必须支付; a)照 A4 规定交货之时起与货物有关的一切费用,但不包括 A6 d)中规定的在需要办理海关手续时,货物出口需要办理的海关手续费以及出口应缴纳的一切关税税款和其他费用; b)运输至目的地港口过程中与货物有关的一切费用,运输合同中规定由卖方承担的除外; c)运费和码头搬运费在内的卸货费用,运输合同中规定由卖方承担的除外; d)照 B7 规定在约定日期或运送的协议期限到期时给予卖方相应通知而发生的任何额外费用,但以该项货物已正式划归合同项下为限;

A THE SELLER'S OBLIGATIONS 卖方义务	B THE BUYER'S OBLIGATIONS 买方义务
	e)要办理海关手续时,货物进口应缴纳的一切关税税款和其他费用,货物进口需要办理的海关手续费,以及从他国过境的费用,已包含在运输合同所规定的费用中的除外; f)根据 A3 b)和 B3 b),任何因买方要求而产生的附加保险费用。
A7 通知买方 卖方必须给予买方一切必要的通知,以便买方采取必要的措施来确保领受货物。	B7 通知卖方 当买方有权决定装运货物的时间和/或在目的港内接受货物的地点,买方必须给予卖方充分的通知。
A8 交货凭证 卖方必须自付费用,毫不迟延地向买方提供表明载往约定目的港的通常运输单据。此单据必须载明合同货物,其日期应在约定的装运期内,使买方得以在目的港向承运人提取货物,并且,除非另有约定,应使买方得以通过转让单据或通过通知承运人,向其后手买方出售在途货物。 如此运输单据有不同形式且有数份正本,则应向买方提供全套正本。	B8 提货证据 买方必须接受按照 A8 规定提供的运输单据,如果该单据符合合同规定的话。
A9 检查、包装、标志 卖方必须支付为了使运输货物符合 A4 的要求而产生的所有核对费用(例如核对货物品质、丈量、过磅、点数),以及出口国强制要求的运前检验。 卖方必须自费用,包装货物,但所运输货物通常无须包装即可销售的除外。卖方应当采用使货物适宜运输的包装方式,除非买方在买卖合同签订前告知卖方以特定方式包装。包装应当适当标记。	B9 货物检验 买方必须支付所有运前检验的费用,但出口国强制要求的检验除外。
A10 信息帮助和相关费用 当适用的时候,应买方要求,并由其承担风险和费用,卖方必须及时地提供或给予协助以帮助买方取得他们货物进口和/或运输至最终目的地所需要的,包括安全相关信息在内的一切单据和讯息。 对于买方由于的提供或是协助卖方获取 B10 所规定的所有相关单据和讯息而支出的所有的费用,卖方必须予以偿付。	B10 信息帮助和相关费用 买方必须及时地告知卖方获取相关安全讯息的要求,以便卖方能够遵守 A10 中的规定。 卖方由于履行 A10 所述的规定,提供和协助买方获得相关讯息所支出的费用,买方必须予以偿付。 应卖方要求,并由其承担风险和费用,买方必须及时地提供或给予协助以使卖方获取其运输和货物出口通过任何国家所需要的,包括安全相关信息在内的一切单据和讯息。

附录三　销售合同

SALES CONTRACT

THE SELLER: NO. YH08039

SHANDONG YIHAI IMP. & EXP. CO.,LTD. DATE: DEC.1, 2008

NO. 51 JINSHUI ROAD, QINGDAO, CHINA SIGNED AT: QINGDAO,CHINA

THE BUYER:

LINSA PUBLICIDAD, S.A.

VALENCIA, 195 BAJOS. 08011. BARCELONA, SPAIN

This Sales Contract is made by and between the Sellers and the Buyers, whereby the sellers agree to sell and the buyers agree to buy the under-mentioned goods according to the terms and conditions stipulated below:

Commodity & Specification	Quantity	Price Terms	
		Unit price	Amount
CARDHOLDER DYED COW LEATHER BLACK BROWN	5000PCS 8000PCS	FOB QINGDAO USD1.45/PC USD1.50/PC	USD 7250.00 USD12000.00 USD19250.00
Total amount: U.S.DOLLARS NINETEEN THOUSAND TWO HUNDRED AND FIFTY ONLY			

Packing: 1PC/POLYBAG, 500PCS/CTN **Shipping Mark:** L.P.

Time of Shipment: DURING JAN. 2009 BY SEA BARCELONA

NOS.1-26

Loading Port and Destination: FROM QINGDAO TO BARCELONA

Partial Shipment and Transshipment: ALLOWED

Insurance: TO BE EFFECTED BY THE BUYER.

Terms of Payment: THE BUYER SHALL OPEN THROUGH A BANK ACCEPTABLE TO THE SELLER AN IRREVOCABLE SIGHT LETTER OF CREDIT TO REACH THE SELLER 30 DAYS BEFORE THE MONTH OF SHIPMENT AND TO REMAIN VALID FOR NEGOTIATION IN CHINA UNTIL THE15th DAY AFTER THE FORESAID TIME OF SHIPMENT.

附录四　商业发票

填写商业发票范本

COMMERCIAL INVOICE
商业发票

(Please complete in English print)
（请用英文标准字体填写）

INTERNATIONAL AIR WAYBILL NO. 国际运单号: 1234 5678 9011

NOTE: All shipments must be accompanied by a FedEx International Air Waybill & two duplicate copies of CI.
请注意：所有货件必须附有FedEx国际运单及两份商业发票副本。

DATE OF EXPORTATION 发货日期　15-Aug-05	SHIPPER'S EXPORT REFERENCES 寄件人发货参考信息　Invoice No. I-30333
SHIPPER/EXPORTER 发货人 XXX Wong Happy Trading CN 10/F Aetna Tower, 107 Zun Yi Road, Chang Ning District, Shanghai, China Tel 86-21-62750808	CONSIGNEE 收件人 XXX Chan Happy Trading USA 200 West Grand Ave, Woodstock, WI, 53000, USA Tel 608-333-4444　Fax 608-444-5555 EIN#12-3456789
COUNTRY OF EXPORT 出口发货国家　China REASON FOR EXPORT 出口原因　Trade Show COUNTRY OF ULTIMATE DESTINATION 出口目的地国家　USA	IMPORTER - IF OTHER THAN CONSIGNEE 进口商 - 如不是收件人请填写此项

COUNTRY OF ORIGIN 货品原产国	MARKS/NO'S. 外装标识	NO. OF PKGS 件数	TYPE OF PACKAGING 包装类型	FULL DESCRIPTION OF GOODS 货品描述	HS CODE 物品税则编码	QTY 数量	UNIT OF MEASURE 度量单位	WEIGHT 重量	UNIT VALUE 单位价值	TOTAL VALUE 总价值

BILL OF EXCHANGE

No. STDFT000001　　　　Dated 2004-08-30

Exchange for USD 11200

At ---- Sight of this FIRST of Exchange

(Second of exchange being unpaid)

Pay to the Order of Nanjing Commercial Bank

the sum of U.S.DOLLARS NINE THOUSAND SIX HUNDRED ONLY

Drawn under L/C No. STLCN000001　　　　Dated 2004-08-20

Issued by THE CHARTERED BANK

To THE CHARTERED BANK
P.O.BOX99552,RIYADH 22766,KSA

GRAND WESTERN FOODS CORP.

(Authorized Signature)

附录五 货代提单

货代提单

I.C.E.

I.C.E.TRANSPORT CO.,INC.
3826 PARK AVENUE • EDISON. N.J.08820
"Your Total Transportation corporation"

UNIMODAL/INTERMODAL
INTERNATIONAL BILL OF LADING

SHIPPER/EXPORTER A CO.,LTD.NO.101,SICHVAN NORTH ROAD,SHANGHAI	BOOKING NO. SHAULGB0901353　B/L # DXSE2009070159 EXPORT REFERENCES
CONSIGNEE TO ORDER OF C PRODVCTS CORP.	FORWARDING AGENT REFERENCES COUNTRY OF ORIGIN:
NOTIFY PARTY (CARRIER IS NOT RESPONSIBLE FOR FAILURE TO NOTIFY) CPRODUCTS CORP. CIVIC OPERA BUILDING 20 N. WACKER DR.,SUITE 1028. CHICAGO,ILLINOIS 60606 USA	FOR DELIVERY OF GOODS PLEASE APPL B CO.,INC. ADRESS.3826 PARK AVENEU EDISON N.J.08820 TEL: × × × FAX: × × × EMAIL: × × ×@ICETRANSPORT.COM

PRE CARRIAGE BY	PLACE OF RECEIPT	ORIGINAL
VESSEL SHANGHAI BRIDGE/58E	PORT OF LOADING SHANGHAICHINA	
PORT OF DISCHARGE LONG BEACH,USA	PLACE OF DELIVERY LONG BEACH,USA	RECEIVING TERMINAL/ON CARRIAGE BY

PARTICULARS FURNISHED BY SHIPPER

MARKS AND NOS/CONTAINER NO	NO.OF PKGS	DESCRIPTION OF PACKAGES AND GOODS	GROSS WEIGHTS KILOS POUNDS	MEASUREMENTS CU.FT. CU.MT.
SEE ATTACHED KOPC/15568 MADE IN CHINA ITEM NO C00068 KOPC/15572 MADE IN CHINA IT EM NO C00102 KOPC/15567 MADE IN CHINA IT EM NO C00034 KOPC/15571 MADE IN CHINA IT EM NO C0009	101 COILS	SHIPPER'S LOAD,STOW,WEIGHT AND COUNT PRIME ELECTROLYTIC TIN FREE STEEL 34 × 20GP CY-CY ON BOARD DATE:24 JUL,2009 FREIGHT PREPAID SAY TOTAL ONE HUNDRED AND ONE COILS ONLY	[illegible]0.0000KGS ON BOARD	510.0000CBM

NON NEGOTIABLE UNLESS CONSIGNED TO ORDER

FREIGHT PAYABLE AT ______ U.S.dollars or equivalent at current rate of exchange at place and date of shipment.	"IMPORT" Consignees or agents to pay charges on CUSTOMER'S INVOICE. Any charges for equipment,cartage,transfer to points beyond terminal,penalty,storage,delays or any other costs are payable by the cargo at current rates. Consignees should confirm goods are released by Customs and Ocean Carrier before delivery can be arranged. No claim for damages will be entertained by CARRIER unless Agent notified to attend survey before goods removed from Terminal. Condition of contents of full containers is Shipper's/Consignee's responsibility. "IMPORTANT NOTICE" CONTAINER TRAFFIC It is the consignee's interest to arrange prompt discharge of containers with in the free time allowance otherwise demurrage in accordance with Tariff regulations must be assessed. LCL Cargo subject to storage charges after free time at current rates.
NUMBER OF ORIGINAL BILLS OF LADING ISSUED ______	VALUE ______ AD VALOREM CARGO Value of goods may be declared provided MERCHANT gives prior notice and agrees to pay greater freight on an ad valorem basis.See clause 10(13) hereof.
"EXPORT" RECEIVED by the CARRIER from the MERCHANT in APPARENT GOOD ORDER AND CONDITION unless otherwise provided herein,the GOODS,or the CONTAINER(S) or PACKAGE(S) said to contain the cargo herein mentioned, to be carried subject to all terms and conditions provided for on the face and back of this document by the VESSEL named herein or any substitute at the CARRIER'S option and/or other means of transport from the place of receipt or the port of loading to the port of discharge or the place of delivery shown herein and there to be delivered in accordance with the provisions of this document. ATTENTION IS DRAWN TO THE SPECIAL PROVISIONS OF THIS DOCUMENT APPLICABLE WHEN ISSUED AS NON-NEGOTIABLE AND WITHOUT LIMITATION THOSE IN CLAUSE 1, 7, and 20 OVERLEAF In accepting this document the MERCHANT agrees to be bound by the specifications, exceptions,terms and conditions on the face and back hereof whether written,typed,stamped or printed as fully as if signed by the MERCHANT,anything to the contrary not withstanding,and agrees that all claims or freight engagements in or in connection with the carriage of the goods are superseded by this document. In WITNESS whereof signed as marked above,either the original of this document if issued as a non-negotiable receipt, or the number of original bills of lading as stated above,all of this tenor and date,one of which being accomplished, the others to stand void.	**B.TRANSPORT CO.,INC.** **(D/B/A INTERCONTINENTAL EXPRESS)** By ______ Dated 2009.7.24 Agent for the Carrier

附录六 商品检测证书

ENTRY-EXIT INSPECTION AND QUARANTINE

正 本
ORIGINAL

编号No.: PI0000012

INSPECTION CERTIFICATE OF QUANTITY AND WEIGHT

发货人
Consignor CHINA DESUN TRADING CO., LTD.

收货人
Consignee JAPAN MITSUI COMPANY LIMITED

品名 Description of Goods CANNED WHOLE MUSHROOMS	标记及号码 Mark & No.
报检数量/重量 Quantity/Weight Declared -1560-CARTONS/-15912-KGS(N.W.)	Mitsui 01001 G.W.:11.2KG 1-1560CTN MADE IN CHINA
包装种类及数量 Number and Type of Packages -1560-/CARTONS	
运输工具 Means of Conveyance TBA	

检验结果:
RESULTS OF INSPECTION:

QUANTITY:
-1560-/CARTONS

WEIGHT:

THE REPRESENTATIVE CARTONS WERE DRAWN AT RANDOM FROM THIS LOT OF GOODS AND WEIGHED ON TESTED SCALES. ON THE BASIS OF THE WEIGHT OBTAINED, THE TOTAL WEIGHT OF THE WHOLE LOT WAS CALCULATED AS FOLLOWS:

GROSS WT: -17472-KGS(G.W.)
NET WT: -15912-KGS(N.W.)

印章
Official Stamp

签证地点 Place of Issue SHANGHAI,China 签证日期 Date of Issue Mar.04,2010

授权签字人 Authorized Officer GUODAYE 签 名 Signature 郭达业

我们已尽所知和最大能力实施上述检验，不能因我们签发本证书而免除卖方或其他方面根据合同和法律所承担的产品质量责任和其他责任。 All inspections are carried out conscientiously to the best of our knowledge and ability. This certificate does not in any respect absolve the seller and other related parties from his contractual and legal obligations especially when product quality is concerned.

附录七 保险投保单

货物运输险投保单

APPLICATION FOR CARGO TRANSPORTATION INSURANCE

投保单号：MI0001931

注意：请您在保险人明确说明本投保单及适用保险条款后，如实填写本投保单，您所填写的材料将构成签订保险合同的要约，成为保险人核保并签发保险单的依据。除双方另有约定外，保险人签发保险单且投保人向保险人缴清保险费后，保险人开始按约定的险种承保货物运输保险。

投保人 Applicant	RIQING EXPORT AND IMPORT COMPANY				
投保人地址 Applicant's Add	P.O.BOX 1589, NAGOYA, JAPAN			邮编 Code	197-0804
联系人 Contact	CHUANBEN	电话 Tel.	81-3-932-3588	电子邮箱 E-mail	
被保险人 Insured	RIQING EXPORT AND IMPORT COMPANY			电话 Tel.	
贸易合同号 Contract No.	contract01	信用证号 L/C No.	002/0000398	发票号 Invoice No.	IV0000066

标记 Marks & Nos.	包装及数量 Packing & quantity	保险货物项目 Description of goods
CANNED LITCHIS JAPAN C/NO.1-1000 MADE IN CHINA	1000 CARTONS	CANNED LITCHIS

装载运输工具：Name of the Carrier TBA

起运日期：Departure Date 2011-08-29

赔付地点：Claims Payable At JAPAN

航行路线：自 SHANGHAI,CHINA 经 到达（目的地）NAGOYA, JAPAN

Route From Via To(destination)

包装方式：

运输方式：

承保条件 投保人可根据投保意向选择投保险别及条款，并划 √ 确认，但保险人承保的险别及适用条款以保险人最终确定并在保险单上列明的险种、条款为准。

Conditions：

进出口海洋运输：☑一切险 ☐水渍险 ☐平安险 （《海洋运输货物保险条款》）

☐ICC(A) ☐ICC(B) ☐ICC(C) （《伦敦协会条款》）

进出口航空运输：☐航空运输险 ☐航空运输一切险 （《航空运输货物保险条款》）

进出口陆上运输：☐陆运险 ☐陆运一切险 （《陆上运输货物保险条款》）

特殊附加险：☑战争险 ☑罢工险

特别约定Special Conditions：

1、加成 Value Plus About 110 %

2、CIF金额 CIF value

3、保险金额 Insured Value

4、费率（‰） Rate

5、保险费 Premium

投保人声明：

1.本人填写本投保单之前，保险人已经就本投保单及适用的保险条款的内容，尤其是关于保险人免除责任的条款及投保人和被保险人义务条款向本人作了明确说明，本人对该保险条款及保险条件已完全了解，并同意接受保险条款的约束。

2.本投保单所填各项内容均属事实，同意以本投保单作为保险人签发保险单的依据。

3.保险合同自保险单签发之日起成立。

投保人签字（盖章） RIQING EXPORT AND IMPORT COMPANY 日期 2011-08-29

附录八　信用证申请书

IRREVOCABLE DOCUMENTARY CREDIT APPLICATION

TO: DESUN GLOBAL BANK　　　　**Date:** 030419

○ Issue by airmail ○ With brief advice by eletransmission ○ Issue by express delivery ◉ Issue by teletransmission(which shall be the operative instrument)	**Credit No.** Date and place of expiry 030525 CHINA
Applicant FASHION FORCE CO., LTD P.O.BOX 8935 NEW TERMINAL, ALTA, VISTA OTTAWA, CANADA	Beneficiary(Full name and address) NANJING DESUN TRADING CO.,LTD. ROOM 2901,HUARONG MANSION, GUANJIAQIAO 85#, NANJING 210005, P.R.CHINA
Advising Bank	Amount USD8937.6
Parital shipments: ○ allowed ◉ not allowed Transhipment: ○ allowed ◉ not allowed	Credit available with ANY BANK
Loading on board/dispatch/taking in charge at/from SHANGHAI PORT not later than 030510 for transportation to: MONTREAL PORT	by ○ sight payment ○ acceptance ◉ negotiation ○ deferred payment at against the documents detailed herein ◉ and beneficiary's draft(s) for 100 % of invoice value
○ FOB ○ CFR ◉ CIF ○ or other terms	at **** sight drawn on ISSUE BANK

Documents required:

+ COMMERCIAL INVOICES IN 3 COPIES SIGNED BY BENEFICIARY'S REPRESENTATIVE.
+ FULL SET OF ORIGINAL MARINE BILLS OF LADING CLEAN ON BOARD PLUS 2 NON NEGOTIABLE COPIES MADE OUT OR ENDORSED TO THE ORDER OF DESUN GLOBAL BANK MARKED FREIGHT PREPAID AND NOTIFY APPLICANT'S FULL NAME AND ADDRESS.
+ PACKING LIST IN 3 COPIES INDICATING QUANTITY, GROSS AND WEIGHTS OF EACH PACKAGE.
+ COPY OF CERTIFICATE OF ORIGIN FORM A.
+ INSURANCE POLICY OR CERTIFICATE IN 1 ORIGINAL AND 1 COPY ISSUED OR ENDORSED TO THE ORDER OF DESUN GLOBAL BANK FOR THE CIF INVOICE PLUS 10 PERCENT COVERING ALL RISKS, WAR RISKS.

Description of goods:

BEAR WITH 3 COLOR ASST
5DOZ PER CARTON 12 PCS
QUANTITY: 9120PCS
UNIT PRICE: USD0.98

Additional instructions:

+ IF DOCUMENTS PRESENTED ARE FOUND BY US NOT TO BE UN FULL COMPLIANCE WITH CREDIT TERMS. WE WILL ASSESS A CHARGE OF USD 55.00 PER SET OF DOCUMENTS.
+ ALL CERTIFICATES/LETTERS/STATEMENTS MUST BE SIGNED AND DATED.

保存

参考文献

[1]黎孝先. 国际贸易实务[M]. 北京:对外贸易教育出版社,2001

[2]张亚芬. 国际贸易实务与案例[M]. 北京:高等教育出版社,2002

[3]周厚才. 国际贸易理论与实务[M]. 北京:中国财政经济出版社,2001

[4]谢娟娟. 对外贸易单证实务[M]. 天津:南开大学出版社,2001

[5]邵铁民. 进出口货物海关通关实务[M]. 上海:上海财经大学出版社 2002

[6]葛选辉. 我国纺织服装出口的发展对策分析[J]. 纺织科技,2008(2)

[7]外贸学习网 http://www.wmxuexi.com/jichu/68.html

[8] 国际贸易法律网 http://www.tradelawchina.com/wenzhang/HTML/1855.html

[9]http://www.xuexila.com/fanwen/contract/maoyi/375856.html

[10]中华文本库 http://www.chinadmd.com/file/6pxss6epppo6p63e6rpxravc_2.html

参考文献

1 [illegible]
2 [illegible]
3 [illegible]
4 [illegible]
5 [illegible]
6 [illegible]
7 [illegible]
8 [illegible]
9 [illegible]
10 [illegible]